教育部人文社会科学研究规划项目（项目批准号：09XJC630012）

国家自然科学基金项目（项目批准号：71002111）

公司风险偏好和
管理层激励合同的设计

Gongsi Fengxian Pianhao he Guanliceng Jili Hetong de Sheji

步丹璐 著

西南财经大学出版社

图书在版编目(CIP)数据

公司风险偏好和管理层激励合同的设计 / 步丹璐著 . —成都:西南财
经大学出版社,2013.7

ISBN 978 - 7 - 5504 - 0729 - 9

Ⅰ.①公… Ⅱ.①步… Ⅲ.①公司—企业管理—劳动工资管理—研
究—中国 Ⅳ.①F279.246

中国版本图书馆 CIP 数据核字(2013)第 145870 号

公司风险偏好和管理层激励合同的设计

步丹璐 著

责任编辑:张 岚
助理编辑:李晓嵩
封面设计:墨创文化
责任印制:封俊川

出版发行	西南财经大学出版社(四川省成都市光华村街 55 号)
网 址	http://www.bookcj.com
电子邮件	bookcj@ foxmail.com
邮政编码	610074
电 话	028 - 87353785 87352368
照 排	四川胜翔数码印务设计有限公司
印 刷	郫县犀浦印刷厂
成品尺寸	170mm × 240mm
印 张	12.25
字 数	220 千字
版 次	2013 年 7 月第 1 版
印 次	2013 年 7 月第 1 次印刷
书 号	ISBN 978 - 7 - 5504 - 0729 - 9
定 价	39.00 元

内容摘要

随着我国市场经济体制的逐步建立和国有企业改革的深入，我国政府在企业薪酬制度方面颁布了大量法规。2004 年 1 月 1 日国务院国有资产监督管理委员会公布的《中央企业负责人经营业绩考核暂行办法》对中央直属企业高级管理人员开始实行年薪激励考核制度，并逐步引入长期激励机制。目前，我国上市公司似乎已逐步建立起基于业绩的薪酬制度，但据美国普华永道会计师事务所对我国上市公司公布的高管薪酬统计分析，中国上市公司 2008 年的高管薪酬增长率高于公司利润增长率，甚至出现某些公司利润负增长而高管薪酬正增长的"倒挂"现象。事实上，自全球金融危机爆发以来，中国资本市场展示给公众的是高管薪酬的乱象——既有格力电器高管获取高达 117 亿元的天价股权激励，又有 448 位董事长在 2008 年实行零薪酬制。当前企业管理层薪酬体系的无序状态使得公众难免产生深层的忧虑：高管薪酬究竟应该怎样设计？

所有权与经营权的分离为现代股份制公司的发展奠定了基础，同时也引发了股东与管理层之间的代理问题。理论上讲，委托代理关系使风险中立的股东和风险厌恶的管理层的利益有一定矛盾，从而产生经理偷懒和投资不足。然而在中国，管理层的投资过度、投资净现值为负的项目、无效率的并购等现象普遍存在。以房地产市场为例，受房地产市场高利润的吸引，越来越多的国有企业涉足房地产领域，过度投资的普遍性以及投机行为的存在都说明了管理层具有风险偏好特征。特别在金融危机下，许多企业因追求高收益投资金融衍生工具而发生巨额亏损，然而这些公司高管并未因公允价值变动损益亏损而承担相应的责任，薪酬不降反升。因而如何合理设计管理层激励合同从而避免其无效率投资显得颇为重要。

本书从高管激励的角度出发，通过实证分析的方法来研究高管薪酬设计的合理性，首先考虑了风险业绩对高管激励的影响，并进一步考虑我国特殊的制度背景和经济环境，将政府行为和企业行为结合起来，研究高管薪酬激励的合理性，从而为我国高管人员薪酬契约设计提供相关经验证据。本书包含九篇，第一篇为绪论，简要介绍了本书的研究背景，国内外相关研究现状，相关研究理论基础和本书的主要内容。第二篇为风险对高管薪酬—业绩敏感性的影响分析，以我国上市公司 2007—2011 年 5 685 个样本为研究对象，结合产权性质研究了风险对高管薪酬—业绩敏感性的影响。第三篇为高管薪酬—业绩敏感性对投资—现金流关系的影响分析，基于我国资本市场的发展变化，以我国 2005—2011 年的上市公司为样本，分析了不同产权性质下高管薪酬—业绩敏感性对投资—现金流关系的影响。第四篇为公允价值的采用对高管薪酬契约的影响实证研究分析，基于公允价值在企业会计准则中被广泛应用的制度背景，把公司业绩按照风险程度以及与管理层的努力程度的关系分为营业业绩和风险业绩，并比较分析高管薪酬与不同风险业绩的粘性区别。第五篇为高管薪酬的粘性程度对企业过度投资的影响，基于上市公司 2005—2010 年的高管薪酬和公司业绩数据，量化了高管薪酬与公司业绩的粘性程度，并实证检验了高管薪酬的粘性程度对上市公司过度投资行为的影响。第六篇为政府补助的获得对高管薪酬契约的影响分析，用上市公司的微观数据反映宏观层面的收入分配和宏观调控的作用，以更细致的数据分析了上市公司的薪酬差距和政府补助的关系，并检验了政府补助和薪酬差距对企业业绩的交互影响。第七篇为企业并购对高管薪酬—业绩敏感性的影响，以我国 2006—2010 年作为买方发生并购行为的 362 个国有上市公司为研究对象，分析了公司并购行为对高管薪酬与公司业绩的敏感度的影响。第八篇为管理层权力对薪酬差距和业绩变化关系的影响分析，以薪酬差距为切入点，从动态的角度来研究管理层权力对公司内部薪酬差距的变化影响以及对内部薪酬差距与业绩的相关性影响，并进一步分析业绩变化方向不同时管理层权力作用机制的差异。第九篇为控制权转移对高管更换的影响分析，从公司控制权转移的角度研究了控制权变更对公司高管更换的影响，检验了外部治理机制在高管约束和激励方面发挥的作用，并结合公司业绩对比分析了控制权转移对公司业绩与高管更换关系的影响。

本书由步丹璐副教授负责大纲思路设计和文稿审定。张晨宇协助步丹璐副教授进行文稿修订。各章节具体分工为：第一篇由步丹璐撰写；第二篇由步丹璐、王甲撰写；第三篇由步丹璐、党凌云撰写；第四篇由步丹璐、张晨宇撰写；第五篇由步丹璐、张晨宇撰写；第六篇由步丹璐、郁智撰写；第七篇由步丹璐、黄旭兰撰写；第八篇由步丹璐、密莹莹撰写；第九篇由步丹璐、王向撰写。

目　录

第一篇 公司风险偏好和管理层激励合同的设计

一、研究问题的提出

随着我国市场经济体制的逐步建立和国有企业改革的深入，政府在企业薪酬制度方面颁布了大量法规。2004 年 1 月 1 日，国务院国有资产监督管理委员会公布的《中央企业负责人经营业绩考核暂行办法》对中央直属企业高级管理人员开始实行年薪激励考核制度，并逐步引入长期激励机制。目前，我国上市公司似乎已逐步建立起基于业绩的薪酬制度，但据美国普华永道会计师事务所对我国上市公司公布的高管薪酬统计分析，中国上市公司 2008 年的高管薪酬增长率高于公司利润增长率，甚至出现某些公司利润负增长而高管薪酬正增长的"倒挂"现象。事实上，自全球金融危机爆发以来，中国资本市场展示给公众的是高管薪酬的乱象——既有格力电器高管获取高达 117 亿元的天价股权激励，又有 448 位董事长在 2008 年实行零薪酬制。当前企业管理层薪酬体系的无序状态使得公众难免产生深层的忧虑：高管薪酬究竟应该怎样设计？

2007 年以来，公允价值的广泛应用使"公允价值变动损益"成为上市公司业绩的重要组成部分。披露"公允价值变动损益"的上市公司从 2007 年的 435 家增加到 2010 年的 547 家，增长了 26%，披露"公允价值变动损益"的公司数占上市公司总数的 27%。4 年来有 1 054 个样本公司因为公允价值的变动合计获得了 164 亿元的公允价值收益，平均每家获得收益 7 600 万元，同时有 962 个样本公司由于公允价值的变动共损失了 338 亿元，平均每家损失 3.6 亿元。其中有 13 个样本公司由于"公允价值变动损益"亏损使公司业绩由正为负，如中国平安 2008 年由于公允价值变动损失了 176.7 亿元，使营业利润亏损 23 亿元；中国国航 2008 年由于公允价值变动损失了 74.72 亿元；中信泰富 2008 年因为公允价值变动亏损 146.32 亿元；东方航空 2008 年由于公允价值变动损失了 62.56 亿元；中国远洋远期运费协议 2008 年由于公允价值变动亏损了 41.21 亿港元（约合人民币 35.91 亿元）。然而这些公司高管并未因公允价值变动损益亏损而承担相应的责任，薪酬不降反升。这种薪酬与业绩的不匹配的现象引起社会和媒体的广泛关注。

2009 年 2 月，财政部办公厅发布了金融企业和国有企业负责人的"限薪令"——《金融类国有及国有控股企业负责人薪酬管理办法（征求意见稿）》，决定从 2009 年起对金融类国有企业进行量化绩效考评，金融企业绩效评价结果作为确定金融企业负责人薪酬的重要依据。在金融危机的背景下，如何对管理人员实施有效的激励约束机制从而避免其无效率投资成为公司治理研究的重点，薪酬激励、股权激励、晋升激励以及消费激励等都是上市公司常采用的激励方式，但如何合理设计管理层激励合同则显得颇为重要。

管理层激励合同设计的主要目的是协调所有者和经营者的利益，减少代理成本。业绩报酬敏感度（delta）是指管理层激励和业绩指标的敏感性程度。业绩报酬敏感度理论上能够拉近管理层与股东的利益，降低代理成本，但是以业绩为基础的报酬在提供激励的同时也给管理层带来了薪酬风险（Holmstrom，1979）。管理层的风险厌恶程度会影响公司的投融资政策、影响公司的风险偏好，会使管理层偏离股东财富最大化的理财目标，投资于一些有损股东财富，但却能够给他们自身带来利益的项目（Jensen，1986）。

风险报酬敏感度（vega）是指管理层激励与公司风险指标的敏感性程度。理论上讲，较高的风险报酬敏感度应能抵消由于业绩报酬敏感度过高带来的风险厌恶的情况，即风险报酬敏感度越大越能使管理层的风险偏好与公司的风险偏好一致，从而可以激励风险厌恶的管理层投资高风险且净现值（NPV）为正的项目，从而使所有者和经营者的利益更加一致。

基于此，本书从高管激励的角度出发，通过实证分析的方法来研究高管薪酬设计的合理性，首先考虑了风险业绩对高管激励的影响，并进一步考虑我国特殊的制度背景和经济环境，将政府行为和企业行为相结合，来研究高管薪酬激励的合理性，从而为我国高管人员薪酬契约设计提供相关经验证据。

二、国内外研究现状

（一）风险偏好文献综述

随着金融危机和次贷危机的爆发，风险再次引起实务界和理论界的高度重视。布罗克豪斯（Brockhaus，1980）开创了公司风险偏好的研究先河，他以20世纪70年代美国辞去公司职务从事创业的高管为研究对象，选取依然在岗的管理层为对比样本，研究发现两个群体在风险承担倾向上无明显差别。马奇和沙皮拉（March、Shapira，1987）则研究发现，不同管理者因所持有的工作动机不同在风险承担倾向方面有显著的不同，同时管理者的工作经验背景对风险偏好选择也存在差别。还有学者（MarCrimmon、Wehrung，1986）研究发现管理者职务的高低和其风险偏好成正比例关系，高层管理者更倾向于冒险。克里斯汀（Christine，2001）等通过深度访谈、调查问卷等方式研究发现，管理者表现出更多的是损失厌恶而非风险厌恶，在接受企业利益损失方面往往表现出较强的厌恶情绪，若一个项目或决策能够为企业带来更多的利益，管理者则往往会忽视风险。皮瑞诺（Perrino，2005）等研究发现，当管理者具有较高的风险厌恶偏好时，往往会选择风险系数较低的项目；当管理者的风险厌恶倾向升高时，风险程度降低的项目要比风险程度增加的项目有更大的吸引力。

国内学者对企业风险偏好的研究相对较晚，而且研究领域相对较窄。谢科范（1993）以制造业为研究对象，通过实地调研，对38家企业负责人对待风险的态度进行了调查，发现我国企业决策者普遍存在风险偏好的特征。张应语和李志祥（2009）以我国国有企业的管理人员为研究对象，实证研究了管理层风险偏好。作者在对偏好、风险偏好和管理风险偏好等概念界定的基础上，对风险偏好进行了度量。研究发现，各类管理者的风险偏好以及总体的管理风险偏好都呈现正态分布特征；管理者在对待不同类别的风险时表现出了不同的偏好态度，且管理者的风险偏好和年龄、所处的职位显著相关，而与性别、企业规模和管理者受教育的程度没有关系。

（二）管理者与企业投资关系文献综述

投资活动是企业三大财务活动之一，同时也是企业创造价值的手段，一直以来都是财务学研究的热点。由于信息不对称以及代理问题的存在，我国许多企业在投资过程中普遍存在非效率投资的现象（包含过度投资和投资不足），从而导致资源配置效率的低下。已有研究从理性经济人的视角发现，企业的投资决策受自由现金流、债务契约、公司治理等外部因素以及管理者特征等因素的影响。但随着行为经济学的发展，人们发现企业的一些投资行为决策很难用现有理论去解释，传统的理性经济人假设受到质疑，越来越多的学者开始关注管理者自身特征的影响，个人特征对企业投资决策的影响成为理论界研究热点。

1. 外部因素

外部经济环境对企业投资的影响研究主要体现在自由现金流、债务约束等方面。詹森（Jensen，1986）提出自由现金流假说，认为如果经营者追求企业规模扩张，企业自由现金流就有可能被用于投资净现值（NPV）为负的项目。尤其是现代股份制公司股东与经理人之间广泛存在着委托代理问题，经理人的机会主义行为会导致企业的过度投资。代理问题越严重，过度投资行为越严重，投资现金流相关性越高。还有学者（Talbey等，2002）在对资本市场融资约束程度度量的基础上，研究发现外部资本市场的融资约束程度和企业对外投资成反比例关系，外部融资的难易程度直接影响了企业的投资决策。希恩（Shean，2004）和乔布斯（Jobs，2006）在随后的研究中也证实了该研究结论。

国内学者主要以我国特殊的经济制度为背景，研究外部环境对企业投资决策的影响。郭建强和何青松（2008）结合中国特殊的经济和体制背景，研究发现企业投资受政策影响的程度较大。曹书军等（2010）从企业边际融资成本入手，选择权益资本成本指数、公司治理水平指数作为替代变量构造出理论模型来研究边际融资成本对于企业投资行为的影响程度。研究发现，企业的外部边际融资成本和企业投资水平呈现负相关关系。

2. 管理者特征

企业的经营、投资、融资等一切活动决策都是由管理者决定的，由于经营者自身知识、年龄、经验不同，在对待风险方面也有所差距，因而在投资决策时也存在差别。麦克林（Meckling，1976）从研究中发现，企业管理者在进行投资决策时，更多的是出于对自己私人收益的考虑，只要能获取私利甚至会投资净现值（NPV）为负的项目，从而使两者目标相背离损害企业价值。李（Lee，2006）的研究发现公司技术创新、制度建设、企业文化建设等很多领域都与管理者的背景特征有很大的关系。管理者的投资选择往往是非理性的，很多决策都是在不确定条件下的选择，这些非理性的投资决策往往就会受到例如个人信念和个人价值观等的影响。而信念、价值无疑是与管理者的背景特征无法分离的。卡梅洛（Camelo，2005）等通过调查研究、分析对比、跟踪采访等方法研究了管理者年龄、任期和教育背景三个因素与企业创新活动的关系。结果显示，教育背景与企业创新活动的关系最为敏感，任职年限次之，高管的年龄影响最弱。查德威克（Chadwick，2003）等主要对管理者的性别进行了研究，当企业管理者为女性时，企业文化较稳重持久，投资相对稳健保守；当管理者为男性时，企业文化多为"激进"、"改革创新"等类型，投资更为冒险。

近年来，国内学者中对管理者背景特征也开展了相关研究。陈传明和孙俊华（2008）基于我国特殊的制度背景和经济环境，结合高阶理论和资源基础理论，研究发现：管理者学历高低和企业多元化程度呈正相关关系；具有财务工作经历的管理者，公司多元化程度是更低而不是理论上的更高；而且管理者的年龄和企业多元化战略之间呈现倒"U"形的关系；男性管理者经营的企业比女性管理者经营的企业多元化程度高。陈守明和简涛（2010）研究发现：管理者受教育的程度对于企业"走出去"模式的选择影响比较显著；任期越长，越倾向于选择完全控制的模式。郭玲玲（2010）的研究也指出高管的背景特征对企业的筹资战略、投资战略和收益分配战略均有较显著的影响。

3. 过度自信

随着行为金融学的发展，一些经济现象很难用现有的理论知识去解释，国外学者开始关注管理者的非理性行为对企业财务活动的影响。希顿（Heaton，2002）研究发现，当企业自由现金流比较充足时，过度自信的管理者对投资项目往往持乐观态度，容易高估投资项目的预期收益，从而导致企业过度投资。马尔门迪尔和塔特（Malmendier、Tate，2005）研究发现，相对于理性的首席执行官，过度自信的首席执行官更有可能实施破坏企业价值的收购活动。他们进一步研究发现，过度自信的首席执行官的投资对现金流敏感度比理性的首席执行官更高，管理者的过度自信一定程度上会扭曲企业的投资行为。因此，过度自信的非理性管理者一般会高估项目的预期盈利，从而低估风险，即使投资项目的净现值（NPV）为负，高度自信的首席执行官仍会相信自身的经营能力，从而导致过度投资。

郝颖等（2005）在对管理者过度自信理论分析的基础之上，用高管人员的持股数量衡量管理者过度自信作为自变量，以企业过度投资为因变量进行实证检验，研究发现：过度自信的管理者与理性的管理者相比，过度自信的管理者管理的企业通常有较高的现金流敏感度和投资水平；在我国特殊的股权治理结构背景下，非理性的管理者会造成更多的投资异化行为。郝颖等（2005）的研究开创了我国基于管理者过度自信的视角来研究企业投资行为的先河。汪德华和周晓艳（2007）在学者们研究的基础上，从行为公司金融理论的视角，构建了管理者过度自信与企业投资异化模型。通过这一模型，他们进一步对行为公司金融理论影响企业投资异化行为的理论进行了剖析，并相对比较了传统财务理论下企业过度投资行为。王霞等（2008）通过实证研究证明，企业的投资异化行为受管理者过度自信心理特征的影响，通常存在效率低下的投资行为，而企业投资行为异化的资金来源并非是企业内部经营现金流，主要是企业外部的负债融资取得的资金。在投资并购活动的研究文献中，傅强和方文俊（2008）利用上市公司数据，以企业景气指数为替代变量，实证研究发现，企业的并购活动频率与管理者过度自信成正比例关系。姜付秀（2009）以经理薪酬和盈利预测的对比作为替代变量，利用上市公司数据实证检验了企业扩张和财务困境与管理者过度自信之间的关系，研究发现，管理者越自信，企业扩张的速度越快，甚至往往会使企业陷入财务困境。张功富（2011）采用2004—2009年700多家上市公司的数据进行实证研究发现，存在政府干预的企业投资活动要比没有政府干预的少，这说明，政府干预背景使得企业的管理者有着更乐观的心理扩大投资活动。

三、研究理论

所有权与经营权的分离产生了现代公司的委托代理理论，由于股东不参与企业的经营管理，经理人在日常经营中拥有绝对的话语权，在信息不对称的情况下，经理人会追求私人利益从而使股东与经理人的目标相背离，诸如享受超额在职消费、高额薪酬。因而如何对经理人进行激励避免其自利行为从而为企业价值最大化而努力颇为重要。本书首先用委托代理理论解释股东高管之间的代理关系，用薪酬契约理论解释股东对高管的激励和约束，用人力资本理论解释高管本身作为一种资本及其应得收益，用产权理论解释国有企业和非国有企业经济行为的不同，以期作为本书的理论基础。

（一）委托代理理论

股东与经理人之间是委托人与代理人的关系，如何在信息不对称性的情况下设计出一份最优合同激励代理人从而避免股东与经理人利益相冲突是委托代理理论所需解决的问题。因此，研究股东与高管之间激励约束问题，委托代理理论是基础。

詹森（Jensen，1976）提出委托代理理论是建立在委托人与代理人之间的一种合同关系，在这种合同安排下，委托人给根据一种明示或默示的合同委托代理人为其服务，同时给予其一定经营决策权，并根据受托人的努力和产出来给予其一定的报酬。在监督不力、信息不对称、目标利益偏离的情况下，经理人就可能为追求私人收益最大化努力，从而将委托人的利益置之不管，产生道德风险和逆向选择问题。委托人为有效地缩小利益偏差，承担了偏差行为的监督约束成本以及使用适当的激励机制，由此产生代理成本。代理成本在减少代理人道德风险、逆向选择问题的同时也会对公司价值造成影响，如果超过了委托人所能接受的程度，委托人可能会对监督进行弱化，"内部人控制问题"就会相应产生。经过实践的检验，能使代理成本最小化的相关代理理论机制已经产生，如将代理人薪酬与公司业绩捆绑一起的激励约束机制，能让为企业作出贡献的代理人一同分享发展的胜利果实，代理人在为委托人的利益努力工作时，也实现了自身利益最大化，是一种合理的制度安排形式，同样也是一种双赢模式。

（二）薪酬契约理论

薪酬契约理论可以实现委托人对受托人的约束和激励，从而将委托人的利益和受托人的利益以薪酬契约的方式紧密联系起来。如果代理人的行为符合委托人最大化利益的目标，委托人就会为代理人作出的贡献给予肯定的奖励，相反若受托人的代理行为与委托人的利益出现偏差，委托人就会对受托人的代理行为予以相应的处罚，最严重可以取消受托人的代理身份。在受托人的努力和输出都可观察的情况下，委托人能够对受托人进行有效的监督，相应地减少受托人偷懒的机会，最优合同得以建立。委托人会给予受托人固定薪酬而不管受托人的产出如何，最优合同就按这种方式执行。如果受托人的努力和输出不能观测，那么委托人只能通过主观推测受托人的努力和输出，次优合同在这种情况下就会被设计出来，薪酬内容包括基本薪酬、股票、奖金。最优契约论认为可以通过将受托人薪酬和输出相捆绑的方式达到激励的目的，调动受托人更多地为委托人利益努力付出的积极性，以实现委托人利益最大化。如果订立的契约是有效的，能够激励受托人付出更多的努力，与委托人的利益保持一致，则可以认为高管薪酬—业绩敏感性较高，薪酬变动与业绩变动是高敏感的。

（三）人力资本理论

人力资本认为对人力资源进行培训教育以及在此期间的机会成本可以表现为劳

动者个体身上的生产技能、知识以及健康的总和，这些体现在劳动者个体身上的总和即为人力资本。人力资本理论以人力资源为基础，将企业中的人作为一项资本进行管理，并根据人力资源的产出回报及人力资源市场的变化来进行动态管理，以获取与成本相匹配的收益回报，其结合了经济学和管理学等学科的内容。经济发展越迅速，人力资本在企业发展中的作用越重要、越明显，高管人员作为企业的特殊人力资源，是企业的核心竞争力所在。高管是否能较好地履行职责、认真对待自身作用，将对公司资源发挥作用的好坏起到关键的作用，是企业能否做大做强、健康发展的关键因素。因此，适当地使高管人员分享企业发展的胜利果实，能够较好地调动高管努力履行职责的积极性，促使高管认真完成工作，进而使企业业绩得到提升，实现委托人与受托人的双赢。

（四）产权理论

现代产权理论由1991年诺贝尔经济学奖获得者科斯提出。产权理论认为，若社会没有产权，则这个社会资源配置是完全失效的，是没有效率的。与国有企业相比，私有企业拥有更加明确的产权，私有企业产权人享有私有企业利益剩余索取权，因此产权人有更强的利益动力去不断提高企业效益，因此在利润激励上私有企业比国有企业更强。产权被经济学家作为解释经济行为与经济决策的理论依据，而产权理论正是研究财产权力与经济行为、激励之间的关系。基于不同的产权，产权所有者为降低代理成本会采取不同的激励约束模式。

（五）利益相关者理论

利益相关者理论是指企业的经营管理者为综合平衡各个利益相关者的利益要求而进行的管理活动。该理论认为企业追求的是利益相关者的整体利益，而不仅仅是某些主体的利益。各经济利益主体在追求自身经济利益的过程中要受到其他经济利益主体的制约，不能无限度地任意扩展而侵犯其他经济利益主体的利益，否则合约所约定的条款就会遭到破坏，企业就会从新组合，签订新的合约，从而形成一个新的经济利益主体。在现实的经济生活中，利益相关者利益最大化取代股东利益最大化，已是社会经济发展的必然选择。根据利益相关者理论，企业是由股东、经营者、员工、债权人和其利益相关主体组成，企业的发展不仅要考虑股东利益，而且要兼顾利益相关者利益。作为上市公司管理层来说，实行有效的激励措施可以达到很好地激励约束管理层行为的目的。

四、主要研究内容

1. 第一篇：公司风险偏好和管理层激励合同的设计

本篇主要介绍公司风险偏好和管理层激励合同设计的研究背景，国内外研究现状和趋势，研究理论基础和主要研究内容等。

2. 第二篇：风险对高管薪酬—业绩敏感性的影响分析

薪酬与业绩相脱节、亏损的公司高管拿"天价薪酬"等现象使高管激励问题成为社会广泛关注的热点。代理理论指出，高管与股东之间存在信息不对称及利益不一致问题。如果能够将薪酬与业绩联系起来，将能够有效地解决代理理论中指出的问题。高管薪酬—业绩敏感性将薪酬与业绩紧密联系了起来，被广泛用于检测薪酬激励机制的有效性。目前国内学者对薪酬业绩的研究多是基于特定风险下的研究，而对风险不同时薪酬业绩之间的联系将产生怎样的变化尚无深入的研究。国外对这方面研究起步稍早，但完全的"拿来主义"并不能很好地适用于我国国情，那么在这样的制度背景下，风险将如何影响我国上市公司的高管薪酬—业绩敏感性呢？本篇采用我国上市公司2007—2011年共5 685个样本，研究了风险对高管薪酬—业绩敏感性的影响。研究发现，我国高管薪酬与公司业绩呈正相关关系；风险与高管薪酬—业绩敏感性之间呈反向变动关系；与非国有企业相比，风险对国有企业高管薪酬—业绩敏感性的影响更为明显，即伴随着风险的升高，非国有企业高管薪酬—业绩敏感性的变化程度小于国有企业。

3. 第三篇：高管薪酬—业绩敏感性对投资—现金流关系的影响分析

本篇以我国2005—2011年的上市公司为样本，分析了高管薪酬—业绩敏感性对投资—现金流的影响，并基于我国资本市场发展变化，检验了不同所有权性质的公司投资与现金流的关系。研究发现，基于代理理论，高管薪酬—业绩敏感性与投资—现金流敏感性并非呈现线性关系，随着高管薪酬—业绩敏感性的上升，管理层与股东的利益先拉近后背离，导致投资—现金流敏感性先下降后又上升。这说明管理层适度激励可以减缓代理问题，但过度激励反而加重代理问题。本篇在区分所有权性质后，按照资本市场的变化划分三段研究区间，研究发现2005—2006年代理问题导致国有控股公司投资与现金流的相关性；外部融资约束导致非国有控股公司投资与现金流的相关性。但随着我国资本市场的发展变化，非国有控股公司外部融资约束程度减轻，2009—2011年代理问题同样导致投资与现金流的相关性。因此信息不对称理论与自由现金流代理理论对投资—现金流关系都有解释力度，但随着资本市场的变化，两种理论对投资—现金流关系的解释力度也发生变化。

4. 第四篇：公允价值的采用对高管薪酬契约的影响

本篇基于公允价值在企业会计准则中被广泛应用的制度背景，把公司业绩按照风险程度以及与管理层的努力程度的关系分为营业业绩和风险业绩，并比较分析高管薪酬与不同风险业绩的粘性程度。以 2007—2010 年有公允价值变动损益的 1 380 个样本为研究对象，比较分析了高管薪酬与营业业绩和风险业绩的敏感度以及粘性特征，并结合上市公司的产权特征进行了透彻地分析。研究发现，高管薪酬与业绩存在粘性，而且对于该粘性特征，地方控股企业明显高于中央控股企业，而民营企业的高管薪酬粘性特征较弱。研究还进一步发现，高管薪酬与营业业绩的粘性较弱，而与风险业绩存在较为明显的粘性特征。高管薪酬与风险业绩的粘性特征在地方控股企业中显著高于中央控股企业。

5. 第五篇：高管薪酬粘性对企业过度投资的影响分析

本篇基于上市公司 2005—2010 年的高管薪酬和公司业绩数据，量化了高管薪酬与公司业绩的粘性程度，即高管薪酬随着业绩上升的上升幅度大于高管薪酬随着业绩下降的下降幅度的程度，并实证检验了高管薪酬的粘性程度对上市公司过度投资行为的影响。研究发现，高管薪酬的粘性程度越大，高管的冒险精神越大，从而导致企业的过度投资。高管薪酬机制的内在特点是影响高管行为的直接原因。区分产权性质后发现，粘性程度与过度投资的显著正相关关系在中央政府控股公司中并不明显，而在地方政府控股公司和民营企业中较为明显，说明了 2004 年以来，国有资产监督管理委员会对央企负责人的薪酬规定以及有关投资规模的规定起到了较好的作用。本篇首次将高管薪酬的粘性程度进行量化，并检验高管薪酬的粘性程度对上市公司过度投资行为的影响。研究从高管薪酬机制本身的特点分析了上市公司过度投资行为的直接原因，为高管薪酬机制的设计提供了一定的理论依据和经验证据。

6. 第六篇：政府补助的获得对高管薪酬契约的影响分析

本篇以 2007—2010 年我国上市公司为研究样本，分析了上市公司的薪酬差距和政府补助的情况，并检验了政府补助对薪酬差距的影响。研究发现，上市公司获得的政府补助会对其薪酬差距产生显著的正向影响，即政府补助会显著增加高管薪酬，并显著扩大上市公司高管与普通员工之间的薪酬差距；政府补助对薪酬差距的影响，在国有企业中比在民营企业中表现得更为突出。国有企业的政府补助显著提高了高管薪酬，高管薪酬增加的幅度显著高于普通员工薪酬的增长幅度，从而使国有企业薪酬差距进一步扩大。在地方政府控股的国有企业中，该现象表现得最为突出，即地方政府控股的国有企业在获得政府补助时支付了更高的高管薪酬，导致薪酬差距进一步扩大。本书的研究发现，作为社会再分配的政府补助不但没有在社会再分配中起到对初级分配的调节作用，反而在一定程度上加大了初级分配的不公平。本篇用上市公司的微观数据反映宏观层面的收入分配和宏观调控的作用，以更细致的数据得到更为准确的结论。

7. 第七篇：企业并购对高管薪酬—业绩敏感性的影响分析

本篇以我国 2006—2010 年作为买方发生并购行为的 362 个国有上市公司为研究对象，分析了公司并购行为对高管薪酬与公司业绩的敏感度的影响。研究发现，公司资产回报率、市场回报率与公司高管薪酬显著正相关。说明并购前，高管薪酬与资产回报率以及市场回报率显著正相关，即高管薪酬与公司业绩敏感性较高。并购所增加的会计业绩和市场业绩与高管薪酬在 10% 的水平下显著负相关。可见，企业并购显著降低了高管薪酬与公司资产回报率以及市场回报率的业绩敏感性。并购规模无论是通过会计绩效还是市场绩效检验分析，都与高管薪酬显著正相关，说明高管薪酬与并购规模的扩大显著正相关。为进一步分析并购绩效是否会影响高管薪酬变动，研究采用差分模型分析了高管薪酬变化值与并购业绩变化值和并购规模变化的关系，研究发现，高管薪酬的变化与并购绩效无显著的相关关系，而与并购增加的公司规模显著正相关。

8. 第八篇：管理层权力对薪酬差距和业绩变化关系的影响分析

本篇选取 2006—2011 年 4 707 个上市公司为样本，以薪酬差距为切入点，从动态的角度来研究管理层权力对公司内部薪酬差距的变化，内部薪酬差距与业绩的相关性的影响以及业绩变化的方向不同时管理层权力的作用机制。研究发现，上市公司中业绩变化对高管薪酬变化具有显著的正向影响，且业绩变化对高管薪酬变化的正向影响在业绩上升时要大于业绩下降时，高管薪酬具有粘性特征。业绩变化对员工薪酬变化没有显著性影响，员工薪酬具有向上和向下的刚性特征。将高管细分为核心高管和非核心高管时，国有企业中核心高管薪酬的变化在业绩上升时与业绩变化不相关，在业绩下降时与业绩变化显著正相关，具有向上的刚性特征。业绩变化对公司内部薪酬差距变化具有显著的正向影响。国有企业中，业绩变化在业绩上升时对管理层内部薪酬差距变化无显著影响，在业绩下降时有显著的正向影响；业绩变化在业绩上升时对高管和员工间薪酬差距变化有显著的正向影响，在业绩下降时无显著影响。非国有企业中，综合回归分析时业绩变化对薪酬差距变化有显著正向影响，且该正向影响在业绩下降时会减弱；分样本回归分析时业绩变化在业绩上升时对薪酬差距变化有显著的正向影响，在业绩下降时无显著影响。国有企业和非国有企业中的高管的薪酬都具有弱"尺蠖效应"的特征。管理层权力没有显著的增大企业内部的薪酬差距的变化，但是能影响业绩变化与薪酬差距变化的相关性。国有企业中，管理层权力变量使得业绩上升时薪酬差距变化与业绩变化的相关性上升，业绩下降时则没有显著影响。非国有企业中，管理层权力能降低薪酬差距变化与业绩变化的相关性。

9. 第九篇：控制权转移对高管更换的影响分析

本篇从公司控制权转移的角度研究了控制权变更对公司高管更换的影响，检验了外部治理机制在高管约束和激励方面发挥的作用，并结合公司业绩对比分析了发生控制权转移的公司和没有发生控制权转移的公司，公司业绩与高管更换之间的相关关系。研究发现，公司的控制权是否发生转移与经营业绩有关，但在国有公司中的表现与在非国有公司以及全样本中的表现有所不同，这是因为政府对国有股权的转让监管严格、限制较多。研究结果在一定程度上体现了控制权市场的作用机制，即通过控制权的交易能够使得管理效率低下或是无效率的高管发生更换，以维护股东的利益，说明控制权转移更多的发生在业绩表现差的公司中。研究同时发现，发生控制权转移的公司中，业绩越差，高管越容易发生更换。控制权市场的存在对高管的管理行为形成了一种激励和约束，以促使高管努力工作、提升公司业绩。如果高管的管理行为没有效率，产生了较差的经营成果，公司的股价下跌，投资者就会借此契机购买股权取得控制权，进行资源整合，替换原来的高管。这也表明了控制权转移引起高管的更换最终是由较差的经营业绩造成的。

第二篇　风险对高管薪酬—业绩敏感性的影响分析

一、引言

薪酬与业绩相脱节、亏损的公司高管拿"天价薪酬"等现象使高管激励问题成为社会广泛关注的热点。2008 年美国国际集团（AIG）亏损 1 000 亿美元，2009 年 3 月该公司却决定利用政府补助向公司部分高管支付 2008 年奖金 1.65 亿美元。① 中国远洋 2009 年亏损 75.41 亿元，高管团队年薪总额高达 1 565.42 万元。中国铝业 2009 年亏损 46.46 亿元，高管团队薪酬总额高达 663.5 万元。在公司利润没有增长的情况下，支付高额报酬给高管人员，最终会造成股东及利益相关者的利益损失。

代理理论指出，高管的努力及付出具有不可观测性，且高管与股东之间存在信息不对称及利益不一致问题。将业绩视为高管努力程度的信号，如果能够将薪酬与业绩相联系起来，将能够有效地解决代理理论中指出的问题，而使薪酬契约更有效。高管薪酬—业绩敏感性被广泛用于检测薪酬激励机制的有效性，是高管激励研究的重要组成部分。然而，公司风险的存在可能影响高管薪酬—业绩敏感性的解释意义，较低的公司风险意味着公司有着更稳定的经营环境，能够减少评价高管努力程度的"噪音"，更有效地评价高管的努力程度，利于薪酬激励制度的适用与执行。经理的努力程度难以观测，股东只能通过业绩来评判高管人员的努力程度，而较高的公司风险则会影响公司业绩，给高管努力的评判带来"噪音"，当风险增高时，最优的薪酬—业绩敏感性将会降低，从而影响高管人员的薪酬。现阶段，对于薪酬—业绩敏感性与风险之间的关系这一论题没有统一结

---

① http://finance.sina.com.cn/roll/20090322/22582743677.shtml.

论。斯特龙伯格（Stromberg，2005）、蔡明剑（2010）发现风险与薪酬—业绩敏感性之间存在正向变动关系，薪酬—业绩敏感性随风险的增大而增大。还有学者（Mengistae、Xu，2004）发现薪酬—业绩敏感性与风险之间存在反向变动关系，即随着风险的增大，薪酬业绩敏感性减小，确实如代理理论所论证的那样。康通和墨菲（Conyon、Murphy，1999）、彭文平和肖继辉（2004）发现薪酬—业绩敏感性与风险之间不存在相关性。

高管薪酬—业绩敏感性是指当模型等号左边的因变量为高管薪酬时，模型等号右边自变量为公司业绩的系数大小，它表示的是高管薪酬与公司业绩的相应关系，它常被用来衡量公司激励制度的有效性。激励机制中的薪酬—业绩敏感性越高，则表示薪酬与公司业绩的关系越密切，这种机制引导高管实现的业绩越好，获取的薪酬越高；而业绩越好则越有利于股东价值最大化的实现。然而，公司风险较高可具体体现为公司本身价值变动比较大，一方面较高的薪酬—业绩敏感性带给高管收入不安全感，对厌恶风险的高管产生负面效应；另一方面公司的业绩也会加入不可控因素而导致评价高管努力出现偏差，给评价高管的努力带来"噪音"。因此，在风险与激励之间，高管必须进行选择。

本篇着力于研究上市公司高管薪酬与公司业绩是否存在相关关系，薪酬激励机制是否起到了预期作用，风险不同的情况下薪酬—业绩敏感性会有怎样的变化，设计薪酬激励机制时如何考虑风险因素。并按如下逻辑顺序依次展开实证研究：首先，检验我国上市公司高管薪酬与公司业绩是否如代理理论所言呈现正相关关系；其次，在得出薪酬—业绩相关关系的基础上，研究风险与薪酬—业绩敏感性之间的关系，验证是否如经典代理理论所言为负相关；最后，验证国有企业及非国有企业风险对薪酬—业绩敏感性影响有何不同，以此来为企业制定激励机制时如何考虑风险因素提供理论支持。

二、理论分析与研究假设

代理理论指出：高管的努力及付出具有不可观测性，且高管与股东之间存在信息不对称及利益不一致问题。将业绩视作高管努力程度的信号，如果能够将薪酬与业绩相联系起来，对高管的贡献给予一定的奖励，并且通过一定的激励措施使代理人的代理行为与股东利益保持一致，将能够有效地解决代理理论中指出的问题。

中国上市公司高管薪酬与公司业绩之间是否存在相关关系一直是学者们研

究的热点。主要存在两种观点：一种是认为薪酬与业绩之间不存在相关关系（李增泉，2000；魏刚，2000；周佰成、王北星，2007）；另一种是认为薪酬与业绩之间存在正相关关系（杜胜利、翟艳玲，2005；杜兴强、王丽华，2007；卢锐，2008）。可见薪酬已经被作为一种有效的激励措施体现在激励机制中，被认为是一种能够使高管做出与股东利益一致行为的激励方式。在薪酬契约下，高管的薪酬与公司业绩进行了"捆绑"，高管变动部分的薪酬随业绩的变化而变化，高管有动力为获得更高的薪酬而努力工作提高公司业绩。

本篇对中国上市公司业绩与薪酬之间的关系进行一次检验，为下一假设检验高管薪酬—业绩敏感性与风险关系作准备。基于此，提出如下假设：

假设1：高管薪酬与公司业绩之间存在正相关关系。

霍姆斯特龙和米尔格罗姆（Holmostrom、Milgrom，1987）假定高管的效用服从指数函数的前提下，证明了最佳薪酬组成可由以下线性模型表示：$Y = a + bX$，其中 Y 指高管的总薪酬，a 指固定部分薪酬，X 是公司业绩指标，包括股东财富、经营绩效，b 就是薪酬—业绩敏感性。代理理论认为薪酬的变动将引起高管努力的变动，薪酬—业绩敏感性将公司业绩与高管薪酬"捆绑"了起来，是设计最优薪酬契约时的重要组成部分。

在经典的代理理论框架下，霍姆斯特龙和米尔格罗姆（Holmostrom、Milgrom，1987）指出股东需要在激励与风险中间进行衡量取舍，它在研究中证明了薪酬—业绩敏感性与风险之间呈反方向变动关系。从理论上分析，较高的薪酬—业绩敏感性能够激励高管付出更多的努力以得到随业绩变动的薪酬，但另一角度来看，也向高管转移了更多的报酬不确定性及风险，让高管的收入安全感减少，这就需要更多的激励成本来弥补这部分不确定性及风险。另外，由于信息不对称，高管的行为对于外部股东不可见，股东只能将经营产出作为高管代理行为的评价标准，而由于风险的存在，经营的产出会受到高管努力之外的影响，这将给股东的评价标准带来干扰，从而降低薪酬与绩效的联系紧密程度，即降低薪酬—业绩敏感性。有学者（Mengistae、Xu，2004）研究发现业绩的方差降低了首席执行官（CEO）薪酬—业绩敏感性，即风险与薪酬—业绩敏感性呈反向变动关系。周嘉南和黄登仕（2006）发现风险与高管—薪酬业绩敏感性之间呈现负相关关系，但不显著。而陈震和张鸣（2008）在他们的研究中并没有发现薪酬—业绩敏感性与风险之间呈现相关关系。

本篇着力于检验上市公司高管—薪酬业绩敏感性是否的确如经典代理理论所言一样与风险之间呈现负相关关系，如果的确存在反向变动关系，那么可以推测出经典代理理论在我国上市公司设计高管薪酬契约时得到体现。基于此，提出如下假设：

假设2：上市公司高管的薪酬—业绩敏感性与风险之间存在负相关关系。

国有企业与非国有企业具有明显不同的产权性质。根据产权理论，拥有不同产权的公司，其经济行为也会不同，企业业绩与高管薪酬之间的关系也会存在差异。国有企业归属于政府，其股权结构与高管薪酬激励制度有别于非国有企业，其受行政影响较多，高管由政府直接任命，福利在职消费也有不同的表现形式。周仁俊（2010）从国有上市公司和非国有上市公司具有不同产权的视角，通过高管现金收入、在职消费和股权激励三个因素对公司业绩产生的影响进行实证检验，研究表明：高管持股比例与公司绩效之间呈正向变动关系，且相关程度在非国有上市公司更显著；高管现金薪酬与公司绩效之间呈正向变动关系，在非国有上市公司的关联性大于国有上市公司；在职消费与公司绩效之间呈负相关关系，且在国有上市公司两者的联系紧密程度更强。

同样，不同产权性质的公司所受政府的干预程度不相同，公司风险对高管薪酬—业绩敏感性的影响程度也会存在差异。风险即不确定性，当这种不确定体现为大幅盈利时，民营上市公司由于要激励高管作出的努力，委托人愿意给予高管更多的薪酬；对比之下在实现大幅盈利的国有上市公司，由于我国所处的社会发展阶段，国有企业高管过高的薪酬将引起公众的高度关注，在注重社会收入公平和薪酬管制的社会环境下（陈冬华等，2005），高管薪酬具有一定行政干预的特征，无法完全由市场决定，薪酬与业绩之间的联系被降低，即降低薪酬—业绩敏感性，采用收入公平原则兼顾社会影响，且由于国企存在较多的在职消费和隐形福利，高管也能接受这样的结果。

民营企业追求利润最大化，企业所有者为了实现股东利益最大化，制定薪酬契约时有更强的动力进行奖惩。国有企业相比民营企业，承担了更多的社会责任（Bai，2005）。国有企业的高管多由政府任命，身上除了有使国有资产保值增值的职责外，还承担了提高社会就业率、保障社会稳定及经济正常运行等社会职责，例如用电高峰期时，火力发电厂为了满足社会运转需求，即使发电越多亏损越多，也要承担社会使命满负荷运行。因此，当国有企业风险体现为业绩大幅损失时，无法完全归咎于高管，同时基于政治前途的考虑，国企高管薪酬与损失业绩的联系紧密程度就会下降，即薪酬—业绩敏感性会下降。综合以上分析，加上风险与薪酬—业绩敏感性负相关关系成立的基础上，提出如下假设：

假设3：同非国有上市公司相比，风险增大时，国有上市公司薪酬—业绩敏感性下降得更快。

三、研究设计

（一）变量定义

1. 高管薪酬变量

薪酬是公司对员工作出的贡献给予回报的一种形式，是对员工努力付出的一种肯定。欧美国家的薪酬主要由股权激励、奖金、基本底薪等多方面组合而成。薪酬在我国的具体形式包括年薪、奖金和股票期权等。公司可以采用股权激励制度在2005年修订通过的《中华人民共和国公司法》（以下简称《公司法》）中被首次提出，相比西方国家起步较晚。有别于西方国家的股权激励，我国较多地限制了管理层的股权流通，目前我国只有为数不多的公司采用股权激励的方式，零持股现象也比较普遍（魏刚，2000）。本篇不对其进行探讨，仅讨论货币性薪酬。本篇使用"薪酬最高的前三位高管人员"的平均值作为薪酬的替代变量，并取对数处理。

2. 公司业绩变量

股东财富指标和经营绩效指标可作为公司业绩不同形式的体现。公司股东财富主要取决于资本市场，利用资本市场的信息来衡量公司业绩，这样避免了经营绩效受内部人操纵的不足，更多影响来自外部市场。经营绩效可由公司的会计指标进行衡量，简单易懂，便于理解，不足之处在于容易受到内部人的控制。股东财富衡量使用频率较高的指标包括公司股票收益率、股票价格等，经营绩效使用频率较高的衡量指标包括净资产收益率（ROE）和总资产收益率（ROA）等。

长期以来，受法规政策不健全、监督引导不到位、投资者偏好影响，我国的股票市场短线投机情况较多，同时由于流通股与非流通股的存在，股价不能充分体现股票的市场价值，于是在反映股票股东财富衡量指标中，笔者选择股票超额收益率（ARET）[①]。具体样本公司股票收益率减去市场收益率后得到的股票超额收益率更能体现高管努力之下的股东财富业绩情况。在会计业绩指标净资产收益率和总资产收益率中，笔者选择了前者作为经营绩效的替代变量。在杜邦分析体系中，净资产收益率等于销售利润率、资产周转率和权益乘数三

[①] 其具体算法为使用每月的考虑了现金红利的股票收益率减少考虑了红利的综合市场收益率求得当月的股票超额收益率，然后将样本年度12个月的股票超额收益率求平均数得到样本年度的股票超额收益率。

者的乘积，是企业盈利能力、运营能力、债务清偿能力的综合体现。

3. 公司风险变量

本篇中公司风险以公司业绩标准差累计分布函数（CDF）来进行衡量，以检验风险对薪酬—业绩敏感性的影响。在本篇中经营绩效指标体现的业绩风险使用 CDF_ROE 表示，股东财富指标体现的业绩风险使用 CDF_ARET 表示。以经营绩效风险指标净资产收益率积累分布函数 CDF_ROE 为例，其计算方法如下：计算出样本年度前五年净资产收益率的标准差，按计算所得的标准差对样本进行升序排列，假设某一样本的顺序在第 N 位，则 CDF_ROE ＝（N－1）/（样本总体个数－1），从而 CDF_ROE 将位于 [0, 1] 之间。股东财富业绩风险指标 CDF_ARET 计算方法同 CDF_ROE。[①]

4. 控制变量

公司股权特征方面：国有企业（SOE），实际控制人为国有时取 1，实际控制人为个人或民营企业时取 0；控股比例（SHR），即第一大股东持股比例。公司董事会特征方面：包括两职分离情况（DUAL），即董事长兼任总经理时取 1，否则取 0；董事会规模（BOARD），即董事会总人数；董事会的独立性（IND），即独立董事占全部董事的比重。公司财务特征方面：包括公司规模（SIZE），取公司总资产的自然对数；资产负债率（LEV），即公司年末短期借款与长期借款之和与总资产之比；营业收入增长率（GRW），即本年营业收入增加额与去年的比值。公司的地域特征方面：包括东部（ZONE），即公司注册地位于东部取 1，位于中西部取 0。另外，我们还在模型中控制年度虚拟变量（YEAR）和上一年度薪酬（COMPL）。[②]

表 2.1　　　　　　　　　　　变量定义及描述

变量定义	变量符号	变量描述
"薪酬最高的前三位高管人员"薪酬平均值的对数	COMP	"薪酬最高的前三位高管人员"薪酬平均值的对数
前一年度的"薪酬最高的前三位高管人员"薪酬平均值的对数	COMPL	控制上市公司本年与上一年度的高管薪酬具有的递延性

---

① 这种计算累计分布函数的方法可普遍见于各研究中（Garen, 1994；Aggarwal、Samwick, 1999；Core、Guay, 2002；Mengistae、Xu, 2004）。

② 控制上市公司本年与上一年度的高管薪酬具有的递延性。

表2.1(续)

变量定义	变量符号	变量描述
总资产的对数	SIZE	作为规模的代理变量,控制公司规模对薪酬的影响
净资产收益率	ROE	作为公司经营绩效的衡量指标①
净资产收益率标准差的累计分布函数	CDF_ROE	用以检验风险对薪酬—业绩敏感性的影响。首先计算样本年度前5年的净利润标准差,再将样本按标准差从小到大排序,若某一样本排在第N位,则CDF_ROE = (N−1)∕(样本总体个数−1),从而使CDF_ROE位于[0,1]之间
股票超额收益率	ARET	作为股东财富的衡量指标。首先用样本年度每个月的考虑了现金红利的股票收益率减去本月的考虑了现金红利的市场收益率,得到该月份的超额收益率,再将样本年度内每个月的超额收益率求算术平均就得到ARET
股票超额收益率标准差的累计分布函数	CDF_ARET	用以检验风险对薪酬—业绩敏感性的影响。同CDF_ROE的计算方法
管理层权力	DUAL	描述两职合一状况,当两职合一时,取1,否则取0
所有制形式	SOE	描述上市公司性质,国有取1,非国有取0。
公司注册地区	ZONE	描述上市公司注册地区,当属于东部11省市(京、津、冀、辽、沪、苏、浙、闽、鲁、粤、琼)时取1,否则取0
董事会独立性	IND	用董事会中独立董事所占比例来表示,该指标比例越大表示董事会的独立性越强,反之越小
董事会规模	BOARD	年末董事会成员数量
第一大股东持股比例	SHR	公司第一大股东持有公司股份占总股数的比例
杠杆水平	LEV	使用当年资产负债率表示
成长机会	GRW	使用营业收入增长率表示
年度哑变量	YEAR	控制年度对薪酬的影响

---

① 在将净资产收益率作为公司经营绩效衡量指标时,因为需要计算净资产收益率以及它的标准差,需要去掉样本年度及其前5年里出现了净资产为负的样本。

（二）模型设定

（1）为检验上市公司业绩与高管薪酬之间的关系，在控制了样本年度前一年的高管薪酬水平、公司的规模、所属地区、所有制形式、杠杆水平、成长机会、公司治理结构变量及年度效应对高管薪酬影响的前提下，本篇采取高管薪酬—业绩回归模型进行检验，若业绩变量系数 a_1 为正，则可认为薪酬与业绩之间呈正相关关系；若系数 a_1 为负，则呈现负相关关系。回归模型如下：

$$COMP_t = a_0 + a_1 \pi + a_2 \text{（CONTROLVARIABLES）} + \varepsilon \qquad (1)$$

其中 COMP 是高管薪酬，π 是业绩指标净资产收益率（ROE）或股票超额收益率（ARET），CONTROLVARIALBES 是控制变量。

（2）在薪酬—业绩模型中加入风险与业绩交互乘积项的方法研究风险对高管薪酬—业绩敏感性的影响。若交互项的系数 a_2 为负，则可以认为风险与高管薪酬—业绩敏感性之间呈反向变动关系；若交互项系数 a_2 为正，则可认为风险与高管薪酬—业绩敏感性之间正向变动关系。回归模型如下：

$$COMP_t = a_0 + a_1 \pi + a_2 \pi \times RISK + a_3 RISK$$
$$+ a_4 \text{（CONTROLVARIABLES）} + \varepsilon \qquad (2)$$

其中 COMP 是高管薪酬，π 是业绩指标净资产收益率（ROE）或股票超额收益率（ARET），RISK 与业绩对应的表示风险的累积分布函数 CDF_ROE 或 CDF_ARET，CONTROL VARIALBES 是控制变量。

（3）为对比验证不同实际控制人企业风险与薪酬—业绩敏感性之间的关系，在模型（2）中我们去掉企业性质虚拟变量 SOE，将样本分为国有样本与非国有样本进行研究。

四、实证结果与分析

本篇的研究对象来自于我国上市公司 2007—2011 年数据。从分析的需要出发，对样本数据进行了如下处理：

（1）选择上市不低于 5 年且在 2007—2011 年内没有退市的公司。[①]

（2）由于金融保险类企业资本结构的特殊性，剔除保险金融类上市公司。

---

① 之所以这样选取样本，是为了保证在计算公司价值的波动性时，有 5 年连续的数据可供使用。

（3）剔除未对样本公司进行连续 2 年高管薪酬详细披露的上市公司。①

（4）剔除其他数据不完整的样本公司。

最终样本总量为 5 685 个，各年样本数量分别为：2007 年 1 021 个，2008 年 1 060 个，2009 年 1 184 个，2010 年 1 188 个，2011 年 1 232 个。

其中：

（1）高管薪酬、董事会规模、独立董事比例、是否两职合一均来自中国股票市场研究数据库——中国上市公司治理结构研究数据库中的基本数据子数据库。本篇使用"薪酬最高的前三位高管人员"薪酬平均值作为薪酬指标，并且取对数处理。

（2）净资产收益率、营业收入增长率、资产负债率、公司规模均来自中国股票市场研究数据库——中国上市公司财务报表数据库，在模型中总资产取对数。

（3）第一大股东持股比例、最终控制人信息均来自中国股票市场研究数据库——中国上市公司股东研究数据库中的股权信息数据库。

（4）注册地来自中国股票市场研究数据库——中国上市公司首次公开发行研究数据库。

（5）净资产收益率、营业收入增长率、资产负债率均来自中国股票市场研究数据库——中国上市公司财务指标分析数据库。

（6）股票超额收益率来自中国股票市场研究数据库——中国股票市场交易数据库中的个股交易数据子数据库及综合市场交易数据子数据库。② 为减少极端值产生的误差，对主要变量在 1% 和 99% 分位分别进行缩尾处理。③ 回归采用 STATA11.0 统计软件。

（一）描述性统计

本篇的研究数据包括 2007—2011 年我国上市公司 5 685 个样本。各年样本数量分别为：2007 年 1 021 个，2008 年 1 060 个，2009 年 1 184 个，2010 年 1 188 个，2011 年 1 232 个。表 2.2 反映了 2007—2011 年总体样本情况。

如表 2.2 所示，上市公司"薪酬最高的前三位高管人员"薪酬平均值为 125.5 万元，最小值为 11.82 万元，而最大值为 610.4 万元，说明高管薪酬水

---

① 这样做的目的是为控制上市公司本年与上一年度的高管薪酬具有的递延性，2007 年样本控制 2006 年薪酬，2008 年样本数据控制 2007 年薪酬，以此类推。

② 由个股交易子数据库可得到股票收益率，由综合市场交易子数据库可得到市场收益率。

③ 因存在异常值，进行缩尾的变量包括 COMP、COMPL、ROE、ARET、SIZE。

平差距很大。净资产收益率平均数为 6.81%，股票超额收益率平均数为 1.14%。上市公司第一大股东持股比例平均值为 35.27%，可以看出上市公司股权集中度较高。董事会规模平均值为 9.222，可见董事会规模多数控制在 10 人左右。董事独立性指标 0.363，表示独立董事占董事会人数平均为 36.3%，超过了中国证券监督管理委员会相关文件中规定的"三分之一"。[①] 杠杆水平方面资产负债率均值为 51.9%，营业收入增长率方面均值为 23.2%。

我国有 86.65% 的公司实现了两职分离，说明多数上市公司在两职合一与两职分离间存在较多共识。68.2% 的上市公司属于国有企业，31.8% 的上市公司属非国有企业，国有上市公司的数量是非国有上市公司数量的 2 倍，我国上市公司多由国有企业改制而成，上述数据与历史事实较为符合。58.53% 的上市公司集中于东部地区的 11 个省市，41.47% 上市公司分布于中西部地区，可见上市公司注册地相对集中于东部地区。

表 2.2　　　　　　　　　　　　　总体样本描述性统计

	平均数	样本量	中位数	标准差	最大值	最小值
"薪酬最高的前三位高管人员"薪酬（万元）	125.5	5 685	95.38	107.6	610.4	11.82
资产总额（万元）	683 000	5 685	279 000	1 260 000	8 600 000	11 800
股票超额收益率	0.011 4	5 685	0.007 16	0.031 3	0.119	−0.049 3
净资产收益率	0.068 1	5 685	0.073 3	0.165	0.452	−0.828
第一大股东持股比例	35.27	5 685	33.32	15.37	85.23	2.197
两职合一	0.131	5 685	0	0.337	1	0
董事会规模	9.222	5 685	9	1.884	18	3
资产负债率	0.519	5 685	0.532	0.187	0.923	0.079 5
营业收入增长率	0.232	5 685	0.141	0.614	4.502	−0.686
董事会独立性	0.363	5 685	0.333	0.051 4	0.714	0.090 9
实际控制人性质	0.682	5 685	1	0.466	1	0
公司注册地	0.588	5 685	1	0.492	1	0
股东财富风险指标	0.499 9	5 685	0.499 9	0.289	1	0
经营绩效风险指标	0.500	5 685	0.500	0.289	1	0

---

① 具体可见 2001 年 8 月 16 日中国证券监督管理委员会发布的文件《关于在上市公司建立独立董事制度的指导意见》[2001] 102 号。

表2.3　　　　　　　　　　　　高管薪酬分年度描述性统计

	平均值	样本量	标准	中值	最大值	最小值
2007	945 769.2	1 021	846 635.2	710 000	6 104 000	118 200
2008	1 078 377	1 060	923 524.9	817 700	6 104 000	118 200
2009	1 169 359	1 184	968 292.5	879 300	6 104 000	118 200
2010	1 413 873	1 188	1 156 833	1 070 000	6 104 000	118 200
2011	1 594 095	1 232	1 254 087	1 262 800	6 104 000	118 200

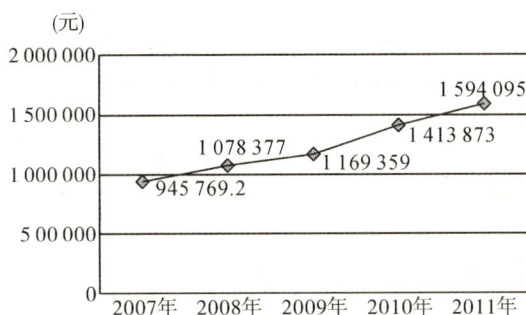

图2.1　"薪酬最高的前三位高管人员"薪酬水平趋势图（单位：元）

"薪酬最高的前三位高管人员"薪酬水平均值2007年为945 769.2元，2008年为1 078 377元，相比2007年增长14.02%；2009年为1 169 359元，相比2008年增长8.44%；2010年为1 413 873元，相比2009年增长20.91%；2011年为1 594 095元，相比2010年增长12.75%。五年内呈现连年递增趋势，高管薪酬年平均增长率14.03%。2007—2011年间我国经济保持高速增长，高管薪酬保持相应增长符合经济发展规律。

表2.4和表2.5是基于不同产权下的描述性统计。如表2.4和表2.5所示，非国有企业"薪酬最高的前三位高管人员"薪酬水平平均值为122.0万元，国有企业"薪酬最高的前三位高管人员"薪酬水平平均值为127.2万元，国有企业略高于非国有企业。国有企业资产总额平均值（81亿元）高于非国有企业资产总额均值（40亿元）。国有企业净资产收益率平均值（6.58%）略低于非国有企业净资产收益率平均值（7.29%），国有企业股票超额收益率平均值（1.04%）略低于非国有企业股票超额收益率平均值（1.36%），可见非国有企业的盈利能力略高于国有企业。国有企业第一大股东持股比例为37.8%，非国有企业第一大股东持股比例29.75%，国有企业股权集中度高于非国有企业。国有上市公司董事会人数均值（9.47）与非国有上市公司董事会人数均

值（8.68）相近，独立董事比例国有上市公司为36.11%，非国有上市公司为36.6%，较为相近，表明我国上市公司董事会规模、独立董事占比上有较多共识。国有企业资产负债率均值（53.16%）大于非国有企业资产负债率均值（49.26%），营业收入增长率方面国有企业均值（22.93%）略小于非国有企业均值（23.68%）。另外，国有企业中有9.79%是两职合一状态，远小于非国有企业20.22%的两职合一状态，说明更多的国有企业实现了两职分离。国有企业数量的57.06%位于东部地区11个省市，略低于非国有企业的比重（62.38%）。

表2.4 国有企业样本描述性统计

	样本数	平均值	标准差
"薪酬最高的前三位高管人员"薪酬（万元）	3 880	127. 166 3	104. 559 8
资产总额（万元）	3 880	814 000	1 430 000
股票超额收益率	3 880	0. 010 4	0. 030 8
净资产收益率	3 880	0. 065 8	0. 162 8
第一大股东持股比例	3 880	37. 838 9	15. 279 7
董事会规模	3 880	9. 472 2	1. 908 7
资产负债率	3 880	0. 531 6	0. 185 6
营业收入增长率	3 880	0. 229 3	0. 571 6
董事会独立性	3 880	0. 361 1	0. 051
两职全一	3 880	0. 097 9	0. 297 3
所属地区	3 880	0. 570 6	0. 495 1

表2.5 非国有企业样本描述性统计

	样本数	平均值	标准差
"薪酬最高的前三位高管人员"薪酬（万元）	1 805	122. 037 9	113. 770 5
资产总额（万元）	1 805	400 000	712 000
股票超额收益率	1 805	0. 013 6	0. 032 4
净资产收益率	1 805	0. 072 9	0. 168 3
第一大股东持股比例	1 805	29. 754 6	14. 062
董事会规模	1 805	8. 683 7	1. 710 5
资产负债率	1 805	0. 492 6	0. 188
营业收入增长率	1 805	0. 236 8	0. 697 4

表2.5(续)

	样本数	平均值	标准差
董事会独立性	1 805	0.366 2	0.052 2
两职合一	1 805	0.202 2	0.401 8
所属地区	1 805	0.623 8	0.484 6

（二）相关性分析

首先对用来实证检验薪酬业绩相关关系的各变量进行相关性检验，表2.6、表2.7是各个变量之间的 Pearson 相关系数表。

表2.6、表2.7是对模型（1）中各变量相关性检验后的结果，发现样本年度前一年薪酬与样本年度薪酬存在88%的相关性，具有很强的递延性。相关性较强的其他变量依次是公司的规模、净资产收益率、所属地区、董事会规模、股票超额收益率、实际控制人性质、第一大股东持股比例、营业收入增长率，存在着显著的相关关系，且在1%的水平上显著。这为本书之后进行多元线性回归提供了可能。而高管薪酬与两职合一状态、董事会独立性、资产负债率的相关性较弱，相关系数均只有1%。具体的经营绩效业绩指标净资产收益率与高管薪酬的相关性为32.9%，股东财富业绩指标股票超额收益率与高管薪酬的相关性为12.2%，可以初步认为选取净资产收益率和股票超额收益率作为薪酬激励中的业绩变量是恰当的。

相关性检验中的各解释变量间的相关系数最大值为 SIZE 与 COMPL 之间的0.466，小于通常所认为会引起严重多重共线性的0.8，因此判断解释变量间不存在严重的多重共线性。

表2.6　　　　　　　假设1相关性分析结果（1）

	COMP	COMPL	SIZE	ARET	ROE	SHR
COMP	1					
COMPL	0.880***	1				
SIZE	0.476***	0.466***	1			
ARET	-0.122***	-0.158***	-0.140***	1		
ROE	0.329***	0.273***	0.249***	0.107***	1	
SHR	0.061***	0.043***	0.311***	-0.021 0	0.125***	1
DUAL	-0.009 00	-0.027**	-0.111***	0.013 0	-0.031**	-0.114***
BOARD	0.154***	0.158***	0.288***	-0.026*	0.046***	0.044***

表2.6(续)

	COMP	COMPL	SIZE	ARET	ROE	SHR
LEV	0.011 0	0.007 00	0.296***	0.011 0	−0.184***	0.053***
GRW	0.045***	−0.017 0	0.111***	0.107***	0.227***	0.103***
IND	0.016 0	0.013 0	0.032**	−0.017 0	0.001 00	0.006 00
SOE	0.068***	0.078***	0.224***	−0.047***	−0.020 0	0.245***
ZONE	0.257***	0.264***	0.089***	−0.065***	0.053***	0.038***

表 2.7　　　　　　　　　　　假设 1 相关性分析结果 （2）

	DUAL	BOARD	LEV	GRW	IND	SOE	ZONE
DUAL	1						
BOARD	−0.113***	1					
LEV	−0.041***	0.093***	1				
GRW	−0.036***	0.001	0.080***	1			
IND	0.018	−0.276***	−0.022	0.025*	1		
SOE	−0.144***	0.195***	0.097***	−0.006	−0.046***	1	
ZONE	0.030**	−0.043***	−0.060***	−0.040***	−0.027**	−0.050***	1

（三） 回归结果分析

如前文所示，本部分研究从经营绩效与股东财富两个角度采用多元线性回归检验我国上市公司高管薪酬与业绩之间的关系，表2.8 是对模型（1）的回归分析结果。

我们可以看到净资产收益率（ROE）的回归系数为 0.371，并且在 1% 水平上显著。附带的我们还发现，公司规模、两职合一、所属区域、主营业务增长率均与薪酬呈现显著正相关关系。通过 M_1 可以得出经营业绩指标与高管薪酬之间存在显著的正相关关系。我们看到股票超额收益率（ARET）的回归系数为 0.530，并且在 1% 水平上显著。控制变量方面公司规模、两职合一、所属区域、主营业务增长率均与薪酬呈现显著正相关关系，资产负债率回归系数为 −0.095 7，在 1% 水平上显著，与高管薪酬负相关。通过 M_2 可以得出股东财富与高管薪酬之间存在显著的正相关关系。

表 2.8   薪酬—业绩回归分析结果

	COMP	
	M$_1$	M$_2$
ROE	0.371 (11.20)***	
ARET		0.530 (3.206)***
COMPL	0.807 (107.0)***	0.823 (110.1)***
SIZE	0.047 6 (8.721)***	0.060 5 (11.12)***
SHR	−0.000 347 (−1.012)	−0.000 120 (−0.347)
DUAL	0.053 5 (3.674)***	0.051 4 (3.494)***
BOARD	0.002 83 (0.990)	0.001 87 (0.647)
LEV	−0.006 25 (−0.219)	−0.095 7 (−3.453)***
GRW	0.040 9 (4.957)***	0.058 7 (7.174)***
IND	0.058 2 (0.590)	0.025 1 (0.252)
SOE	−0.006 63 (−0.599)	−0.015 1 (−1.349)
ZONE	0.049 8 (4.839)***	0.046 6 (4.481)***
YEAR	控制	控制
CONSTANT	1.655 (14.53)***	1.237 (11.10)***
DW	2.189 1	2.182 6
F	1 428.14 (0.000 0)	1 392.22 (0.000 0)
N	5 685	5 685
Adj R − squared	0.790 2	0.785 9

注：表中所示变量回归结果括号中为 t 统计值。*、**、***、分别表示在 10%、5%、1% 的水平上显著。

通过 M$_1$ 和 M$_2$ 的回归结果，高管薪酬与公司业绩存在正相关关系假设得到验证。同时可知用净资产收益率、股票超额收益率作为公司业绩指标具有较好的代表性，假设 1 也得到了证实。接下来，就将公司业绩加入风险因素进行进一步分析。

在这部分中，笔者在假设 1 上市公司高管薪酬与业绩存在正相关关系得到验证的基础上，使用薪酬业绩模型加入业绩与公司风险变量的交叉乘积项的方法，以检验风险与薪酬—业绩敏感性之间的关系。

观察 M$_3$，以净资产收益率为公司经营绩效的度量时，解释变量 ROECDF_ROE 的回归系数为 −0.601，t 值为 −5.17，在 1% 水平上显著。这意味着使用经营绩效代表公司业绩时，薪酬—业绩敏感性会随风险的增大而减小，呈现负相关关系，且显著。

采用股票超额收益率代表公司业绩时，解释变量 ARETCDF_ARET 回归系

数为 -1.097，与高管薪酬变量（COMP）呈现负相关性，并且在5%的水平上显著。这意味着从股东财富的角度度量公司业绩时，薪酬—业绩敏感性与风险之间存在负相关关系。

综上所述，我们可以认为上市公司在设计薪酬激励机制时考虑了风险因素。假设2得到验证，研究结论支持代理理论的预测。

表2.9　　　　　　　薪酬—业绩敏感性风险模型总体回归结果表

	COMP	
	M_3	M_4
ROECDF_ROE	-0.601（-5.166）***	
ARETCDF_ARET		-1.097（-2.042）**
ROE	0.516（11.88）***	
ARET		0.599（3.608）***
CDF_ROE	0.019 4（1.111）	0.060 7（3.568）***
COMPL	0.803（106.4）***	0.821（109.5）***
SIZE	0.048 2（8.757）***	0.062 3（11.42）***
SHR	-0.000 401（-1.170）	-0.000 185（-0.534）
DUAL	0.053 3（3.668）***	0.052 0（3.539）***
BOARD	0.003 05（1.068）	0.002 06（0.714）
LEV	-0.017 4（-0.597）	-0.100（-3.610）***
GRW	0.038 5（4.664）***	0.056 7（6.931）***
IND	0.081 3（0.826）	0.025 1（0.252）
SOE	-0.003 55（-0.320）	-0.012 7（-1.137）
ZONE	0.050 9（4.947）***	0.048 2（4.638）***
YEAR	控制	控制
CONSTANT	1.707（14.77）***	1.234（11.10）***
DW	2.189 6	2.182 6
F	1 267.76	1 232.62
N	5 685	5 685
Adj R - squared	0.791 2	0.786 5

注：表中所示变量回归结果括号中为 t 统计值。*、**、***分别表示在10%、5%、1%的水平上显著。被解释变量（COMP）为薪酬变量。

国有上市公司与非国有上市公司在公司治理方式、经营目标上具有明显不同，在模型（2）中我们去掉企业性质变量（SOE），分别对国有样本与非国有样本进行回归检验，对比研究不同产权下上市公司风险对高管薪酬—业绩敏感性的影响。

观察国有企业样本 M_5，回归结果显示，在国有企业中，以净资产收益率波动情况为公司会计业绩风险的度量时，解释变量 ROECDF_ROE 的回归系数为 -0.658，在 1% 水平上显著；对比之下，在 M_6 代表的非国有企业中，同样以净资产收益率波动情况为公司会计业绩风险的度量时，解释变量 ROECDF_ROE 的相关系数为 -0.579（t 值为 -2.78，在 1% 范围内显著），小于 M_5 国有企业样本解释变量 ROECDF_ROE 的相关系数（-0.658）。与非国有上市公司相比，国有上市公司高管的薪酬—业绩敏感性随风险变化程度相对较小。[①] 由此，假设 3 得到验证。

表 2.10 使用经营绩效指标时回归结果

	COMP	
	国有（M_5）	非国有（M_6）
ROECDF_ROE	-0.658（-4.678）***	-0.579（-2.778）***
ROE	0.578（11.08）***	0.396（5.041）***
CDF_ROE	0.012 7（0.634）	0.047 6（1.362）
COMPL	0.796（86.47）***	0.806（60.10）***
SIZE	0.040 5（6.407）***	0.073 4（6.530）***
SHR	$-0.000\ 768$（-1.951）*	0.000 600（0.870）
DUAL	0.037 8（1.987）**	0.074 8（3.223）***
BOARD	0.003 07（0.955）	0.006 49（1.070）
LEV	0.003 75（0.109）	$-0.079\ 5$（-1.436）
GRW	0.027 4（2.647）***	0.054 4（3.950）***
IND	0.170（1.485）	0.019 2（0.099 5）
ZONE	0.065 1（5.362）***	0.024 3（1.253）
YEAR	控制	控制
CONSTANT	1.948（14.36）***	1.100（4.717）***
DW	1.974 8	1.826 9
F	917.72（0.000 0）	428.5
N	3 880	1 805
adj R - squared	0.790 9	0.791 3

注：表中所示变量回归结果括号中为 t 统计值。*、**、*** 分别表示在 10%、5%、1% 的水平上显著。

观察国有企业样本 M_7，在国有企业中，以股票收益率波动情况为公司会市场

---

① 李艳辉、陈震在《市场化进程、企业特征与高管薪酬—业绩敏感度》一文中曾使用同样方法，该文刊于《财贸研究》2011（6）。

业绩风险的度量时，解释变量 ARETCDF_ARET 的回归系数为负，但不显著。对比之下，观察非国有样本 M_8，以股票收益率波动情况为公司会市场业绩风险的度量时，解释变量 ARETCDF_ARET 的回归系数为 -1.678，在 10% 的水平上显著。由此，当采用股票超额收益率波动情况进行市场业绩风险度量时，假设 3 并未得到明显验证。

而 M_7、M_8 中使用市场业绩股票超额收益率波动情况作为风险度量时，对比国有企业与非国有企业风险对薪酬—业绩敏感性影响情况结果并不显著。国有企业样本风险与薪酬—业绩敏感之间关系不显著，对于国有企业可能是由于股东财富指标相关信息主要由股票市场提供，股票市场本身具有较高的风险和不确定性，干扰了公司风险的正常表达，同时也较为符国有企业中较少使用股市的表现来对高管努力程度的评定的情况。

表 2.11　　　　　　　　　使用财富指标时回归结果分析

	COMP	
	国有（M_7）	非国有（M_8）
ARETCDF_ARET	-0.709（-1.091）	-1.678（-1.735）*
ARET	0.628（3.176）***	0.561（1.826）*
CDF_ARET	0.066 4（3.298）***	0.046 3（1.463）
COMPL	0.819（89.85）***	0.817（61.10）***
SIZE	0.055 1（8.667）***	0.082 1（7.777）***
SHR	-0.000594（-1.487）	0.000 839（1.219）
DUAL	0.042 5（2.205）**	0.069 2（2.969）***
BOARD	0.002 05（0.629）	0.005 35（0.876）
LEV	-0.0925（-2.803）***	-0.125（-2.428）**
GRW	0.050 1（4.861）***	0.066 0（4.847）***
IND	0.110（0.946）	-0.0343（-0.177）
ZONE	0.059 5（4.842）***	0.025 4（1.306）
YEAR	控制	控制
CONSTANT	1.394（10.59）***	0.811（3.740）***
DW	1.967 6	1.828 7
F	884.14（0.000 0）	422.15（0.000 0）
N	3 880	1 805
Adj R - squared	0.784 6	0.788 8

注：表中所示变量回归结果括号中为 t 统计值。*、**、*** 分别表示在 10%、5%、1% 的水平上显著。

五、研究结论

本篇选取 2007—2011 年上市公司 5 685 个样本为研究对象，首先考察了高管薪酬与企业绩效之间的关系，研究发现高管薪酬与企业绩效显著正相关，说明我国上市公司薪酬契约已与企业绩效挂钩，相关制度规章得到很好的执行。薪酬—业绩模型的回归结果表明高管薪酬与公司业绩之间存在正相关关系，在此基础上对风险与薪酬—业绩敏感性之间关系进行检验，发现高管薪酬—业绩敏感性与公司风险负相关。进一步研究发现，相对于非国有企业，国有企业薪酬—业绩敏感性随风险反向变化程度更大。建议推进国有企业的市场化改革，增加国有企业运营的透明度，加快企业现代化管理机制的变革，可以引入更多民间资本，让民间资本参与国有企业发展，同非国有企业一样活跃于市场竞争中，以使国有企业更具竞争力与活力，激励机制所处的环境同非国有企业一样更多的与市场相结合。

风险指标上将风险作为一个区间进行考虑，若将风险具体区分为大中小三组，相信区分后研究结果丰富，针对性更强，以后的研究可在这方面进行拓展。

第三篇　高管薪酬—业绩敏感性对投资—现金流关系的影响分析

一、引言

　　莫迪利安尼和米勒（Modigliani、Miller，1958）认为在完美的资本市场下，公司价值不受融资结构的影响。从投资角度看，在信息充分和交易零成本的假设下，只要投资净现值（NPV）>0 的项目就可以提升公司价值，公司就应该投资该项目，并不受融资来源的影响。

　　完美市场假设得出投资与融资无关的结论，而现实中却并非如此。"十五"时期，我国固定资产投资增速平均每年增长 20.2%，2003—2005 年固定资产每年增速分别为 27.7%、26.6%、25.7%。投资迅速上升的同时，国内企业融资却过度依赖商业银行提供贷款，2004 年，我国企业在国内金融市场上以贷款、企业债务和股票方式融资的比重为 94∶1.7∶4.3①，此时非国有控股公司，既没有特殊的融资安排获得商业银行贷款，也未能在股票市场中筹集较多资金，因此投资易受到融资约束的影响。但随着我国金融市场的发展，融资来源从单一银行借贷为主到股市、企业债券、期货市场等多元化融资来源，为企业提供了较多资金，而由于管理层机会主义，管理层对本应发放股利的现金流却用于扩大即使净现值（NPV）<0 的投资项目，因此造成过度投资。

　　无论是由于融资约束导致的投资不足还是由于管理层机会主义导致的过度投资，都说明投资受到融资的影响。而投资受到融资的影响不但因为投资非效率损害公司价值，而且由于资本市场的不完善导致公司投资的积极性下降，影响国民经济的发展。国务院总理李克强表示推进金融改革要在发展多层次资本

──────────

　　①　该数据来自 2004 年金融市场分析报告。

市场方面推出新的举措。多层次资本市场对投资与融资的影响又将如何？是缓解融资约束还是引发过度投资？

现金流是公司的内部融资来源，詹森（Jensen，1986）与法扎里（Fazzari，1988）以投资与现金流的关系为切入点，分别从代理问题与融资约束的角度，考察投资受到现金流影响的原因，形成了目前解释投资与现金流相关性的两大主要理论——自由现金流代理理论与基于信息不对称的外部融资约束理论。那么我国投资与现金流是什么关系？作用机制是什么？资本市场不断改革后，导致投资受到融资来源的影响机制是否会发生变化？

本篇将从高管薪酬—业绩敏感性入手检验投资与现金流的变化关系。从自由现金流代理理论看，随着管理层与股东利益的拉近，管理层在扩大投资获取私人收益时，会考虑过度投资而损害的公司利益，过度投资行为有所收敛（Jensen，1986），导致投资受现金流的影响降低。从基于信息不对称的外部融资约束理论看，随着管理层与股东利益的拉近，管理层会基于股东的利益，考虑到由于信息不对称导致的外部融资成本上升，投资时将更多使用内部现金流，导致投资受到现金流的影响增加。因此，从基于自由现金流代理理论与信息不对称的外部融资约束理论角度来看，投资与现金流的关系随着管理层与股东利益的拉近变动方向并不一致。高管薪酬—业绩敏感性作为衡量管理层与股东利益拉近的指标[①]，两者却并非线性关系，那么以高管薪酬—业绩敏感性为视角研究我国投资与现金流的关系会有怎样的结论呢？

已有文献主要是从低股利支付率（Fazzari 等，1988；冯巍，1999）、与银行关系（Hoshi 等，1991）、股权比例（Hadlock，1998）、公司规模（Jong、De-gryse，2001；连玉君、程健，2007；支晓强、孙茂竹，2009）、自由现金流（王治，2008）等研究两种理论对投资—现金流相关性的原因解释，从薪酬激励研究投资—现金流相关性的并不多，而且基于 2005—2011 年我国资本市场经历国有企业改革、股市急剧上涨下跌、楼市的疯涨等背景来研究投资—现金流的关系文献更少。基于此，本篇以 2005—2011 年在沪、深 A 股上市的公司为研究对象，通过高管薪酬—业绩敏感性对投资—现金流关系的影响分析，并结合资本市场的发展变化分析投资—现金流相关性的原因，从而为合理设计薪酬激励及优化资源配置提供经验证据。

[①] 报酬—业绩敏感性是指报酬随着业绩变化而变化的程度，可以衡量管理层与股东的利益一致性。本篇的报酬包括薪酬激励与股权激励，但仍沿用 PPS（薪酬—业绩敏感性）表示报酬—业绩敏感性。

二、理论分析与研究假设

莫迪利安尼—米勒理论（MM 理论）基于完美市场假设提出投资不受融资来源的影响后，梅叶斯和梅吉拉夫（Myers、Majluf，1984）和詹森（Jensen，1986）分别从信息不对称角度与管理层机会主义角度否定了这一结论，法扎里（Fazzari 等，1988）在梅叶斯和梅吉拉夫（Myers、Majluf，1984）的基础上研究了投资与现金流的相关性，并与詹森（Jensen，1986）形成投资—现金流关系研究的两大理论——基于信息不对称的融资约束理论与自由现金流代理理论。詹森（Jensen，1986）认为，由于管理层机会主义，当公司有多余现金流时，管理层为获取私人收益扩大投资规模，管理层会增加投资；而公司没有多余的现金流时，由于外部要求管理层遵循更多约束，因此管理层并不会向外部筹资，相应会减少投资。因此，管理层与股东的代理问题导致投资与现金流具有相关性（何金耿、丁加华，2001；俞红海等，2010）。梅叶斯和梅吉拉夫（Myers、Majluf，1984）认为，由于内、外部投资者信息不对称，债权人担心借贷后债务人（公司）违约而形成坏账，出于谨慎将会提高融资成本。股东为保险起见，也会提高融资成本，因此外部融资成本溢价。法扎里（Fazzari 等，1988）认同梅叶斯和梅吉拉夫（Myers、Majluf，1984）、格林沃尔德（Greenwald 等，1984）的观点，认为由于外部资本成本溢价，面临融资约束的公司将不得不根据内部现金流状况选择投资项目，融资约束导致投资与现金流相关（Hoshi 等，1991；冯巍，1999）。基于此，提出如下假设：

假设 1：投资与现金流具有正相关关系。

薪酬契约被看作改善公司治理的机制，通过把管理层的薪酬与公司业绩挂钩，同时给予股权激励让管理层享有部分剩余索取权，从而导致利益趋同（Jensen、Meckling，1976）。高管薪酬—业绩敏感性作为衡量管理层与股东利益一致的指标，高管薪酬—业绩敏感性的增加能够激励管理层努力实现股东利益，使管理层与股东的利益拉近。但薪酬业绩敏感性增加到一定程度，对管理层的激励超过临界点，由于管理层属于风险厌恶者，如果对净现值（NPV）>0的项目需要承担风险时，管理层则宁愿放弃投资，而放弃净现值（NPV）>0的项目则损害了股东利益，此时管理层与股东利益发生偏离。因此，随着高管薪酬—业绩敏感性的增加，管理层与股东的利益先拉近后背离。

基于自由现金流代理理论，随着高管薪酬—业绩敏感性的增加，薪酬激励机制尚未达到拐点时，管理层与股东的利益一致，管理层考虑到过度投资损害的公司利益，也会对自身收益产生影响，过度投资行为将有所收敛，此时投资—现金流敏感性下降；随着高管薪酬—业绩敏感性的增加，薪酬激励机制超越拐点，股东与管理层的利益发生背离，管理层更加置股东的利益于不顾，高管薪酬—业绩敏感性增加反而加重代理问题，投资—现金流敏感性会上升。因此，基于自由现金流代理理论，随着高管薪酬—业绩敏感性的增加，投资—现金流敏感性先下降后上升。

基于信息不对称的外部融资约束理论，随着高管薪酬—业绩敏感性的增加，薪酬激励机制未达到拐点时，股东与管理层的利益一致，管理层考虑到外部投资者要求的资本溢价，更加会优先选择内部融资，投资—现金流敏感性上升；随着高管薪酬—业绩敏感性的进一步增加，薪酬激励机制超越了拐点，管理层与股东的利益发生背离，管理层投资时不会过多考虑外部资金成本与内部资金成本的差距，此时投资—现金流敏感性会下降。因此，基于融资约束理论，随着高管薪酬—业绩敏感性的增加，投资—现金流敏感性先上升后下降。根据上述分析，提出如下假设：

假设2：基于自由现金流代理理论，随着高管薪酬—业绩敏感性的增加，投资—现金流敏感性先下降后上升；报酬业绩敏感性与投资—现金流敏感性呈现非线性关系。基于信息不对称的外部融资约束理论，随着高管薪酬—业绩敏感性的增加，投资—现金流敏感性先上升后下降。

由于我国特殊的制度背景，国有控股公司与非国有控股公司的投资行为与面临的融资环境并不相同。国有控股公司的全民股东到达管理层要经过全民——国家——国有资产管理部门——国有资产经营管理公司——董事会——经理6个环节，中间层次也作为所有者存在，随着层级的增加，产权得不到保护，代理问题比较严重（余波，2009）。由于国有控股公司的所有权缺位，给管理层机会主义留有较大空间，使其更倾向于过度投资（朱红军等，2006；杨华军、胡奕明，2007）。国有控股公司存在薪酬管制，无论业绩上升或下降，管理层的薪酬并无影响，薪酬激励粘性较大导致过度投资（步丹璐、张晨宇，2012）。而资本市场发展初期，非国有控股公司由于其规模小、风险大及并未受到特殊的融资安排，公司的现金流难以满足日益增加的投资需求，融资约束导致投资不足。但随着我国资本市场的不断发展变化，融资来源多样化，由最初以单一银行借贷为主到股市、企业债务、期货市场并行发展，为公司提供了大量资金。金融业的发展提供多种融资平台，能够减少非国有控股公司的融资约束（朱红军等，2006），高自由现金流的公司和非国有控股公司同样表现出较高的投资—现金流敏感性（王治，2008）。基于此，提出如下假设：

假设3：代理问题导致国有控股公司投资—现金流具有相关性，信息不对称导致非国有控股公司投资—现金流具有相关性。但随着金融发展水平的提高，非国有控股公司融资约束减轻，代理问题同样导致投资—现金流具有相关性。

三、研究设计

（一）模型与变量设计

为了检验投资与现金流的相关关系及随着高管薪酬—业绩敏感性的增加投资—现金流敏感性的变化，我们设计了模型（1），β_1 表示投资对现金流的敏感系数，现金流增减 1%，则投资增减相应系数。若投资与现金流不相关，则 β_1 显示为 0。β_1 显示为正，说明投资与现金流呈现正相关关系，即检验了假设 1。

$$\frac{I}{K} = \text{Controls} + \beta_0 Q + \beta_1 \frac{OCF}{K} + \varepsilon \qquad (1)$$

为了进一步检验高管薪酬—业绩敏感性对投资—现金流敏感性的影响，我们在模型（1）的基础上加入高管薪酬—业绩敏感性建立非线性模型（2），检验投资—现金流相关关系的原因是信息不对称理论还是代理问题。模型（2）中若 β_3 为 0，β_2 不为 0，说明高管薪酬—业绩敏感性对投资—现金流敏感性的影响是线性的，若 β_3 不为 0，说明报酬业绩敏感性与投资现金流敏感性呈现非线性关系。若 β_3 为正，β_2 为负，则说明随着高管薪酬—业绩敏感性的增加，投资—现金流敏感性先下降后上升，即投资与现金流的相关性是由自由现金流代理理论解释；若 β_3 为负，β_2 为正，则说明随着高管薪酬—业绩敏感性的增加，投资—现金流敏感性先上升后下降，即投资与现金流的相关性是由基于信息不对称的外部融资约束理论解释。

$$\frac{I}{K} = \text{Controls} + \beta_0 Q + \beta_1 \frac{OCF}{K} + \beta_2 PPS \times \frac{OCF}{K} + \beta_3 PPS^2 \times \frac{OCF}{K} + \varepsilon \qquad (2)$$

模型中的主要解释变量解释如表 3.1 所示。

表 3.1 　　　　　　　　　　　　　变量定义一览表

	变量代码	含义	计算说明
投资 （Investment）	I	公司的投资支出	购买固定资产、无形资产及其他长期资产支付的现金/年初总资产
现金流 （Cash flow）	OCF	内部现金流	经营活动产生的现金流量净额/年初总资产
高管薪酬 —业绩 敏感性 （Pay-performance sensitivity）	PPS	随着公司业绩的变化，管理层报酬的变化程度，用于衡量管理层与股东利益的一致程度	高管薪酬—业绩敏感性＝业绩薪酬敏感性＋管理层持股比例 业绩薪酬敏感性＝（当期管理层薪酬－上期管理层薪酬）/（当期公司市值－上期公司市值） 持股比例＝管理层持股数量/总股数
控制变量	Q	投资机会	市值/净资产滞后一期
	SALES	销售收入	销售收入/年初总资产
	CASH	年初货币资金	年初货币资金/年初总资产
	LEV	年初资产负债率	年初负债/年初总资产

（二）研究数据及样本来源

本篇选取样本为2005—2011年在沪深A股上市的公司，并对数据进行如下处理：

（1）剔除ST、＊ST、PT、＊PT公司数据；

（2）由于金融保险行业并非以固定资产投资为主，而本篇的投资数据主要来源于现金流量表中购买固定资产、无形资产及其他长期资产的投资支出，因此剔除金融保险行业数据，剔除缺失值；

（3）由于高管薪酬—业绩敏感性小于0说明公司并没有采取有效的薪酬激励，不能反映随着高管薪酬—业绩敏感性的增加，股东与管理层的利益趋于一致，则不能有效观测投资现金流相关性的本质原因，因此剔除高管薪酬—业绩敏感性小于0的数据；

（4）剔除投资支出小于0的数据。

经过以上处理，最终获取5 502个数据，并按1％、99％进行缩尾处理。本篇样本数据主要来源于中国股票市场交易数据库，部分缺失数据从大智慧、新浪财经、巨潮资讯中手工搜集，并采用STATA软件进行数据处理和统计分析。

（三）描述性统计

国有控股公司现金流均值（6.68%），小于其投资支出均值（7.2%），非国有控股公司现金流均值（5.56%），小于其投资支出均值（7.76%），即无论是国有控股公司还是非国有控股公司，现金流均值都小于投资支出均值，这说明公司的内部现金流并不能完全满足投资需求，需要从通过外部筹资。而且，非国有控股公司投资均值（7.76%）大于国有控股公司投资均值（7.2%），但现金流均值（5.56%）却小于国有控股公司的现金流均值（6.68%），说明非国有控股公司的现金流不能满足投资需求的缺口更大。

国有控股公司高管薪酬—业绩敏感性均值（0.003 7）远小于非国有控股公司高管薪酬—业绩敏感性均值（0.099），即非国有控股公司薪酬与业绩挂钩明显，更注重发挥薪酬激励作用。国有控股公司高管薪酬—业绩敏感性均值为0.003 7，标准差为0.015 6，说明高管薪酬—业绩敏感性在国有控股公司之间普遍较低。而非国有控股公司高管薪酬—业绩敏感性均值为0.099 1，中位数为0.002 4，标准差为0.161 0，中位数与均值偏离甚远，两极分化严重，薪酬激励并非在所有非国有控股公司得到很好应用。

表3.2　全样本描述性统计

变量		综合	国有	非国有
样本量		5 502	3 295	2 207
投资支出	mean	0.074 2	0.072 0	0.077 6
	sd	0.073 2	0.070 8	0.076 4
	max	0.378 0	0.378 0	0.378 0
	min	0.000 2	0.000 2	0.000 2
现金流	mean	0.062 3	0.066 8	0.055 6
	sd	0.089 2	0.087 9	0.090 8
	max	0.336 0	0.336 0	0.336 0
	min	− 0.226	− 0.226	− 0.226
高管薪酬－业绩敏感性	mean	0.042	0.003 72	0.099 1
	sd	0.113	0.015 6	0.161
	max	0.574	0.365	0.574
	min	$2.1E-06$	$2.1E-06$	$2.1E-06$
托宾 Q	mean	1.682	1.476	1.99
	sd	1.344	1.196	1.486
	max	8.212	8.212	8.212
	min	0.107	0.107	0.107

表3.2(续)

变量		综合	国有	非国有
样本量		5 502	3 295	2 207
营业收入	mean	0.84	0.862	0.806
	sd	0.568	0.59	0.53
	max	3.136	3.136	3.136
	min	0.046 4	0.062 5	0.046 4
货币资金	mean	0.177	0.161	0.2
	sd	0.126	0.113	0.141
	max	0.633	0.633	0.633
	min	0.003 6	0.003 6	0.004 5
资产负债率	mean	0.481	0.503	0.449
	sd	0.181	0.178	0.182
	max	0.86	0.86	0.854
	min	0.056 6	0.056 6	0.056 6

（四）相关性检验

表3.3反映了主要变量间的相关系数。由表3.3中可以看出，影响投资的变量都在10%的水平上显著相关，现金流与投资支出的相关性系数为0.210 6，显著为正，这说明现金流对投资有正向影响。年初资产负债率相关系数为负，反映负债能够抑制公司投资。年初货币资金与投资机会相关，说明投资机会增加，公司将会扩大投资支出，增加对资金的需求。营业收入与货币资金、资产负债率和现金流显著相关，这是因为公司创造好的业绩，不仅营业收入增加，而且现金流、货币资金也相应增加，资产负债率下降。但是他们之间的相关性并不影响各自对投资支出的解释力度，而且通过多重共线性验证，膨胀因子均为1左右，模型并无显著的多重共线性。

表3.3　　　　　　　　　　　　相关性检验

变量	I	OCF	Q	SALES	CASH	LEV
I	1					
OCF	0.241 5*	1				
Q	0.218 0*	0.078 4*	1			
SALES	0.155 8*	0.152 0*	0.004 1	1		
CASH	0.095 7*	−0.038 3*	0.146 9*	0.211 3*	1	
LEV	−0.144 3*	−0.100 7*	−0.363 8*	0.107 7*	−0.314 3*	1

注：*、**、***分别表示在10%、5%、1%水平上显著（下同）。

四、实证结果及分析

(一) 分组的 PPS 描述性统计

为验证高管薪酬—业绩敏感性与投资—现金流敏感性的非线性关系，本篇对高管薪酬—业绩敏感性进行分组，分析随着高管薪酬—业绩敏感性的增加，投资与现金流相关性是否为非线性变化。表 3.4 是高管薪酬—业绩敏感性分组的描述性统计结果。

表 3.4   分组的 PPS 描述性统计

PPS	均值	中位数	标准差	最小值	最大值	样本量
最低组	5.94E−05	5.40E−05	4.04E−05	2.10E−06	0.000 144	1 376
较低组	0.000 307	0.000 29	0.000 113	0.000 144	0.000 54	1 375
较高组	0.001 54	0.001 17	0.000 985	0.000 541	0.004 53	1 375
最高组	0.166	0.079 6	0.174	0.004 56	0.574	1 376

从表 3.4 可以看出，最低组的 PPS 均值为 5.94E−05，即公司市值增加 100 000 元，管理层报酬仅增加 5.94 元。中位数与均值相差不大，标准差较小，说明 PPS 最低组的薪酬激励差异不大。最高组的 PPS 均值为 0.166，与较高组相比，上升幅度明显，说明我国薪酬激励差异较大，有些公司对管理层的激励程度较高，而有些公司的激励程度较低。最高组的 PPS 最大值为 0.574，即公司市值增加 1 000 元，管理层报酬就增加 574 元。而且 PPS 较高的大部分是中小板上市的非国有控股公司，管理层激励幅度大。

(二) 高管薪酬—业绩敏感性分组下投资与现金流的回归结果

表 3.5 是按照高管薪酬—业绩敏感性分组的回归结果。最低组 OCF 的回归系数为 0.088 9，在 1% 的水平上显著正相关，即 OCF 增加 1%，投资显著增长 8.89%，说明随着现金流的增减，投资支出也相应增减，投资与现金流具有正相关关系，符合假设 1，也说明投资并不是与融资无关，投资在一定程度上受到融资来源的影响。

较低组 OCF 的回归系数为 0.060 5，较高组 OCF 的回归系数为 0.012 4，与 PPS 最低组比较发现，OCF 的回归系数不断下降，即随着高管薪酬—业绩敏感性的增加，投资—现金流敏感性下降。但是 PPS 最高组 OCF 的回归系数为 0.044，比 PPS 较高组 OCF 的回归系数 0.012 4 又有所上升，即随着高管薪酬—业绩敏感性的增加，投资—现金流敏感性又开始上升。因此，高管薪酬—业绩敏感性与投资—现金流敏感性呈现非线性关系。

表 3.5　　　　　　　　按 PPS 分组的线性模型回归结果

	最低组	较低组	较高组	最高组
	I	I	I	I
OCF	0.088 9***	0.060 5***	0.012 4	0.044 0***
	(7.25)	(6.30)	(0.83)	(3.56)
Q	0.003 57***	0.001 61	0.004 12***	0.004 17***
	(5.44)	(1.18)	(4.72)	(7.75)
SALES	0.047 3***	0.045 2***	0.030 4***	0.041 9***
	(11.01)	(9.35)	(5.41)	(8.64)
CASH	0.112***	0.101*	0.040 7**	0.189***
	(7.59)	(2.04)	(2.80)	(8.03)
LEV	−0.109***	−0.106***	−0.058 4**	−0.110***
	(−5.21)	(−5.12)	(−2.91)	(−3.97)
_cons	0.059 7***	0.060 7***	0.057 7***	0.043 8**
	(5.33)	(3.32)	(8.96)	(3.29)
F 值	226.49	463.93	30.03	248.44
R − squared	0.113 4	0.095 0	0.048 5	0.143 5
N	1 376	1 375	1 375	1 376

最低组托宾 Q 的回归系数为 0.003 57，且在 1% 的水平上显著正相关，说明投资机会的增加能够刺激投资支出（丁守海，2 006）；SALES 的回归系数为 0.047 3，且在 1% 的水平上正相关，说明营业收入增加刺激公司扩大投资支出；CASH 的回归系数为 0.112，且在 1% 的水平上显著正相关，说明保有的货币资金为投资提供强大的资金后盾，促进公司投资支出；LEV 的回归系数为 −0.109，在 1% 的水平上显著负相关，说明过多负债抑制投资支出（陆正飞、童盼，2005）。

（三）高管薪酬—业绩敏感性对投资—现金流敏感性的影响分析

表 3.6 反映了投资—现金流敏感性与高管薪酬—业绩敏感性的线性关系与

非线性关系。表3.6第二列显示现金流对投资有显著的正向影响（回归系数 = 0.052 6，t 值 = 6.72），验证了本篇提出的假设1。模型呈现出 U 型，支持上述投资—现金流敏感性与高管薪酬—业绩敏感性呈非线性的结论。随着高管薪酬—业绩敏感性的增加，投资—现金流敏感性先降低后上升（PPS ∗ OCF 的回归系数 = −0.254，PPS^2 ∗ OCF 的回归系数 = 0.452），说明代理问题是导致投资—现金流相关性的原因。

表3.6　　　　　　　　全部样本回归结果

	(1)	(2)
OCF	0.051 3***	0.052 6***
	(7.24)	(6.72)
PPS ∗ OCF	−0.071 7	−0.254
	(−1.04)	(−1.00)
PPS^2 ∗ OCF		0.452
		(0.90)
Q	0.002 74**	0.002 75**
	(3.10)	(3.13)
SALES	0.033 8***	0.033 8***
	(5.85)	(5.83)
CASH	0.103***	0.103***
	(7.16)	(7.12)
LEV	−0.074 7***	−0.074 6***
	(−6.90)	(−6.91)
_cons	0.055 9***	0.055 9***
	(5.48)	(5.48)
F 值	265.3	266.19
R − squared	0.068 1	0.068 2
N	5 502	5 502

五、进一步分析高管薪酬—业绩敏感性对投资—现金流关系的影响

为进一步检验不同的资本市场环境，高管薪酬—业绩敏感性对投资—现金

流关系的影响，本篇将 2005—2011 年分为 2005—2006、2007—2008、2009—2011 三个阶段，并分别对国有控股公司与非国有控股公司进行回归分析。表 6 反映了不同阶段高管薪酬—业绩敏感性对投资—现金流关系的影响变化。

结果显示，2005—2006 年，国有控股公司随着高管薪酬—业绩敏感性的增加，投资—现金流敏感性先下降后上升，代理问题导致投资—现金流相关；非国有控股公司随着高管薪酬—业绩敏感性的增加，投资—现金流敏感性先上升后下降，信息不对称导致投资—现金流相关，支持本篇的假设 2。2009—2011 年，非国有控股公司交叉项的回归系数与 2005—2006 年相反，随着高管薪酬—业绩敏感性的增加，投资—现金流敏感性先下降后上升，说明代理问题同样非国有控股公司导致投资—现金流相关，支持本篇假设 3。

表 3.7　　　　　　　不同阶段、不同性质的公司高管
薪酬—业绩敏感性对投资—现金流关系的影响分析

	2005—2006 年				2007—2008 年				2009—2011 年
	综合	国有	非国有		综合	国有	非国有		非国有
	I	I	I		I	I	I		I
OCF	0.173 ***	0.187 ***	0.170 **	OCF	0.173 ***	0.187 ***	0.170 **	OCF	0.067 8 *
	(6.17)	(5.53)	(3.18)		(6.17)	(5.53)	(3.18)		(2.55)
PPS * OCF	1.406	−3.352	3.682 *	PPS * OCF	1.406	−3.352	3.682 *	PPS * OCF	−0.296
	(1.05)	(−1.43)	(2.03)		(1.05)	(−1.43)	(2.03)		(−0.44)
PPS 2 * OCF	−5.145	16.10	−11.91	PPS 2 * OCF	−5.145	16.10	−11.91 *	PPS 2 * OCF	0.963
	(−1.21)	(1.24)	(−2.17)		(−1.21)	(1.24)	(−2.17)		(0.48)
Q	0.020 7 ***	0.021 0 ***	0.018 5 **	Q	0.020 7 ***	0.021 0 ***	0.018 5 **	Q	0.007 31 ***
	(4.80)	(3.80)	(2.66)		(4.80)	(3.80)	(2.66)		(5.39)
SALES	0.010 6 *	0.008 05	0.014 0	SALES	0.010 6 *	0.008 05	0.014 0	SALES	0.014 2 **
	(2.49)	(1.60)	(1.74)		(2.49)	(1.60)	(1.74)		(2.49)
CASH	0.024 5	−0.018 2	0.089 5 *	CASH	0.024 5	−0.018 2	0.089 5 *	CASH	0.045 7 **
	(1.17)	(−0.70)	(2.48)		(1.17)	(−0.70)	(2.48)		(2.68)
LEV	−0.026 9	−0.016 7	−0.041 8	LEV	−0.026 9	−0.016 7	−0.041 8	LEV	−0.057 4 ***
	(−1.83)	(−0.95)	(−1.57)		(−1.83)	(−0.95)	(−1.57)		(−3.69)
_cons	0.043 1 ***	0.046 8 ***	0.036 9	_cons	0.043 1 ***	0.046 8 ***	0.036 9	_cons	0.065 1 ***
	(4.00)	(3.58)	(1.92)		(4.00)	(3.58)	(1.92)		(6.12)
N	1 081	746	335	N	1 081	746	335	N	1 261

六、结论

本篇以沪、深 A 股上市公司的 5 502 个数据为样本，分析了高管薪酬—业绩敏感性对投资—现金流的影响，并检验了投资与现金流的关系。我们发现：

（1）现金流对投资有正向影响，投资并非与融资来源无关。

（2）通过对高管薪酬—业绩敏感性分组考察投资—现金流关系的变化，

发现高管薪酬—业绩敏感性的上升，拉近管理层与股东的利益，导致投资—现金流敏感性下降。但随着高管薪酬—业绩敏感性的进一步上升，投资—现金流敏感性反而下降。在进一步分析中，采用非线性模型也得到同样结论。基于代理理论，高管薪酬—业绩敏感性与投资—现金流敏感性并非呈现线性关系，随着高管薪酬—业绩敏感性的上升，管理层与股东的利益先拉近后背离，导致投资—现金流敏感性先下降后又上升。这说明管理层适度激励可以减缓代理问题，但过度激励反而加重代理问题。

（3）2005—2006 年的国有控股公司，随着高管薪酬—业绩敏感性的上升，投资—现金流敏感性先下降后又上升，说明代理问题导致投资—现金流的相关性；非国有控股公司随着高管薪酬—业绩敏感性的上升，投资—现金流敏感性先上升后下降，说明信息不对称导致投资—现金流的相关性，但随着我国资本市场的发展变化，外部融资约束程度减轻，2009—2011 年代理问题同样导致投资与现金流的相关性。因此信息不对称理论与自由现金流代理理论对投资—现金流关系都有解释力度，但随着资本市场的变化，两种理论对投资—现金流关系的解释力度也发生变化。

第四篇 公允价值的采用对高管薪酬契约的影响

一、引言

自从 2007 年以来，公允价值的广泛应用使"公允价值变动损益"成为上市公司业绩的重要组成部分。披露"公允价值变动损益"的上市公司从 2007 年的 435 家增加到 2010 年的 547 家，增长了 26%，披露"公允价值变动损益"的公司数占上市公司总数的 27%。4 年来有 1 054 个样本公司因为公允价值的变动合计获得了 164 亿元的公允价值收益，平均每家获得收益 7 600 万元，同时有 962 个样本公司由于公允价值的变动共损失了 338 亿元，平均每家损失 3.6 亿元。其中有 13 个样本公司由于"公允价值变动损益"亏损使公司业绩由正为负，如中国平安 2008 年由于公允价值变动损失了 176.7 亿元，使营业利润亏损 23 亿元；中国国航 2008 年由于公允价值变动损失了 74.72 亿元；中信泰富 2008 年因为公允价值变动损失了 146.32 亿元；东方航空 2008 年由于公允价值变动损失了 62.56 亿元；中国远洋远期运费协议 2008 年由于公允价值变动损失了 41.21 亿港元（约合人民币 35.91 亿元）。

所有权与经营权的分离引发了股东与管理层之间的代理问题。理论上讲，委托代理关系使风险中立的股东和风险厌恶的管理层的利益有一定矛盾，从而产生经理偷懒而投资过度（Jensen，1986）或投资不足（Holmstrom、Weiss，1985；Jensen，1993）。然而在中国，管理层的投资过度（潘敏、金岩，2003；贺振华，2006；郭庆旺、贾俊雪，2006；李维安、姜涛，2007；罗琦等，2007；魏明海、柳建华，2007；杨华军、胡弈明，2007；辛清泉等，2007；唐雪松等，2010；步丹璐等，2012）、投资净现值（NPV）为负的项目（辛清泉等，2007）、无效率的并购（张鸣等，2007；方军雄，2008）等现象普遍。过度投资对我国稀缺、有限的资本的侵蚀和浪费，增加了股市这一筹资机制的制度成本（油晓峰，2006）。由于公允价值计量属性反映出来的金融资产投资行为也随着"公允价值变动损益"的披露而显现出来。

为了使管理层和股东的利益一致，自 2004 年以来，国务院国有资产监督管理委员会（以下简称国资委）颁布了一系列文件①，强调将管理层薪酬与企业绩效挂钩。自此，高管薪酬与企业绩效逐步呈现正向关系（杜胜利、翟艳玲，2005；杜兴强、王丽华，2007 等）。然而，作为所有权代理人的国有企业主管部门对于管理层的投资失败具有"奖优不惩劣"的倾向。② 2006 年，国资委虽然提出了"业绩上、薪酬上，业绩下、薪酬下"的负责人考核制度，③但却并没有规定业绩下降时薪酬下降的幅度。④ 在两项补充规定中⑤，国资委规定企业可以自行决定是否把"公允价值变动损益"纳入考核指标中，而且"公允价值变动损益"只有超过利润总额指标的15%以上的部分才减半计算。⑥可见，企业可根据"公允价值变动损益"对薪酬的影响决定薪酬计算公式。

2007 年开始实施的公允价值计量属性，将企业资产分为"与公允价值更

---

① 2004 年，国资委出台了《中央企业负责人经营业绩考核暂行办法》《中央企业负责人薪酬管理暂行办法》以及《中央企业负责人薪酬管理暂行办法实施细则》《国有控股上市公司（境外）实施股权激励试行办法》和《国有控股上市公司（境内）实施股权激励试行办法》等。

② 虽然国资委规定中央企业负责人的薪酬必须与业绩考核结果挂钩，然而考核业绩仅为总资产、主营业务收入、净资产、利润总额、净资产收益率等较易受到负责人操纵的会计指标，同时企业还有控制基薪调节系数的权力。另外，"在本年度考核级别未达到 C 级的情况下，负责人的薪酬，不得超过上年度实际薪酬水平"和"企业负责人薪酬增长与企业效益增长相一致。企业效益下降，企业负责人年度薪酬不得增长，并视效益降幅适当调减；企业负责人年度薪酬增长幅度不得高于本企业效益增长幅度"的规定可见，当公司业绩增长时，高管获得同比例甚至更高比例的增长是理所当然的，而当公司业绩下降时，高管面临的可能仅仅是薪酬不得增长，调减的概率较小，而且要视不同情况适当进行。

③ 2006 年，国资委修订的《中央企业负责人经营业绩考核暂行办法》。

④ 虽然分五个级别决定负责人的绩效薪金，然而绩效薪金不可能因为投资失败产生的亏损而为负数，如"利润总额低于上一年的企业，无论其考核结果处于哪个级别，其绩效薪金倍数应当低于上一年"。

⑤ 2007 年和 2008 年国资委先后出台了《中央企业负责人任期经营业绩考核补充规定》和《中央企业负责人年度经营业绩考核补充规定》（即"两项补充规定"）。"两项补充规定"提出：无论目标值与比前三年考核指标实际完成值的平均值低多少，只要公司能完成自设的目标值，就能得相同的基本分30分，与过去实际完成值的差异仅通过 2 分的加分区别。同时，考虑基本分在内，公司最多可得36分，而最低得分为 24 分，可见薪酬粘性同样可能存在。

⑥ "两项补充规定"还提到"企业取得非经常性收益影响利润总额指标完成在15%以上，未在核定考核目标值时剔除计算的，在计算考核结果时，对影响超出15%部分减半计算"以及"企业实施新会计准则后，按公允价值计量的'交易性金融资产'和'可供出售金融资产'，可在核定考核目标值时作扣除因素"。

相关的投资性资产"和"与历史成本更相关的经营资产"。具体来说，"与公允价值更相关的投资性资产"包括交易性金融资产、可供出售金融资产、投资性房地产等。《企业会计准则》规定："与公允价值更相关的投资性资产"应用公允价值计量，且公允价值变动计入"公允价值变动损益"科目（除了可供出售金融资产）。可见，"公允价值变动损益"反映了公司金融资产投资的当期损益情况。[①] 由于市场中不可控因素的存在，企业通过"金融资产投资"获得"公允价值变动收益"的不确定性高于经营活动产生的"营业利润"的不确定性，因而，管理层的努力和公允价值变动收益的关系并没有与营业业绩的关系大。然而，"公允价值变动损益"在考核中是可以被纳入企业的绩效评价的。这种粗放式的考核标准，是否会忽略掉不同风险程度的业绩所消耗的管理层努力程度，从而扭曲高管的投资行为，进而扩大代理成本呢？

已有关于过度投资的文献多从制度环境（辛清泉等，2007；Liu、Siu，2007；Becker、Sivadasan，2010）、公司现金流（Richardson，2006；朱红军等，2006；杨华军、胡奕明，2007）、控制权（周业安，2003；Shleifer、Vishny，2004；Holmen、Hogfeldt，2005；Wu、Wang，2005；郭庆旺、贾俊雪，2006；周黎安，2004；Li、Zhou，2005；周黎安，2007）、终极控制人两权分离的程度（赵卿、刘少波，2012）、管理者过度自信（Roll，1986；Heaton，2002；姜付秀等，2009；Huang 等，2011；马润平等，2012）、管理层股权激励（强国令，2012）等公司特点和高管特征角度进行了分析，然而并没有文献直接从高管薪酬机制中对高管投资行为的奖惩规定来分析高管的投资行为。本篇把公司的投资行为局限在金融资产的投资行为上，基于对高管薪酬机制中与高管的金融资产投资行为有关的规定的分析，我们比较高管薪酬与高管的经营行为和投资行为产生的效益的敏感度，以期为高管的金融资产投资行为提供直接的经验证据。

本篇选择"营业业绩[②]"衡量与管理层努力更相关的经营业绩，选择"公

---

① "公允价值变动损益"是资产在活跃市场的交易价格大于（或小于）持有成本的金额，是一种潜在的"可实现持有收益"（或持有损失）。

② 营业业绩＝营业收入－营业成本－营业税金及附加－销售费用－财务费用－管理费用＝营业利润＋公允价值变动损益＋投资收益

允价值变动损益"① 作为衡量高管投资行为产生的风险业绩。我们以 2007—2010 年有"公允价值变动损益"的 1 380 个样本为研究对象，比较了高管薪酬与营业业绩和风险业绩的粘性程度。我们发现，地方政府控股企业的高管薪酬粘性明显高于中央政府控股企业，而民营企业的高管薪酬粘性相对较弱。高管薪酬与风险业绩的粘性程度显著高于其与营业业绩的粘性程度。该现象在地方政府控股公司中更加明显。可见，在地方政府控股企业对于高管投资行为产生的风险业绩存在"重奖轻罚"的现象。本篇的研究结论从高管薪酬契约特征的角度对中国公司管理层的投资行为进行了直接的解释。

二、理论分析与研究假设

在国内，高管薪酬与企业绩效之间的关系一直被学术界关注。2004 年以前，高管薪酬与公司绩效的关系并不存在显著的相关性（李增泉，2000；魏刚，2000），而是与公司规模显著正相关（李增泉，2000）。2004 年以后，高管薪酬与公司绩效的显著正相关逐渐明显起来（杜胜利、翟艳玲，2005；杜兴强、王丽华，2007；辛清泉等，2007；方军雄，2009；陈震、丁忠明，2011），这些研究结论进一步证明了 2004 年以来国资委颁布的一系列法律法规起到了积极的作用。

然而在中国，作为所有权代理人的国有企业主管部门具有"奖优不惩劣"的倾向。② 同时，由于国有企业数量庞大，国资委对国有企业的管理相对粗放，较多采取了行政或者财政的思路。国资委这种特质的股东对国有企业采取

---

① 在本篇中我们只选择了《企业会计准则》的新增项目"公允价值变动损益"，并没有包括投资收益，因为"公允价值变动损益"只是持有收益，而投资收益已经是交易收益了，因而相对于投资收益，"公允价值变动损益"与管理层的努力程度关系更小，而且国资委对"公允价值变动损益"和"投资收益"的规定也有不同，因而，本篇中，我们重点分析"公允价值变动损益"所反映的金融资产投资行为产生的风险业绩。

② 虽然国资委规定中央企业负责人的薪酬必须与业绩考核结果挂钩，然而考核业绩仅为总资产、主营业务收入、净资产、利润总额、净资产收益率等较易受到负责人操纵的会计指标，同时企业还有控制基薪调节系数的权力。另外，"在本年度考核级别未达到 C 级的情况下，负责人的薪酬，不得超过上年度实际薪酬水平"和"企业负责人薪酬增长与企业效益增长相一致。企业效益下降，企业负责人年度薪酬不得增长，并视效益降幅适当调减；企业负责人年度薪酬增长幅度不得高于本企业效益增长幅度"的规定可见，当公司业绩增长时，高管获得同比例甚至更高比例的增长是理所当然的，而当公司业绩下降时，高管面临的可能仅仅是薪酬不得增长，调减的概率较小，而且要视不同情况适当进行。

的间接管理、事后管理和分类管理方法使中国企业的管理层权力更大。在许多国有企业转制的公司中，总经理由控股股东单位委派，且大多数总经理同时兼任董事长，形成了高管自己聘用自己、自己监督自己的局面，高管薪酬由管理层自定。业绩型薪酬模式也可能使得高管通过区分业绩增减的不同情形来影响或亲自制定其薪酬契约以实现个人利益最大化，甚至出现利润减、薪酬涨的"业绩倒挂"现象（Cheng，2005）。因为薪酬的下降不但直接导致经济利益的损失，通常还意味着个人实际地位的下降以及社会影响力的削弱，出于对个人声誉和职业生涯的考虑，管理层通常不愿意接受薪酬的下降，可能会为自己的投资失败寻找各种非自己所能控制的外部因素，从而使业绩下降时激励合同总是存在薪酬约束乏力的现象。这样在高管薪酬的决定上自然容易出现奖优不惩劣的状况，出现业绩上升时薪酬增加幅度高于业绩下滑时薪酬减少幅度的现象，即加剧了高管薪酬粘性发生的可能（王克敏、王志超，2007；方军雄，2009）。

对于"公允价值变动损益"项目是否纳入高管薪酬的计算公式中，国资委给予了管理层过多的权限，使管理层不会因为投资失败而受到对称的惩罚。"重奖轻罚"现象表明我国上市公司激励有效而约束乏力的薪酬不对称特征也存在于盈余分项目层面，这将会助长管理层的机会主义行为，增加高管的过度自信程度，产生过度投资行为，从而放大企业风险（徐经长、曾雪云，2010）。

在中国改革开放后，民营企业产生较晚，一般在1990年之后才产生，其所有权和经营权的分离问题并不严重，因而委托代理关系所产生的管理层权力比国有企业要小得多（吕长江、赵宇恒，2008；权小锋等，2010）。行政干预的存在使得国有企业比民营企业更多承担着诸如扩大就业等政策性目标，导致国有企业经营绩效和企业负责人的努力和才能之间的因果关系模糊，从而可能削弱以业绩为基础的薪酬机制的有效性，而且，国有企业的高管薪酬受到大量的管制（陈冬华等，2005），以及面临更多的社会公众舆论的监督和压力。因而，相较于民营企业，国有企业存在更低的薪酬敏感度以及更高的薪酬粘性（肖继辉，2005；Firth等，2006；方军雄，2009）。基于此，我们提出如下分假设：

假设1a：国有上市公司的高管薪酬粘性特征高于民营企业的高管薪酬粘性特征。

自2004年以来，国资委出台了一系列文件，以期在央企中实现委托人和代理人的利益一致，如2004年的《中央企业负责人经营业绩考核暂行办法》

《中央企业负责人薪酬管理暂行办法》以及《中央企业负责人薪酬管理暂行办法实施细则》，规定中央企业负责人的薪酬必须与业绩考核结果挂钩。2006年，国资委修订的《中央企业负责人经营业绩考核暂行办法》中，提出了"业绩上、薪酬上，业绩下、薪酬下"的负责人经营业绩同激励约束机制相结合的考核制度。2007年，国资委提出的《关于加强中央企业负责人第二业绩考核任期薪酬管理的意见》中规定，企业负责人薪酬增长与企业效益增长相一致。企业效益下降，企业负责人年度薪酬不得增长，并视效益降幅适当调减；企业负责人年度薪酬增长幅度不得高于本企业效益增长幅度。2007年和2008年国资委分别出台的《中央企业负责人任期经营业绩考核补充规定》和《中央企业负责人年度经营业绩考核补充规定》规定"非经常性损益"和"公允价值变动损益"可以减半计入企业业绩考核指标中。2010年，国资委修订的《中央企业负责人经营业绩考核暂行办法》中，用经济附加值（EVA）取代之前的净资产收益率（ROE），成为央企负责人的年度考核新指标。这些都反映了相较于地方政府控制的国有企业，央企的高管薪酬更多地受到了管制，而且其管制的目的是为了加强高管薪酬与经营业绩的敏感度。

由于央企负责人的薪酬更多地受到国资委的管制，其所受约束也高于地方政府控制的国有企业（夏立军、方轶强，2005），政府干预程度的不同（潘红波等，2008）以及经营目标市场化程度的不同（夏纪军、张晏，2008）导致管理层权力在地方政府控制的国有企业中更高（辛清泉等，2007），因而，地方政府控股的国有企业中，管理层自定薪酬的权力范围更大（方军雄，2009）。因而，我们进一步提出如下分假设：

假设1b：地方政府控股的上市公司的高管薪酬的粘性特征要高于中央政府控股的上市公司。

公允价值的应用将企业资产分为"与公允价值更相关的投资性资产"和"与历史成本更相关的经营资产"。具体来说，"与公允价值更相关的投资性资产"包括交易性金融资产、可供出售金融资产、投资性房地产等，而且应用公允价值计量，其公允价值变动计入"公允价值变动损益"科目（除了可供出售金融资产），可见，"公允价值变动损益"反映了公司金融资产投资的当期损益情况。与盈余的其他构成相比，公允价值变动收益更多地受到资本市场系统风险和公司市场优势地位的影响。公允价值的"可实现持有收益"在当期没有相应的现金流入，其会计信息水平还要受到测定误差和估计来源的影响（Landsman，2007），对公允价值"可实现持有收益"的奖励实际上是大股东和投资者的"垫付"金。金融资产公允价值的"持有收益"并没有增加股东财富（Nissim、Penman，2001；2003）。因此，理性的委托人应当具有风险规避意识，能够辨别自身利益的可实现性与现实性的差异，知道市场系统风险和公司市场优势地位对于企业业绩的贡献，从而给公允价值变动收益以较低的激励系数，而应该给那些与管理层努力相关性更密切的业绩指标以更高比例的薪酬激励。

在国有企业中，虽然国资委在2004年以后制定了一系列监管央企负责人薪酬的法规，并以期加强高管薪酬与经营业绩的敏感度，降低高管薪酬的粘性特征。然而，在两项补充规定中，国资委并没有限制企业取得的非经常性收益不能计入制定高管薪酬的核定考核目标值中，企业可以自行决定是否把"非经常性损益"和"公允价值变动损益"纳入考核指标中，而且"非经常性收益"只有超过利润总额指标的15%以上的部分才减半计算。

由于管理层的自定薪酬的权力，当风险投资产生收益时，管理层常将其归结为自己的聪明决策；而投资损失时，针对金融工具这些高风险项目产生的损失，高管常常有可能为投资的失败找到各种不可控因素（方军雄，2009），将其归结为市场的高风险，从而为自己开脱责任。而企业日常经营活动产生的营业利润很大程度上取决于管理层的努力程度，与风险业绩产生的收益（亏损）明显有很大区别，因而相对于正常经营业绩，高管薪酬对风险业绩更可能存在"重奖轻罚"的现象。基于此，我们提出以下分假设：

假设2a：在一定条件下，国有上市公司高管薪酬与风险业绩的粘性程度比其与营业业绩的粘性程度更大。

在我国从计划经济走向市场经济的过程中，在政府权力配置上，经历了从集权到分权的过程，地方政府在此过程中获得了财政自主权、经济管理权等权力。分权的结果是地方政府发展地方经济的积极性被调动起来，同时地方政府竞争资源的动机也随之产生（Cao等，1999；Poncet，2004）。各级政府既有动机又有能力将其自身的社会性目标内部化到其控制的上市公司中。

在我国，控制央企的国资委无论是在调配各种资源的能力上还是权限上，均高于控制地方国有企业的地方国资委等。同时，政府主管部门以及政府所控制公司的高管，均有行政级别。央企中的高管级别明显高于地方政府控制的国有企业内的高管，出于升迁原因，这些中央政府控制的国有企业的高管层更有动力去执行国资委的规定。而且，就专业知识、监管水平、人才储备等方面而言，中央国资委、财政部等部门要强于地方国资委及主管部门，相应地，国资委、财政部、证监会等中央主管部门有专业能力去积极推动并监督中央政府所控制企业的负责人薪酬机制的建立和执行。而地方国资委等政府部门则由于专业知识、监管水平等方面的限制，很难自主地引导地方政府控制的公司完善公司治理机制，而会更多地跟随和模仿中央政府控制的公司。因此，在公司治理的监管方面，地方政府控制的公司可能会比中央政府控制的公司效率低（刘启亮等，2012），造成地方政府控制公司的管理层权力大于中央政府控制的公司内的管理层权力。

管理层权力的存在，无疑会使管理层自行决定是否将"公允价值变动损益"纳入高管薪酬的计算公中，从而使高管薪酬与"公允价值变动损益"的粘性程度大于其与"营业利润"的粘性程度，而且由于地方政府控制的公司的监管特点，从而导致其程度高于中央政府控股的上市公司。我们提出如下分假设：

假设2b：在一定条件下，地方政府控股的上市公司的高管薪酬与风险业绩的粘性程度比其与营业业绩的粘性程度更大，而且其程度高于中央政府控股的上市公司。

三、案例分析

深圳市中金岭南有色金属股份有限公司（以下简称中金岭南）是广东省广晟资产经营有限公司控股的国有企业，该公司以铅锌金属生产为主，横跨有色金属采、选、冶、加工、科研、建材、房地产开发、贸易仓储、金融等多行业。该公司于1997年在深圳证券交易所成功上市交易（股票代码：000060；股票简称：中金岭南）。自上市以来，中金岭南整体运营良好，产品多次获得国家金质奖，并连年入选中国500强企业。中金岭南现有注册资本73 128万元。

中金岭南关于董事、监事及高级管理人员年度报酬决策程序和确定依据是"公司为激励高级管理人员，建立了将高级管理人员考核评价及收入报酬与公司经营业绩和个人工作绩效相挂钩的考评、激励制度。并在廉政、纪检监察等方面加强对高级管理人员的监督检查。公司高级管理人员的薪酬分配是激励的主要办法。薪酬方案是根据国家有关工资政策和上市公司的相关规定，董事会审议批准的薪酬方案。薪酬分为岗位（职务）工资和效益风险工资两部分。岗位（职务）工资按照岗位职务确定；效益风险工资直接与公司经济效益挂钩，经董事会审议后，按完成年度各项经济指标完成情况提取发放。"这说明中金岭南采用的是基于业绩的薪酬机制，即公司业绩升则薪酬升、业绩减则薪酬减，与国家制定的相关文件和政策相符。那么在公允价值引入的背景下，这种同升或同减的薪酬机制是否仍合理有效呢？能否规避管理层的过度投机行为呢？下文试图从这个角度进行分析。

由表 4.1 可知，2007—2010 年中金岭南的高管薪酬整体上呈上升趋势，从 2007 年的 78.62 万元到 2010 年的 160.00 万元，增幅达 103.51%，这可能得益于我国经济的快速增长。其中 2008 年高管薪酬较 2007 年略有下降，降幅约为 8%，而当年正常营业利润较 2007 年则下降约 68%，业绩出现大幅下滑；2009 年高管薪酬较 2008 年增长一倍，增幅明显，而正常营业利润仅增长 50%，通过对比可以发现，当中金岭南公司业绩上升时，其高管薪酬也随之增加；当中金岭南公司业绩下降时，高管薪酬也随之减少，说明中金岭南确实已建立起基于业绩的薪酬机制。这与近年来我国各级国资委颁布的国有企业负责人《薪酬管理暂行办法》和《业绩考核暂行办法》中规定的"国企高管的薪酬由基薪、绩效薪金和中长期激励单元构成。基薪主要根据企业经营规模、经营管理难度、所承担的战略责任和所在地区企业平均工资、所在行业平均工资、本企业平均工资等因素综合确定，基薪按月发放。绩效薪金和中长期激励单元与经营业绩考核结果挂钩，以基薪为基数，根据企业年度经营业绩考核级别及考核分数确定"相符。但从 2008 年、2009 年开始中金岭南高管薪酬与企业绩效的分析来看，薪酬奖励惩罚制度与企业绩效变动幅度明显的不匹配，业绩上升时薪酬的增加幅度显著高于业绩下降时薪酬的减少幅度，说明中金岭南高管薪酬制度也存在方军雄（2009）所发现的上市公司薪酬粘性特征。进一步验证了我国上市公司对高管存在"重奖轻罚"的现象。同时也说明 2007 年国资委颁布的《关于加强中央企业负责人第二业绩考核任期薪酬管理的意见》（以下简称《意见》）中"企业负责人薪酬增长与企业效益增长相一致。企业效益下降，企业负责人年度薪酬不得增长，并视效益降幅适当调减；企业负责人年度薪酬增长幅度不得高于本企业效益增长幅度"的规定存在一定的漏洞，《意见》并未强制规定业绩下滑时薪酬必须调减，可能会成为管理层在业绩下滑时仍领取高薪的借口。从 2009 年薪酬和业绩的幅度来看，薪酬增幅明显高于业绩增幅，与规定也不相符。这说明中金岭南存在明显的"重奖轻罚"问题，严重损害了股东的利益。

表4.1　　　　2007—2010 年中金岭南高管薪酬与绩效情况分析表

	高管平均薪酬（万元）	高管薪酬同比增减（%）	营业利润（万元）	公允价值变动损益（万元）	营业利润同比增减（%）
2007	78.62	20.42	132 170.93	6 065.84	7.06
2008	72.17	-8.21	41 799.99	79.51	-68.37
2009	149.90	107.71	62 281.42	-5 255.67	49.00
2010	160.00	6.74	83 842.19	-11 349.78	34.62

　　从公允价值变动损益的角度来看，2007 年、2008 年公允价值变动损益均为正，分别为 6 065.84 万元和 79.51 万元，与此相对应的 2007 年高管薪酬有所增加，而 2008 年高管薪酬却减少了，但进一步考虑到正常营业利润的增减变动情况，可以说明高管薪酬对正常营业利润的敏感性明显高于对公允价值变动损益的敏感性。2009 年、2010 年公允价值变动损益均为负，分别为 -5 255.67万元和 -11 349.78 万元，公司投资金融工具亏损严重，然而 2009 年、2010 年中金岭南的高管薪酬却并未减少，反而较以前年度有所增加，特别在 2010 年公允价值变动亏损达到 1.1 亿，约占正常营业利润的 14%，但该年高管薪酬相比 2009 年还有所增加，高管薪酬并未受到金融工具亏损的影响，这也表明了我国上市公司在考核薪酬契约时，对公允价值变动产生的收益进行了相应奖励，而对发生的公允价值变动损失，高管并未受到应有的处罚，一定程度上说明高管薪酬与公允价值变动损益之间也存在粘性。这也说明公允价值的引入所带来的机会主义行为可能会强化高管薪酬与业绩的粘性。当公司公允价值上升时，高管通常认为与自身努力相关，从而要求增加薪酬；而当出现公允价值损失时，高管则归咎于临时性的价格波动——市场的波动与自身可控的努力无关等，从而拒绝削减薪酬（刘浩等，2010）。

　　通过上述分析可知，中金岭南在对高管薪酬契约考核时，主要还是以正常营业利润为主，一定程度上反映了薪酬契约的合理性。但对作为利润来源一部分的公允价值变动损益考虑较少，从而促使了管理层进行更多的投机行为，当产生收益时高管可得到丰厚的回报，而产生巨额亏损时则将其归结为市场原因，为自己攫取更多的利益，这也侧面说明了其薪酬契约设计有失偏颇。

四、研究设计

（一）变量定义

1. 被解释变量：高管平均薪酬 LnPay

高管薪酬主要包括货币薪酬和股权激励两部分，由于我国实施股权激励较晚，且样本量较少，本篇只考虑高管的货币性薪酬。本篇所研究的高管是指公司的董事、监事和管理层的全体成员，并除去只领取津贴的高管和独立董事。我们把符合条件的高管领取的薪酬相加，然后除以领取薪酬的高管人数，得到高管平均薪酬，并取对数作为高管货币性薪酬的衡量指标。为了检验本篇结论的稳健性，我们还采用"薪酬最高的前三位高级管理人员"的平均值进行稳健性测试。

2. 解释变量：净利润 LnNI、营业业绩 LnNP 和风险业绩 LnFV

我们以净利润为公司业绩的替代变量（辛清泉等，2007；方军雄，2009等）。本篇还进一步把公司业绩进行分解，即按照风险程度大小以及其与管理层的努力程度的关联度把公司业绩分为营业业绩和风险业绩。本篇基于公允价值引入的制度背景，用"公允价值变动损益"作为风险程度较大的风险业绩，以修正后的营业利润①替代风险相对较小的营业业绩；为了减少误差，我们在模型中取营业业绩和风险业绩的自然对数作为替代变量。由于公允价值变动损益有正有负，本篇对公允价值变动损益为负的样本先取绝对值，然后取其对数的相反数。

为了检验高管薪酬与不同性质业绩的粘性，我们参照已有研究（方军雄，2009；2011）设计三个虚拟变量：当企业净利润下滑时，D 取 1，否则取 0；当营业利润下滑时，D_1 取 1，否则取 0；当公允价值变动损益为负时，D_2 取 1，否则取 0。

3. 控制变量

公司股权特征方面：包括中央政府控制 CG，即最终控制人为国资委、财政部等中央机构以及中央直属国有企业时取 1，否则取 0；民营企业 Private，最终控制人为个人或民营企业时取 1，否则取 0；控股比例 Lshare，即第一大

---

① 修正后的营业利润＝营业收入－营业成本－营业税金及附加－销售费用－财务费用－管理费用＝营业利润＋公允价值变动损益＋投资收益

股东持股比例；股权制衡度 Cbalance，即第二大股东至第十大股东持股比例之和与第一大股东持股比例之比；交叉上市情况 Clist，同时发行 B 股或 H 股的上市公司取 1，否则取 0。公司董事会特征方面：包括两职分离情况 Dual，即董事长兼任总经理时取 1，否则取 0；董事会规模 Board，即董事会总人数；董事会的独立性 Indd，即独立董事占全部董事的比重；薪酬委员会 Comi，即董事会设置薪酬委员会取 1，否则取 0。公司财务特征方面：包括公司规模 Lnasset，即公司总资产的自然对数；资产负债率 Lev，即公司年末短期借款与长期借款之和与总资产之比。公司的地域特征方面：包括中部 Central，即公司注册地位于中部取 1，否则取 0；西部 West，即公司注册地位于西部取 1，否则取 0。另外，我们还在模型中控制行业虚拟变量和年度虚拟变量。

（二）模型设定

（1）不同产权下，高管薪酬对公司业绩粘性模型。为检验高管薪酬与企业业绩效是否存在粘性，我们引入交叉项 $D \times LnNI$，建立模型（1）。若交叉项 $D \times LnNI$ 的系数 $\beta_2 < 0$，则说明高管薪酬与企业经营绩效之间存在粘性。为进一步检验高管薪酬粘性在国有企业和民营企业中的表现，以及在中央控股企业和地方控股企业中的区别，我们运用模型（1）分样本进行检验。

$$LnPay_{i,t} = \alpha + \beta_1 \times LnNI_{i,t} + \beta_2 \times D_{i,t} + \beta_3 \times D \times LnNI_{i,t} + \beta_4 \times Board_{i,t} +$$
$$\beta_5 \times Indd_{i,t} + \beta_6 \times Dual_{i,t} + \beta_7 \times Comi_{i,t} + \beta_8 \times Lshare_{i,t} + \beta_9 \times Cbalance_{i,t} +$$
$$\beta_{10} \times Clist_{i,t} + \beta_{11} \times Lev_{i,t} + \beta_{12} \times Lnasset_{i,t} + \beta_{13} \times CG_{i,t} + \beta_{14} \times Private_{i,t} +$$
$$\beta_{15} \times Central_{i,t} + \beta_{16} \times West_{i,t} + \beta_{17} \times \Sigma Industry_{i,t} + \beta_{18} \times \Sigma Year_{i,t} + \varepsilon_{i,t} \quad (1)$$

（2）高管薪酬对不同风险业绩粘性模型。为检验高管薪酬与不同风险业绩之间的敏感度，我们引入交叉项 $D_1 \times LnNP$、$D_2 \times LnFV$，建立模型（2）。营业业绩的粘性为 $\beta_1 / (\beta_1 + \beta_3)$，风险业绩的粘性为 $\beta_4 / (\beta_4 + \beta_6)$，若 $\beta_1 / (\beta_1 + \beta_3) < \beta_4 / (\beta_4 + \beta_6)$，则假设 2a 成立。为进一步检验高管薪酬对不同风险业绩粘性在在中央控股企业和地方控股企业中的区别，我们运用模型（2）分样本进行检验。

$$LnPay_{i,t} = \alpha + \beta_1 \times LnNP_{i,t} + \beta_2 \times D_{1i,t} + \beta_3 \times D_1 \times LnNP_{i,t} + \beta_4 \times LnFV_{i,t} + \beta_5 \times D_{2i,t} + \beta_6 \times D_2 \times LnFV_{i,t} + \beta_7 \times Board_{i,t} + \beta_8 \times Indd_{i,t} + \beta_9 \times Dual_{i,t} + \beta_{10} \times Comi_{i,t} + \beta_{11} \times Lshare_{i,t} + \beta_{12} \times Cbalance_{i,t} + \beta_{12} \times Clist_{i,t} + \beta_{13} \times Lev_{i,t} + \beta_{14} \times Lnasset_{i,t} + \beta_{15} \times CG_{i,t} + \beta_{16} \times Private_{i,t} + \beta_{17} \times Central_{i,t} + \beta_{18} \times West_{i,t} + \beta_{19} \times \Sigma Industry_{i,t} + \beta_{20} \times \Sigma Year_{i,t} + \varepsilon_{i,t} \quad (2)$$

五、实证结果与分析

本篇选择 2007—2010 年有"公允价值变动损益"的上市公司为研究样本，剔除金融类上市公司、高管薪酬数据缺失的公司、发生亏损的公司、其他相关数据缺失的公司，最终得到 1 380 个有效样本。

（1）高管薪酬、董事会规模、独立董事比例、是否两职合一均来自中国上市公司治理结构研究数据库中的高管动态子数据库。本篇所研究的高管是指公司的董事、监事和管理层的全体成员，并除去只领取津贴的高管和独立董事。把符合条件的高管领取的薪酬相加，然后除以领取薪酬的高管人数，得到高管平均薪酬，并取对数作为高管货币性薪酬的衡量指标。

（2）净利润、营业业绩、风险业绩、资产负债率、公司规模均来自中国上市公司财务报表数据库，其中营业业绩＝营业收入－营业成本－营业税金及附加－销售费用－财务费用－管理费用；风险业绩为公允价值变动损益。在模型中净利润、营业业绩、风险业绩分别取对数。

（3）第一大股东持股比例、股权制衡度、最终控制人信息均来自中国上市公司股东研究数据库中的股权信息数据库。

（4）是否交叉上市、注册地均来自中国上市公司首次公开发行研究数据库。

（5）薪酬委员会数据通过查看上市公司年报中董事会报告手工搜集所得。为减少极端值产生的误差，对主要变量在 1% 和 99% 分别进行缩尾处理。回归采用 STATA11.0 统计软件。

（一）描述性统计

表 4.2 反映了 2007—2010 年上市公司对"公允价值变动损益"的披露情况，可见，披露"公允价值变动损益"的上市公司从 2007 年的 435 家增加到 2010 年的 547 家，增长了 26%，披露"公允价值变动损益"的公司数占上市公司总数的 27%。

表 4.2 公允价值变动损益披露情况

年份	上市公司总数	披露公允价值变动损益的公司数	持有公允价值变动损益的公司比率	公允价值变动损益大于0（单位：百万元）			公允价值变动损益小于0（单位：百万元）		
				N	Mean	Max	N	Mean	Min
2007	1 658	435	26.24%	304	74.4	6 890	131	-101	-6 390
2008	1 712	498	29.09%	97	119	3 970	401	-154	-17 700
2009	1 860	526	28.28%	389	59.1	3 770	137	-93.2	-9 240
2010	2 215	547	24.70%	264	51.6	1 740	283	-12.5	-466
合计	7 445	2 006	27.08%	1 054	304	16 370	952	-361	-33 796

4 年来有 1 054 个样本因为公允价值的变动合计获得了 164 亿元的公允价值收益，平均每家获得收益 7 600 万元，同时有 962 个样本由于公允价值的变动共损失了 338 亿元，平均每家损失 3.6 亿元。可见，作为《企业会计准则》的新增利润项目，公允价值变动损益逐渐成为上市公司业绩的重要组成部分，随着我国上市公司资本市场参与程度的提高和金融业务的发展，该项目还将继续增加。这对于公司股东及其他利益相关者无疑都有着重要的影响，尤其以管理层薪酬激励问题最为引人关注（孙铮、刘浩，2006；徐经长、曾雪云，2010）。

表 4.3 是本篇主要变量的描述性统计。2007—2010 年期间上市公司高管平均薪酬的对数为 12.527 8，从标准差来看，高管薪酬差距较大，最高薪酬达到 14.430 6，最低薪酬只有 10.712 0。同期公司净利润均值的对数为 18.839 6，营业利润均值的对数为 18.889 8，公允价值变动收益均值的对数为 14.088 3，公允价值变动损失均值的对数为 -13.935 2[①]，可见，无论是公允价值带来的收益还是损失都占到净利润或者营业业绩的主要部分。其中约有 47% 的公司发生公允价值变动亏损。样本公司中独立董事比例均值为 36.90%，达到了监管部门的相关要求，约有 84.57% 的公司实行了两职分离，约 97.24% 的公司在董事会下设置了薪酬委员会，中部和西部上市公司比重合计约为 29%。

---

① 先取公允价值变动损失的绝对值的对数再加上负号。

表 4.3

表 4.3　　　　　　　　　　　　变量描述性统计

变量	样本数	均值	中位数	最小值	最大值	标准差
高管平均薪酬 LnPay	1 380	12. 527 8	12. 536 1	10. 712 0	14. 430 6	0. 746 6
净利润 LnNI	1 380	18. 839 6	18. 687 8	15. 101 6	23. 175 1	1. 644 9
净利润是否下滑 D	1 380	0. 294 9	0	0	1	0. 456 2
营业业绩 LnNP	1 380	18. 889 8	18. 781 8	14. 592 0	23. 250 7	1. 738 2
营业业绩是否下滑 D_1	1 380	0. 311 6	0	0	1	0. 463 3
公允价值变动损益 LnFV > 0	726	14. 088 3	14. 420 9	4. 844 2	19. 460 9	2. 756 6
公允价值变动损益 LnFV < 0	654	− 13. 935 2	− 14. 108 1	− 18. 715 8	− 5. 010 6	2. 794 0
公允价值变动是否为负 D_2	1 380	0. 473 9	0	0	1	0. 499 5
是否属于中央企业 CG	1 380	0. 184 8	0	0	1	0. 388 3
是否属于民营企业 Private	1 380	0. 394 9	0	0	1	0. 489 0
大股东持股比例 Lshare	1 380	36. 841 9	35. 038 5	9. 23	75. 84	15. 484 9
股权制衡度 Cbalance	1 380	0. 647 1	0. 462 6	0. 025 1	2. 574 4	0. 567 9
是否交叉上市 Clist	1 380	0. 137 0	0	0	1	0. 343 9
董事会独立性 Indd	1 380	0. 369 0	0. 333 3	0. 272 7	0. 571 4	0. 054 0
董事会规模 Board	1 380	9. 272 5	9	5	15	1. 914 3
董事会独立性 Indd	1 380	0. 369 0	0. 333 3	0. 272 7	0. 571 4	0. 054 0
是否设置薪酬委员会 Comi	1 380	0. 972 4	1	0	1	0. 163 7
公司规模 Lnasset	1 380	22. 112 2	21. 859 2	19. 700 7	26. 253 1	1. 364 2
资产负债率 Lev	1 380	20. 199 2	19. 696 4	0	60. 503 8	14. 673 8
注册地是否在中部 Central	1 380	0. 169 6	0	0	1	0. 375 4
注册地是否在西部 West	1 380	0. 126 8	0	0	1	0. 332 9

（二）相关系数分析

表 4.4　　　　　　　　　　　　相关系数矩阵

	LnPay	LnNI	D	LnNP	D_1	LnFV	D_2
LnPay	1. 000 0	0. 585 5***	− 0. 064 2	0. 574 9***	− 0. 030 8	0. 044 7	− 0. 009 5
LnNI	0. 581 8***	1. 000 0	− 0. 230 4***	0. 969 7***	− 0. 198 6***	0. 075 5	− 0. 044 7
D	− 0. 068 1	− 0. 229 7***	1. 000 0	− 0. 208 0***	0. 724 6***	− 0. 176 2***	0. 162 7***
LnNP	0. 569 6***	0. 963 4***	− 0. 209 0***	1. 000 0	− 0. 219 3***	0. 026 4	− 0. 006 7
D_1	− 0. 031 2	− 0. 199 2***	0. 724 6***	− 0. 220 1***	1. 000 0	− 0. 105 7***	0. 110 4***
LnFV	0. 016 2	0. 056 7	− 0. 174 2***	0. 004 6	− 0. 113 7***	1. 000 0	− 0. 864 8***
D_2	− 0. 004 6	− 0. 046 6	0. 162 7***	0. 001 2	0. 110 4***	− 0. 980 9***	1. 000 0

注：对角线以下部分为 Pearson 检验，对角线以上部分为 Spearman 检验。*、**、*** 分别表示在 10%、5%、1% 水平上显著。（下同）

表 4.4 列示了主要研究变量之间的相关系数。结果表明，高管薪酬变量与公司业绩变量显著正相关。在区分营业业绩与风险业绩之后，发现高管薪酬与营业业绩显著正相关，与风险业绩相关性不强。总体上，高管薪酬变量与公司绩效显著正相关，说明我国上市公司已经建立基于业绩的薪酬机制。但高管薪酬变量与风险业绩的关系，需进一步进行回归检验。

（三）回归结果分析

为检验高管薪酬是否存在粘性以及不同产权性质下的高管薪酬的粘性程度大小，我们分别采用模型（1）来验证假设 1a 和假设 1b，回归结果见表 4.5。

由表 4.5 知，第（1）列的回归结果表明高管薪酬与企业绩效在 1% 水平上显著正相关，与已有研究（杜胜利、翟艳玲，2005；杜兴强、王丽华，2007；辛清泉等，2007；方军雄，2009；陈震、丁忠明，2011）结论近似。说明我国上市公司已经建立基于业绩的薪酬机制，相关制度法规得到了很好的执行。

表 4.5 的第（2）列是模型（1）的全样本回归结果，结果显示我国上市公司高管薪酬确实存在粘性特征。交叉项 D × LnNI 在 5% 水平上显著为负，即业绩下降时，高管薪酬与业绩的敏感度显著下降，并且业绩上升时高管薪酬的边际增加量是业绩下降时其边际减少量的 1.12 倍（0.211 0 ÷（0.211 0 - 0.020 3）），体现了薪酬的粘性特征（方军雄，2009）。

为检验产权性质对高管薪酬粘性的影响，我们采用模型（1）分样本进行回归分析，结果见表 4.5 第（3）~（6）列。表 4.5 第（3）列显示我国国有企业存在明显的粘性特征，且业绩上升时高管薪酬的边际增加量是业绩下降时其边际减少量的 1.29 倍（0.215 1 ÷（0.215 1 - 0.048 8））。而民营企业样本交叉项 D × LnNI 的系数为正，但并不显著，说明我国民营企业高管薪酬的粘性相对较弱。将国有企业区分为中央政府控股与地方政府控股之后发现，地方政府控股的国有企业交叉项 D × LnNI 的系数在 10% 水平上显著为负，业绩上升时高管薪酬的边际增加量是业绩下降时其边际减少量的 1.27 倍（0.235 7 ÷（0.235 7 - 0.049 5））；而中央控股的国有企业交叉项 D × LnNI 系数虽然为负但不显著，说明中央政府控股的企业高管薪酬粘性较小。综上所述，本篇的假设 1a、1b 均得到了验证。

由上文可知，我国国有上市公司高管薪酬存在明显的粘性特征，民营上市公司的高管薪酬粘性相对较弱。那么，产生这个粘性的具体原因是什么呢？不同风险程度的业绩对高管薪酬的粘性存在差异吗？为了解释管理层进行金融资产投资行为的直接原因，我们进一步将公司业绩分为营业业绩和风险业绩，并比较在不同产权性质下，高管薪酬与不同风险性质的业绩的粘性程度，以期为我国高管薪酬所存在的粘性特征找出内在原因。

表4.5   高管薪酬与企业绩效回归结果

变量	高管薪酬					
	全样本 （1）	全样本 （2）	国有企业 （3）	民营企业 （4）	中央控股 （5）	地方控股 （6）
常数项	6.409 8*** （18.24）	6.311 4*** （17.31）	6.746 3*** （15.41）	4.622 7*** （7.44）	9.796 3*** （12.15）	5.726 5*** （9.94）
LnNI	0.189 8*** （10.21）	0.211 0*** （9.99）	0.215 1*** （8.25）	0.204 0*** （5.87）	0.137 6*** （3.03）	0.235 7*** （7.16）
D		0.458 6** （2.23）	1.053 2*** （3.35）	−0.458 7 （−0.70）	1.144 9 （1.43）	1.093 4** （1.97）
D × LnNI		−0.020 3** （−2.01）	−0.048 8*** （−3.07）	0.029 3 （0.81）	−0.055 7 （−1.38）	−0.049 5* （−1.87）
Board	0.009 5 （1.04）	0.009 0 （0.98）	−0.013 5 （−1.20）	0.052 7*** （3.59）	−0.063 7*** （−3.16）	−0.006 7 （−0.48）
Indd	0.370 4 （1.22）	0.368 6 （1.21）	−0.295 0 （−0.82）	2.305 9*** （4.34）	−2.323 6*** （−3.82）	0.296 0 （0.65）
Dual	0.011 3 （0.26）	0.015 3 （0.35）	−0.105 8* （−1.66）	0.131 9** （2.29）	0.234 1* （1.75）	−0.156 8** （−2.19）
Comi	0.105 3 （1.13）	0.116 0 （1.24）	0.237 1* （1.64）	−0.170 8 （−1.38）	−0.022 4 （−0.08）	0.398 9** （2.41）
Lshare	−0.003 0** （−2.20）	−0.003 0** （−2.20）	−0.003 9** （−2.22）	0.001 1 （0.47）	−0.004 1 （−1.14）	−0.003 7* （−1.80）
Cbalance	0.039 6 （1.07）	0.039 7 （1.07）	0.062 9 （1.38）	0.061 3 （1.00）	0.118 2 （1.45）	0.014 4 （1.26）
Clist	0.067 0 （1.29）	0.069 7 （1.34）	0.106 3* （1.83）	−0.128 2 （−1.10）	0.291 6*** （2.89）	0.097 3 （1.29）
Lev	−0.002 7** （−2.27）	−0.002 5** （−2.14）	0.000 2 （0.13）	−0.009 3*** （−4.91）	0.000 9 （0.34）	0.000 1 （0.03）
Lnasset	0.093 1*** （3.64）	0.078 5*** （3.00）	0.058 4* （1.82）	0.148 1*** （3.41）	0.077 5 （1.39）	0.064 9 （1.57）
CG	0.072 7 （1.58）	0.070 0 （1.53）				
Private	0.011 0 （0.30）	0.005 4 （0.15）				
Central	−0.235 4*** （−5.47）	−0.231 7*** （−5.39）	−0.271 6*** （−5.32）	−0.252 8*** （−3.37）	−0.352 4*** （−3.12）	−0.257 2*** （−4.35）
West	−0.376 5*** （−7.70）	−0.373 6*** （−7.65）	−0.469 7*** （−7.96）	−0.027 5 （−0.32）	−0.270 85*** （−2.42）	−0.514 2*** （−6.80）
Industry	控制	控制	控制	控制	控制	控制
Year	控制	控制	控制	控制	控制	控制
AdjR²	0.460 5	0.462 1	0.540 6	0.434 0	0.578 7	0.526 6
N	1 379	1 379	834	545	255	579

为检验不同风险业绩对高管薪酬粘性的影响，我们选择修正后的营业业绩衡量公司的正常经营活动产生的效益，用"公允价值变动损益"衡量公司进行金融资产投资产生的风险业绩，并把两个解释变量带入模型（2）进行检验。

表4.6反映了模型（2）的回归结果。表4.6第（1）列说明营业业绩的交叉项 $D_1 \times LnNP$ 为负，但不显著，即高管薪酬对营业业绩存在较弱的粘性；而风险业绩的交叉项 $D_2 \times LnFV$ 则在1%的水平上显著为负，说明高管薪酬与风险业绩存在明显的粘性特征。具体来看，高管薪酬对风险业绩产生收益的回归系数为0.034 3，而对风险业绩产生损失的回归系数为 -0.02（0.034 3 $-$ 0.054 3）。这说明即使风险业绩产生了巨额亏损，高管并未受到应有的处罚，薪酬也并未减少。这样的薪酬机制势必促使管理层对金融资产的过度投资行为。

为检验产权性质对高管薪酬与不同风险业绩的粘性的影响，我们采用模型（2）分样本进行回归分析，结果见表4.6第（2）～（5）列。表4.6第（2）列显示我国国有企业高管薪酬与营业业绩的粘性较弱，对风险业绩则存在显著的粘性特征，高管薪酬对风险业绩产生收益的回归系数为0.024 1，而对风险业绩产生损失的回归系数为 -0.014 1（0.024 1 $-$ 0.038 2）；民营企业高管薪酬与营业业绩不存在粘性，但与风险业绩也存在较为显著的粘性特征，高管薪酬对风险业绩产生收益的回归系数为0.026 3，而对风险业绩产生损失的回归系数为 -0.026（0.026 3 $-$ 0.052 3）。可见，与国有企业类似，民营企业的高管薪酬与风险业绩的粘性程度也大于其与营业业绩的粘性程度，假设2a得到支持。这可能是因为大部分民营企业所有权和经营权仍在创始人手中，且公司仍处于成长期，股东鼓励管理层投资从而增加了管理层对风险的敏感度。

无论是中央政府控制还是地方政府控制，国有企业高管薪酬对营业业绩的粘性均较弱；地方控股的高管薪酬粘性与风险业绩的交叉项 $D_2 \times LnFV$ 在5%的水平上显著为负，高管薪酬对风险业绩产生收益的回归系数为0.024 1，而对风险业绩产生损失的回归系数为 -0.022 3（0.020 3 $-$ 0.042 6），说明高管薪酬与风险业绩存在明显的粘性特征。而中央控股的国有企业交叉项 $D \times LnFV$ 虽然为负但不显著，高管薪酬对风险业绩产生收益的回归系数为0.025 1，而对风险业绩产生损失的回归系数为 -0.005 8（0.025 1 $-$ 0.030 9），说明中央控股的企业高管薪酬与风险业绩的粘性较小。假设2b得到了验证。

表 4.6 不同风险业绩与高管薪酬粘性回归结果

变量	高管薪酬				
	全样本 （1）	国有企业 （2）	民营企业 （3）	中央控股 （4）	地方控股 （5）
常数项	6.450 6*** （17.49）	6.989 1*** （15.46）	4.620 4*** （7.41）	9.645 3*** （11.58）	6.257 0*** （10.38）
$LnNP$	0.164 6*** （8.42）	0.182 3*** （7.38）	0.144 8*** （4.71）	0.130 8*** （2.96）	0.186 5*** （6.14）
D_1	0.149 6 （0.44）	0.527 8 （1.27）	−0.427 6 （−0.75）	1.008 7 （1.41）	0.246 0 （0.47）
$D_1 \times LnNP$	−0.003 1 （−0.17）	−0.021 0 （−0.96）	0.028 2 （0.90）	−0.046 7 （−1.30）	−0.005 2 （−0.18）
$LnFV$	0.034 3*** （4.20）	0.024 1** （2.36）	0.026 3** （1.99）	0.025 1 （1.27）	0.020 3* （1.64）
D_2	0.182 2 （1.18）	0.146 5 （0.75）	−0.039 0 （−0.16）	0.300 2 （0.79）	−0.007 8 （−0.03）
$D_2 \times LnFV$	−0.054 3*** （−4.35）	−0.038 2** （−2.42）	−0.052 3*** （−2.65）	−0.030 9 （−1.01）	−0.042 6** （−2.25）
Board	0.010 4 （1.14）	−0.010 6 （−0.93）	0.050 4*** （3.41）	−0.062 3*** （−3.01）	−0.000 9 （−0.06）
Indd	0.397 4 （1.30）	−0.295 8 （−0.82）	2.382 3*** （4.41）	−2.361 9*** （−3.82）	0.333 2 （0.73）
Dual	0.018 0 （0.42）	−0.113 9* （−1.78）	0.135 4** （2.32）	0.232 8* （1.71）	−0.163 0** （−2.26）
Comi	0.144 4 （1.54）	0.221 4 （1.53）	−0.095 6 （−0.75）	−0.032 2 （−0.11）	0.357 7** （1.48）
Lshare	−0.002 5* （−1.82）	−0.003 4* （−1.94）	0.001 3 （0.57）	−0.004 2 （−1.12）	−0.003 1 （−1.50）
Cbalance	0.050 4 （1.37）	0.072 1 （1.58）	0.075 7 （1.22）	0.111 1 （1.34）	0.032 1 （0.58）
Clist	0.061 3 （1.18）	0.099 7 （1.72）	−0.122 9 （−1.04）	0.257 4** （2.48）	0.103 4 （1.36）
Lev	−0.002 2* （−1.86）	0.000 4 （0.28）	−0.008 9*** （−4.60）	0.000 2 （0.08）	0.000 6 （0.34）
Lnasset	0.088 5*** （3.45）	0.059 8* （1.89）	0.181 976 6*** （4.27）	0.074 5 （1.35）	0.069 1* （1.67）
CG	0.063 8 （1.39）				

表4.6(续)

变量	高管薪酬				
	全样本 （1）	国有企业 （2）	民营企业 （3）	中央控股 （4）	地方控股 （5）
Private	0.011 4 （0.31）				
Central	-0.239 2*** （-5.57）	-0.273 7*** （-5.34）	-0.280 5*** （-3.71）	-0.371 4*** （-3.24）	-0.261 4*** （-4.40）
West	-0.370 7*** （-7.57）	-0.472 6*** （-8.00）	-0.016 （-0.18）	-0.248 5** （-2.14）	-0.528 5*** （-6.79）
Industry	控制	控制	控制	控制	控制
Year	控制	控制	控制	控制	控制
AdjR^2	0.463 2	0.540 8	0.424 5	0.575 0	0.523 6
F	29.31	26.16	11.29	10.04	17.29
N	1 379	834	545	255	579

（四）稳健性检验

本篇采用"薪酬最高的前三位高级管理人员"的平均值作为高管薪酬的替代变量，进行稳健性测试，回归结果见表4.7和表4.8。

由表4.7知，第（1）列的回归结果表明高管薪酬与企业绩效在1%水平上显著正相关，与已有研究结论近似。第（2）列是模型（1）的全样本回归结果，结果显示我国上市公司高管薪酬确实存在粘性特征。交叉项 $D \times LnNI$ 在10%水平上显著为负，即业绩下降时，高管薪酬与业绩的敏感度显著下降，并且业绩上升时高管薪酬的边际增加量是业绩下降时其边际减少量的1.19倍（0.234 3÷（0.234 3-0.037 5）），体现了薪酬的粘性特征，结论与方军雄（2009）的研究结论相近。表4.7第（3）列显示我国国有企业存在明显的粘性特征，且业绩上升时高管薪酬的边际增加量是业绩下降时其边际减少量的1.30倍（0.243 3÷（0.243 3-0.056 7））。而民营企业样本交叉项 $D \times LnNI$ 为负，说明我国民营企业高管薪酬粘性较弱，从而说明我国民营企业高管薪酬契约奖罚分明，比较合理有效。将国有企业区分中央控股与地方控股之后发现，地方控股的国有企业交叉项 $D \times LnNI$ 在10%水平上显著为负，业绩上升时高管薪酬的边际增加量是业绩下降时其边际减少量的1.32倍（0.272 8÷（0.272 8-0.066 0））；而中央控股的国有企业交叉项 $D \times LnNI$ 为负但不显著，说明中央控股的企业高管薪酬粘性较小。假设1a和1b仍成立。

表4.7 高管薪酬与企业绩效回归结果

变量	高管薪酬 (1)	高管薪酬				
		全样本 (2)	国有企业 (3)	民营企业 (4)	中央控股 (5)	地方控股 (6)
常数项	6.438 6*** (16.19)	6.254 8*** (15.16)	6.802 2*** (13.96)	4.261 8*** (5.69)	10.001 9*** (10.90)	5.610 2*** (8.87)
LnNI	0.189 9*** (10.21)	0.234 3*** (9.81)	0.243 3*** (8.38)	0.215 7*** (5.15)	0.146 4*** (2.83)	0.272 8*** (7.55)
D		0.786 3* (1.86)	1.204 5** (2.42)	0.223 9 (0.28)	1.006 2 (1.18)	1.407 1** (2.19)
D×LnNI		−0.037 5* (−1.66)	−0.056 7** (−2.16)	−0.007 4 (−0.17)	−0.049 0 (−1.14)	−0.066 0* (−1.91)
Board	0.025 0** (2.42)	0.024 5** (2.38)	0.007 4 (0.59)	0.058 5*** (3.31)	−0.045 9** (−2.00)	0.011 0 (0.71)
Indd	0.340 9 (0.99)	0.342 5 (0.99)	−0.294 8 (−0.74)	2.127 1*** (3.32)	−2.881 3*** (−4.16)	0.344 0 (0.69)
Dual	0.107 0** (2.19)	0.111 2** (2.285)	0.038 4 (0.54)	0.195 5*** (2.82)	0.366 2** (2.40)	−0.009 5 (−0.12)
Comi	0.125 1 (1.18)	0.138 0 (1.31)	0.268 4* (1.66)	−0.102 6 (−0.69)	−0.081 0 (−0.25)	0.462 1** (2.55)
Lshare	−0.002 8* (−1.78)	−0.002 8* (−1.80)	−0.004 2** (−2.19)	0.002 7 (1.00)	−0.007 2* (−1.75)	−0.003 9* (−1.76)
Cbalance	0.121 2*** (2.89)	0.120 6*** (2.88)	0.144 6*** (2.84)	0.151 6** (2.05)	0.185 1 (1.99)	0.084 8 (1.39)
Clist	0.085 1 (1.45)	0.087 7 (1.50)	0.089 2 (138)	0.037 0 (0.26)	0.250 4** (2.18)	0.107 0 (1.29)
Lev	−0.002 1 (−1.57)	−0.001 8 (−1.42)	0.000 9 (0.56)	−0.008 4*** (−3.68)	−0.002 1 (−0.71)	0.002 4 (1.21)
Lnasset	0.081 2*** (2.81)	0.063 2** (2.13)	0.032 8 (0.92)	0.152 3*** (2.90)	0.081 8 (1.28)	0.038 6 (0.85)
CG	0.090 1* (1.73)	0.087 7* (1.69)				
Private	−0.032 5 (−0.78)	−0.039 6 (−0.96)				
Central	−0.255 0*** (−5.23)	−0.249 8*** (−5.13)	−0.327 2*** (−5.75)	−0.219 1** (−2.43)	−0.469 2*** (−3.65)	−0.296 5*** (−4.57)
West	−0.419 3*** (−7.57)	−0.416 5*** (−7.53)	−0.496 7*** (−7.56)	−0.156 9 (−1.51)	−0.326 8*** (−2.57)	−0.537 9*** (−6.48)
Industry	控制	控制	控制	控制	控制	控制
Year	控制	控制	控制	控制	控制	控制

表4.7(续)

变量	高管薪酬（1）	高管薪酬				
		全样本（2）	国有企业（3）	民营企业（4）	中央控股（5）	地方控股（6）
AdjR^2	0.430 9	0.433 2	0.508 8	0.372 2	0.541 5	0.503 6
F	29.20	28.00	24.97	9.96	9.57	17.29
N	1 379	1 379	834	545	255	579

表4.8 不同风险业绩与高管薪酬粘性回归结果

变量	高管薪酬				
	全样本（1）	国有企业（2）	民营企业（3）	中央控股（4）	地方控股（5）
常数项	6.461 5*** (15.50)	7.037 7*** (13.93)	4.467 6*** (6.00)	9.760 0*** (10.36)	6.155 7*** (9.25)
LnNP	0.174 8*** (7.91)	0.195 5*** (7.08)	0.148 78*** (4.05)	0.123 5** (2.47)	0.206 9*** (6.17)
D_1	0.251 2 (0.65)	0.549 2 (1.18)	−0.109 0 (−0.16)	0.666 3 (0.82)	0.216 1 (0.37)
$D_1 \times$ LnNP	−0.009 8 (−0.48)	−0.023 3 (−0.96)	0.009 0 (0.24)	−0.032 3 (−0.79)	−0.003 2 (−0.10)
LnFV	0.042 6*** (4.61)	0.026 2** (2.30)	0.042 6*** (2.71)	0.046 6 (1.08)	0.016 3* (1.98)
D_2	0.211 0 (1.21)	0.155 5 (0.71)	0.016 8 (0.06)	0.400 9 (0.94)	0.014 5 (0.06)
$D_2 \times$ LnFV	−0.070 3*** (−4.98)	−0.043 4** (−2.46)	−0.082 5*** (−3.50)	−0.070 3 (−1.03)	−0.034 2* (−1.87)
Board	0.026 6** (2.58)	0.011 0 (0.88)	0.056 3*** (3.18)	−0.041 1* (−1.75)	0.016 3 (1.03)
Indd	0.382 4 (1.11)	−0.281 3 (−0.70)	2.210 0*** (3.43)	−2.828 3*** (−4.04)	0.372 7 (0.74)
Dual	0.113 3** (2.33)	0.030 6 (0.43)	0.197 6*** (2.84)	0.376 0*** (2.45)	−0.013 2 (−0.17)
Comi	0.173 2 (1.64)	0.256 7 (1.58)	−0.009 0 (−0.06)	−0.081 7 (−0.25)	0.422 3** (2.31)
Lshare	−0.002 2 (−1.45)	−0.003 7* (−1.88)	0.002 4 (0.88)	−0.007 8* (−1.90)	−0.003 4 (−1.48)
Cbalance	0.129 6*** (3.11)	0.157 4*** (3.09)	0.146 4** (1.97)	0.162 3* (1.73)	0.111 0* (1.82)

表4.8(续)

变量	高管薪酬				
	全样本 (1)	国有企业 (2)	民营企业 (3)	中央控股 (4)	地方控股 (5)
Clist	0.073 9 (1.26)	0.079 2 (1.22)	0.028 2 (0.20)	0.184 4 (1.57)	0.110 8 (1.32)
Lev	−0.001 6 (−1.19)	0.000 9 (0.57)	−0.007 7*** (−3.31)	−0.003 6 (−1.17)	0.002 6 (1.29)
Lnasset	0.075 4*** (2.60)	0.045 0 (1.27)	0.173 5*** (3.41)	0.081 2 (1.30)	0.059 2 (1.30)
CG	0.079 7 (1.54)				
Private	−0.031 2 (−0.75)				
Central	−0.257 6*** (−5.30)	−0.328 6*** (−5.73)	−0.259 1*** (−2.87)	−0.469 3*** (−3.62)	−0.304 1*** (−4.64)
West	−0.413 4*** (−7.46)	−0.502 7*** (−7.62)	−0.136 9 (−1.31)	−0.265 3** (−2.02)	−0.557 7*** (−6.66)
Industry	控制	控制	控制	控制	控制
Year	控制	控制	控制	控制	控制
AdjR^2	0.435 2	0.504 9	0.374 7	0.542 9	0.494 8
F	26.28	22.78	9.36	8.94	15.52
N	1 379	834	545	255	579

表4.8 显示我国国有企业、民营企业高管薪酬与营业业绩的粘性较弱，对风险业绩则均存在显著的粘性特征。具体来看，国有企业高管薪酬对风险业绩产生收益的回归系数为 0.026 2，而对风险业绩产生损失的回归系数为 −0.017 2 (0.026 2 − 0.043 4)，民营企业高管薪酬对风险业绩产生收益的回归系数为 0.042 6，而对风险业绩产生损失的回归系数为 −0.039 9 (0.042 6 − 0.082 5)，这说明即使风险业绩产生巨额亏损，高管并未受到应有的处罚，薪酬也并未减少。对比发现，国有企业和民营企业的高管薪酬与风险业绩的粘性程度均大于其与营业业绩的粘性程度。将国有企业区分中央控股与地方控股之后发现，无论是中央控股还是地方控股，国有企业高管薪酬对营业业绩的粘性均较弱；地方控股的高管薪酬粘性与风险业绩的交叉项 $D_2 \times LnFV$ 在 10% 的水平上显著为负，高管薪酬对风险业绩产生收益的回归系数为 0.016 3，而对风险业绩产生损失的回归系数为 −0.017 9 (0.016 3 − 0.034 2)，说明高管薪酬与风险业绩存在明显的粘性

特征。而中央控股的国有企业交叉项 $D \times LnFV$ 为负但不显著，说明中央控股的企业高管薪酬与风险业绩的粘性较小。假设 2a 和 2b 仍成立。

六、研究结论

本篇选取 2007—2010 年上市公司有公允价值变动损益的样本为研究对象，首先考察了高管薪酬与企业绩效之间的关系，研究发现高管薪酬与企业绩效显著正相关，说明我国上市公司薪酬契约已与企业绩效挂钩，相关制度规章得到很好执行。其次，我们检验了高管薪酬与公司业绩的粘性特征，结果表明我国上市公司高管薪酬确实存在粘性特征。具体来说，国有上市公司高管薪酬存在明显的粘性特征，民营上市公司的粘性特性较弱；地方控股企业的高管薪酬存在明显的粘性特征显著高于中央政府控股企业，说明国有上市公司薪酬契约存在明显的"重奖轻罚"现象，而在地方政府控股企业中则更加明显。最后，我们区分营业业绩与风险业绩来检验高管薪酬的粘性特征，研究发现，国有企业高管薪酬与营业业绩的粘性特征较弱，而与风险业绩存在较为明显的粘性特征；地方政府控股企业与风险业绩存在显著的粘性特征，而中央政府控股企业则与风险业绩的粘性则相对较弱性。这说明管理层并未因风险业绩的巨额亏损而受到惩罚，管理层这种风险投资行为在一定程度上严重干扰了薪酬契约的有效执行。

我们的研究结论进一步分析了高管薪酬粘性的具体原因，即高管薪酬的粘性主要是因为高管薪酬与公允价值变动损益的粘性关系，而且在地方政府控股公司里，这种粘性更加明显。我们的研究结论在一定程度上解释了中国上市公司的过度投资行为（特别是对金融资产的过度盲目投资）可能是因为高管的薪酬机制中对金融资产投资的奖罚制度本身的特点造成的。

会计信息和市场业绩是反映管理层努力程度的常用指标。但与市场业绩相比，会计信息受外界干扰较小，"噪音"也小，能较好地传递管理层的努力程度，因而设计薪酬契约时主要基于会计信息。相对于正常营业活动产生的利润而言，企业持有的以交易为目的金融工具，其盈亏与否主要取决于资本市场，与管理层的努力程度关系较小，因而其包含的"噪音"较多。同时公允价值变动损益在当期并没有产生现金流，还要受测定误差和技术估计的影响，而且公允价值变动损益只有在交易环节才能改变股东财富。因而，在设计高管薪酬契约时，应降低高管薪酬与风险业绩的粘性程度，如在高管薪酬的契约中对于公允价值变动产生的收益和损失应赋予相同且较小的激励系数，从而引导高管把大部分精力放在营业业绩上，才能有效地防止管理层的过度投资行为，从而进一步协调股东和管理层的风险偏好。

第五篇　高管薪酬粘性对企业过度投资的影响分析

一、引言

理论上说，企业的投资决策应取决于项目的净现值，相应地，企业的投资支出总额也仅由企业面临的投资机会决定，与其他因素无关（Modigliani、Miller，1958）。然而，在现实中，企业的资本投资决策深受信息和代理问题的重要影响（Stein，2003）。在中国，2001—2010年，中国固定资产投资增长率持续维持在20%以上，其中，2009年固定资产投资增长30.1%，2010年固定资产投资增长23.8%，2011年，新增固定资产增长率平均为31.87%。[①] 以房地产为例，受房地产市场高利润的吸引，越来越多的国有企业涉足房地产领域。在国资委分管的136家央企中，除了16家以房地产为主业外，还有78家央企的辅业包含房地产业务，涉及资产总额高达991亿元。[②] 除了实体投资外，上市公司对受公允价值影响较大的金融资产、衍生工具等虚拟资产的投资也很普遍，如中国平安2008年由于公允价值变动损失了176.7亿元；中国国航2008年由于公允价值变动损失了74.72亿元；中信泰富2008年因为公允价值变动损失了146.32亿；东方航空2008年由于公允价值变动损失了62.56亿元；中国远洋远期运费协议2008年由于公允价值变动损失了41.21亿港元（约合人民币35.91亿元）等。可见，上市公司的过度投资现象普遍（潘敏、金岩，2003；贺振华，2006；郭庆旺、贾俊雪，2006；李维安、姜涛，2007；罗琦等，2007；魏明海、柳建华，2007；杨华军、胡奕明，2007；辛清泉等，

[①] 《中国统计年鉴》的统计结果。

[②] http：//news.xinhuanet.com/fortune/2010-03/18/content_13194385.htm.

2007；唐雪松等，2010）。

作为公司治理的重要组成部分，高管的薪酬治理主要由董事会监督、薪酬信息披露和股东话语权有机组成。然而，管理层的权力干预和影响导致董事会职能虚置，从而使高管自定薪酬的现象普遍存在（Bebchuk、Fried，2004；2005），从而使高管的薪酬存在粘性的特征（Jackson 等，2008）。在中国，董事本身就是高管的重要组成部分，董事对于董事自身、监事以及管理层是否履行其忠实义务的判断困难更加大了其迁就高管的可能性（李建伟，2008），因而高管薪酬的制定和实施过程通常受控于企业高管，加上信息披露的不透明，增加了高管薪酬的粘性发生的可能性（王克敏、王志超，2007），实证结果证明高管薪酬的粘性特征在中国同样存在（方军雄，2009；2011）。而且国资委也允许管理层自己决定是否将"非经常性损益"和"公允价值变动损益"计入高管薪酬的计算公式中。步丹璐和张晨宇（2012）进一步发现高管薪酬与营业业绩的粘性关系显著低于高管薪酬与风险业绩的粘性程度，即高管薪酬的粘性特征主要是因为高管薪酬与公允价值变动损益之间的粘性关系。

高管薪酬的粘性特征说明上市公司对高管行为存在"重奖轻罚"的特点，意味着当公司经营绩效出现上升时，高管更多地将其归功于个人的努力，在公司或股东财富获得更大增加时，高管薪酬的增长方案也容易得到董事会和股东大会的认可和批准。相反，当公司业绩出现下滑时，削减高管薪酬的举措却常常遇到阻碍（Jensen、Murphy，1990；Gaver、Gaver，1998；孙铮、刘浩，2004），而且公司高管常常会以成本上升、竞争加剧等外部环境恶化等原因为借口以解脱责任。公允价值变动损益主要反映了公司投资金融性资产或负债的公允价值变动，是公司的间接投资行为产生的，可见，高管薪酬与公允价值变动损益的粘性关系意味着公司对高管的投机行为也存在"重奖轻罚"的情况。

高管薪酬的粘性程度越高，意味着"重奖轻罚"的程度越高，那么高管薪酬的粘性特征是否会增加高管的冒险精神，从而增加企业的过度投资行为呢？高管薪酬机制本身存在的粘性特征是否是造成中国上市公司投资过度的直接原因呢？已有文献分析了高管薪酬水平（辛清泉等，2007；周中胜，2008；蔡吉甫，2009a；简建辉等，2011）、管理层持股行为（蔡吉甫，2009b）以及高管激励结构（罗富碧等，2008）对企业投资行为的影响，但较少有文献直接研究高管薪酬机制本身的特点对高管行为的影响。

本篇对高管薪酬的粘性程度进行量化，并研究高管薪酬的粘性程度是否会增加中国上市公司的过度投资行为。本篇以上市公司 2005—2010 年的高管薪酬和公司业绩数据为研究样本，分别计算高管薪酬在公司业绩上升和下降时的敏感度，并以其差额代表高管薪酬的粘性程度，即高管薪酬随公司业绩上升的上升幅度大于高管薪酬随公司业绩下降的下降幅度的程度。对于过度投资行为的研究，我们选择2009—2010年的上市公司数据，借鉴理查德森（Richardson，2006）的过度投资估计模型，估算了我国上市公司在2009—2010年的过度投资水平，并回归检验了高管薪酬的粘性程度对企业过度投资行为的影响。研究发现，高管薪酬的粘性程度越大，企业的过度投资水平越高，说明高管薪酬粘性越强、重奖轻罚的程度越严重，高管的冒险精神越大，从而企业越可能过度投资。区分产权性质后，我们进一步发现，高管薪酬的粘性程度，无论是国有企业还是非国有企业，均显著增加了企业的过度投资水平。而国有企业的薪酬粘性的回归系数小于非国有企业的薪酬粘性的回归系数，可见，国有企业的薪酬粘性对高管的投资行为的增加作用低于非国有企业。另外，相对于中央政府控股公司，地方政府控股企业在自定薪酬的驱使下更可能倾向于过度投资。本篇的研究说明了2004年以来国资委的央企负责人的薪酬规定以及有关投资规模的规定起到了较好的作用。本篇首次将高管薪酬机制的特点（即高管薪酬的粘性程度）进行量化，并检验高管薪酬的粘性程度对上市公司过度投资行为的影响。我们的研究从高管薪酬机制本身的特点分析了上市公司过度投资行为的直接原因，以期为高管薪酬机制的设计提供一定的理论依据和经验证据。

二、制度背景与研究假设

（一）国资委规定中的薪酬粘性

作为所有权代理人的国有企业主管部门对于高管的投资失败具有"奖优不惩劣"的倾向。2004年，国资委出台了《中央企业负责人经营业绩考核暂行办法》《中央企业负责人薪酬管理暂行办法》以及《中央企业负责人薪酬管理暂行办法实施细则》，规定中央企业负责人的薪酬必须与业绩考核结果挂钩，然而实施细则中规定业绩仅为总资产、主营业务收入、净资产、利润总额、净资产收益率等较易受到负责人操纵的会计指标，同时企业还有控制基薪调节系数的权力。另外，从细则中的"在本年度考核级别未达到C级的情况下，负责人的薪酬，不得超过上年度实际薪酬水平"的规定可见，当公司业绩增长时，高管获得同比例甚至更高比例的增长是理所当然的，而当公司业绩下降时，高管面临的可能仅仅是薪酬不得增长，调减的概率较小，而且要视不同情况适当进行。

国资委在 2006 年修订的《中央企业负责人经营业绩考核暂行办法》中，虽然提出了"业绩上、薪酬上，业绩下、薪酬下"的负责人经营业绩同激励约束机制相结合的考核制度，但并没有规定业绩下降时薪酬下降的幅度。虽然分五个级别决定负责人的绩效薪金，然而绩效薪金不可能因为投资失败产生的亏损而为负数，如"利润总额低于上一年的企业，无论其考核结果处于哪个级别，其绩效薪金倍数应当低于上一年"。

国资委 2007 年提出的《关于加强中央企业负责人第二业绩考核任期薪酬管理的意见》中规定："企业负责人薪酬增长与企业效益增长相一致。企业效益下降，企业负责人年度薪酬（基薪与绩效薪金之和，下同）不得增长，并视效益降幅适当调减；企业负责人年度薪酬增长幅度不得高于本企业效益增长幅度。"这条规定同样证明当公司业绩下降时，高管面临的可能仅仅是薪酬不得增长，调减的概率较小。

国资委在 2007 年和 2008 年先后出台的《中央企业负责人任期经营业绩考核补充规定》和《中央企业负责人年度经营业绩考核补充规定》（以下简称"两项补充规定"）中，我们发现，无论目标值与比前三年考核指标实际完成值的平均值低多少，只要公司能完成自设的目标值，就能得相同的基本分 30 分，与过去实际完成值的差异仅通过 2 分的加分区别。同时，考虑基本分在内，公司最多可得分 36 分，而最低得分为 24 分，可见薪酬粘性同样可能存在。"企业取得非经常性收益影响利润总额指标完成在 15% 以上，未在核定考核目标值时剔除计算的，在计算考核结果时，对影响超出 15% 部分减半计算"以及"企业实施新会计准则后，按公允价值计量的交易性金融资产和可供出售金融资产，可在核定考核目标值时作扣除因素"的规定中，我们发现企业可以自行决定是否把"非经常性损益"和"公允价值变动损益"纳入考核指标中，而且"非经常性收益"只有超过利润总额指标的 15% 以上的部分才减半计算。可见，企业可根据非经常性损益的大小对薪酬的影响决定薪酬计算公式。

国资委在 2010 年修订的《中央企业负责人经营业绩考核暂行办法》中，虽然明确规定了扣减延期绩效薪金的计算公式，但延期绩效薪金仅占总绩效薪金的 40%，而且当任期考核在 C 级以下要扣减延期绩效薪金时，其总绩效薪金本身就较低，因而对总薪酬的影响不大，薪酬业绩粘性同样存在。

（二）高管薪酬的粘性程度和企业过度投资

詹森和麦克林（Jensen、Meckling，1976）认为，由于股东与经理人之间委托代理问题的广泛存在，经理人的机会主义行为会导致企业的过度投资。代理问题越严重，过度投资行为越严重，投资现金流相关性越高。具体分析我国上市公司实际情况，为国企改革服务是证券市场建立的重要初衷，上市公司大多由国企改制重组而来，大多数上市公司最终仍由政府控制，上市公司股权结构仍然是国家主导型的。在国有大股东所有者缺位以及中小股东"搭便车"的情况下，国有企业"内部人控制"问题在大多数上市公司中依然存在。上市公司关键性决策权力往往通过非正式机制发挥作用，来自于内部人的压力更加具体和现实。另外，由于我国并不存在完善的经理人市场，针对经理有效的激励和约束机制并没有普遍建立，很多上市公司经理的行政官员身份特征浓于职业经理人特征。因此，在机会主义动机作用下，上市公司经理便有激励利用企业自由现金流进行过度投资，建造"企业帝国"。

我国国有企业包括国有控股的上市公司的薪酬总体偏低，并且在一定程度上受到政府的管制（陈冬华等，2005），这是和我国特殊的国有资产管理体制以及国有企业的改革历程分不开的。由于信息的不对称，作为国有企业包括国有控股上市公司所有者的国有资产管理部门以及政府在信息上处于劣势，无法有效地观察到管理当局的努力程度及经营业绩；而由于政府对企业的行政干预而导致的政府转嫁给企业的政策性负担（如就业、税收等），使得企业缺乏与其他类型企业公平竞争的条件及环境，由此，加剧了信息的不对称，对企业真实经营绩效的考核将更加困难。与此同时，企业则可以将经营业绩不佳甚至亏损的责任归咎于政府的政策性负担并要求政府给予补贴和保护（林毅夫等，1997）。由此导致对企业管理层的薪酬制度进行管制，制定统一的薪酬制度就成为作为所有者的政府的唯一选择。基于此制度安排，国有企业包括国有控股上市公司的高管的货币性报酬偏低的情况下，就有充分的动机去追求其他非货币性的隐性激励，包括在职消费、个人的社会声望、地位以及政治晋升等，也即控制权收益。由于信息不对称，作为股东的政府难以对企业的真实经营业绩进行甄别，从而难以对企业高管进行有效考核的情况下，通过企业规模的扩大，显然可以带来更多的控制权收益。可见，企业的高管有动机扩大企业的投资规模，已有研究发现我国上市公司的高管薪酬与企业规模显著相关（李增泉，2000；魏刚，2000）。另外，我国目前对上市公司的外部治理机制如控制权市场、外部审计监督等机制还不成熟，无法对上市公司的无效投资行为进行有效的监督，因此上市公司的管理层有扩大企业规模的冲动。

我国许多上市公司由国有企业改制而成，投资行为并没有摆脱原国有企业利用财政、银行资金进行投资的影响。而且各级地方政府出于发展地方经济及政绩的考虑，甚至间接干预国有企业的投资行为，加剧了过度投资。

由于信息不对称问题的存在，管理层能够基于自身的利益来设定薪酬计算公式，从而在业绩上升时，高管更多地将其归功于个人的努力来获取更多的薪酬；在业绩出现下滑时，基于自身利益的保护，高管常常为自身开脱从而阻碍高管薪酬的下降。经济人假设认为人都是自利的，为获取更高的回报，高管往往会增加投资，甚至净现值（NPV）为负的项目，因此我们认为由于国资委对高管薪酬与业绩挂钩的程度存在"重奖轻罚"，特别是对于"非经常性损益"以及"公允价值变动损益"项目是否纳入高管薪酬的计算公式中，都给予了管理层过多的权限，使管理层不会因为投资失败而受到对称的惩罚，因而，高管薪酬粘性越大，高管更倾向于投资，从而导致企业过度投资行为的发生。基于此，提出如下假设：

假设 1：高管薪酬的粘性程度与企业过度投资行为正相关。

（三）产权性质和过度投资

2006 年，国资委公布了《中央企业投资监督管理暂行办法》和《中央企业投资监督管理暂行办法实施细则》，2007 年，国资委出台了《关于进一步规范中央企业投资管理的通知》，可见，国资委对国有企业的投资行为在逐步建立规范的监督体系。如 2006 年的《中央企业投资监督管理暂行办法实施细则》规定："在企业投资中，非主业投资占总投资的比重是否超出合理范围，影响主业的发展（一般控制在 10% 以下）"；"企业投资中，自有资金占总投资的比重是否处于合理范围内（一般为 30% 以上）"等规定都对国有企业的投资规模有一定的限制。

同时，国资委对国有企业负责人的薪酬管理的"两项补充规定"中，也鼓励国有企业采用偏重价值衡量的经济附加值（EVA）指标决定国有企业负责人的薪酬，另外，也在一定程度上限制了"非经常性损益"计入考核指标的比率，因而相较于民营企业，国有企业的高管薪酬粘性导致的企业过度投资行为应少于民营企业。因而，我们提出假设 1 的如下分假设：

假设 2a：相对于民营企业，国有企业高管薪酬粘性程度对企业过度投资的影响较小。

中央控制的国有企业和地方控制的国有企业，由于所受约束的不同（夏立军、方轶强，2005）、政府干预程度不同（潘红波等，2008）以及经营目标市场化程度的不同（夏纪军等，2008），其行为也存在显著差异。由于中央控股企业高管面临的政治前途较多，管理层追求私人利益的可能性不大，对薪酬的吸引力就会降低（夏立军、方轶强，2005）。而地方控股的上市公司中，管理层的政治前途则很有限，其寻求在职消费和投资的私人收益的动机就可能更大（陈信元等，2009）。为了获取更多的私人收益，地方控股企业高管可能更倾向过度投资。基于此，我们提出分假设：

假设 2b：相对于中央控股企业，地方控股企业的高管薪酬粘性程度对企业过度投资的影响更大。

三、案例分析

根据中国国航 2006—2011 年的年报，中国国航航油套期保值业务截至 2008 年 10 月 31 日，因公允价值变动造成的损失高达 31 亿元，截至 2008 年 12 月 31 日公允价值巨额浮亏达 74.72 亿元。2009 年，中国国航又因航油套期保值业务获得收益 27.59 亿元。2010 年，中国国航的衍生合同公允价值变动收益达 17 亿元。可以看到，中国国航的套期保值业务如"过山车"般时起时落，已经背离了套期保值业务的初衷。通过对其 2006—2011 年的年报的分析，对中国国航从事航油套期保值业务的交易规模、盈亏状况以及该公司高管薪酬变化特征，考察该公司高管薪酬与净利润、营业利润以及公允价值变动损益之间的关系。

（一）金融资产投资情况

表 5.1 描述了中国国航 2006—2011 年金融资产投资情况。中国国航主要运用航油套期保值来规避航油价格波动带来的风险。但由于其运用的金融衍生品投资效果并不稳定，中国国航金融衍生品投资额度波动剧烈。2008 年以前，中国国航套期保值业务处于较为平稳的状态，其对于衍生金融品的投资采用保守政策，套期保值航油数量占全年实际用油量比例不超过 20%。到 2008 年，中国国航套期保值航油数量上升至实际燃油采购量的 50%。根据推算，中国国航的套期保值规模在 192 万吨左右，而其过大比例的杠杆操作导致了亏损数额巨大。数据显示，衍生金融资产和衍生金融负债于 2008 年达到最大值，分别为 2.53 亿元和 77.28 亿元，而受累于金融危机，中国国航由于油料套期公允价值变动损失超过 70 亿元。可以看到，中国国航的金融衍生品投资额度波动剧烈，衍生金融资产与负债每年的规模也不尽相同，套期保值业务是否达到锁定利润、规避风险的作用在各年也表现迥异，其套期保值业务宛如过山车般时起时落，已经背离了套期保值业务的初衷。

表 5.1　　　　　　　　　　金融资产投资情况　　　　　　　单位：百万元

年份	衍生金融资产	衍生金融负债	公允价值变动
2006	99.94	242.11	−142.00
2007	6.49	14.83	133.84
2008	253.41	7 727.92	−7 760.89
2009	0.00	2 274.63	2 759.58
2010	5.89	427.33	1734.52
2011	1.37	1 745.99	33.74

（二）公司业绩水平

　　表 5.2 描述了中国国航 2006—2011 年业绩水平。研究结果显示，2006—2010 年，中国国航营业利润及净利润波动较大，2008 年和 2010 年其营业利润和净利润分别达到最小值和最大值，分别为 −19.53 亿元和 −92.60 亿元以及 11.05 亿元和 12.45 亿元。营业利润及净利润的标准差系数分别为 1.28、1.81，表明包括了公允价值变动损益在内的净利润的变异程度大于营业利润，各年净利润水平差距较大。2008 年，受南方地区雨雪冰冻灾害和汶川大地震等自然灾害以及全面爆发的全球金融危机等众多不利因素的影响，中国国航客、货业务承受了市场低迷和高油价的巨大压力，营业利润及净利润都出现大幅下降。2008 年 7 月以后国际油价的急剧滑落又使公司油料套期保值合约出现公允价值损失，对当期业绩造成重大影响，使净利润的下降程度远远大于营业利润，下跌至 −92.60 亿元，较 2007 年下降 345.4%。可以看到，受包括油价在内的多种因素的影响，中国国航的业绩水平波动较大，并无明显的发展趋势，再加之公司油料套期保值业务的起伏不定，使得中国国航各年净利润水平的变动更加剧烈。

表 5.2　　　　　　　　　　公司业绩水平　　　　　　　　单位：百万元

年份	营业利润	净利润
2006	1 005.90	4 175.78
2007	3 676.28	3 773.85
2008	−1 953.25	−9 260.29
2009	1 004.44	4 978.27
2010	11 046.20	12 454.76
2011	9 926.72	7 897.61

（三）高管薪酬及薪酬粘性

表 5.3 表明了 2006—2011 年中国国航高管薪酬水平及薪酬粘性。表 5.3 的 Panel A 描述了 2006—2011 年国航高管薪酬的平均水平。数据显示，除 2009 年国航高管平均薪酬下降 18.6% 以外，其余年份高管薪酬平均水平均有较大幅度的上涨。平均来看，2006—2011 年，国航高管平均薪酬为 60.60 万元，标准差为 28.94 万元，高管薪酬最高水平达到 125.70 万元，最低水平为 5.80 万元，表明国航高管薪酬水平差距较大。

表 5.3　　　　　　　　　　　高管薪酬及薪酬粘性　　　　　　　单位：万元

Panel A：高管薪酬描述							
年份	样本量	均值	标准差	中位数	最小值	最大值	变动率（均值）
2006	15	44.74	25.66	57.3	5.8	83.0	
2007	16	53.96	26.27	66.15	12.7	82.3	20.6%
2008	13	64.77	20.38	72.1	14.8	82.3	20.0%
2009	17	52.72	31.28	68.6	7.3	100.4	−18.6%
2010	15	70.91	27.54	79.6	30.6	110.2	34.5%
2011	19	74.77	30.49	83.6	23.4	125.7	5.4%
总计	95	60.60	28.94	71.2	5.8	125.7	

Panel B：薪酬粘性描述			
年份	$\dfrac{\Delta ExeComp_t / ExeComp_{t-1}}{\Delta Profit_t / Profit_{t-1}}$	$\dfrac{\Delta ExeComp_t / ExeComp_{t-1}}{\Delta NI_t / NI_{t-1}}$	$\dfrac{\Delta ExeComp_t / ExeComp_{t-1}}{\Delta FvChg_t / FvChg_{t-1}}$
2007	0.078	−0.466	9.430
2008	−0.131	−17.270	−292.915
2009	−0.123	−8.269	−7.301
2010	0.035	4.354	−1.067
2011	−0.537	−6.778	−18.167

1. 高管薪酬与营业利润

表 5.3 的 Panel B 报告了 2006—2011 年国航高管薪酬粘性。数据显示，除 2007 年、2010 年高管薪酬与营业利润同步上升外，其余年份的高管平均薪酬均与营业利润反向变动。对于仅有的高管薪酬与营业利润同向变化的 2007 年、2010 年，薪酬对营业利润的弹性分别为 0.078、0.035，表明在 2007 年和 2010 年，当营业利润上升 1% 时，高管平均薪酬分别上升了 0.078%、0.035%。

2011 年的薪酬对营业利润的弹性达到 -0.537，意味着当营业利润下降 1% 时，高管薪酬却上涨了 0.536%。由此可见，中国国航高管薪酬并未与营业利润这一主要考察经营业绩的财务指标完全挂钩，存在当营业利润下降，高管薪酬依然上升的现象。

2. 高管薪酬与净利润

分析薪酬对净利润的弹性，可以发现，除 2010 年高管薪酬与净利润同步上升外，其余年份的高管薪酬均在净利润下降的情况下依然上涨，出现利润减、薪酬涨的"倒挂"现象。对于仅有的业绩与高管薪酬同向变化的 2010 年，薪酬对净利润的弹性为 4.354，表明当净利润上升 1% 时，高管薪酬增长了 4.354%；而在 2008 年，薪酬对净利润的弹性为 -17.27，表明当净利润下降 1% 时，高管薪酬却上涨了 17.27%。由此可见，中国国航管理层不仅未根据公司当期净利润设定薪酬水平，反而在公司因为航油套保业务蒙受巨大损失的同时提高自身薪酬，管理层并未因金融衍生品投资造成的巨额亏损而受到惩罚，管理层的风险投资行为在一定程度上干扰了薪酬契约的有效执行。

3. 高管薪酬与公允价值变动

在 2006—2011 年期间，除 2007 年高管薪酬与公允价值同向变动外，其余年份高管薪酬与公允价值变动呈现完全相反的变化。2007 年，薪酬对公允价值变动损益的弹性为 9.430，表明当公允价值收益上升 1% 时，高管平均薪酬增长了 9.430%；而在 2008 年，薪酬对公允价值变动损益的弹性为 -292.915，表明当公允价值损失增加 1% 时，高管薪酬却上涨了 292.9%。另外，当 2009 年的公允价值变动损益较 2008 年正向变动时，高管薪酬却较 2008 年出现下降；对于其他年份，公允价值变动损益均较上一期负向变动，但高管平均薪酬水平却依然呈上升趋势。可以看到，高管薪酬在 2006—2011 年期间呈现上涨趋势，并没有受制于金融衍生产品的盈亏而出现大幅度的波动，即不论金融衍生品投资是否成功高管薪酬始终维持在高位水平。同时，高管薪酬与公允价值变动损益的反向变动关系意味着管理层可能并不关心企业在衍生品市场进行套期保值业务时可能蒙受的损失，高管人员决策时对于公司的责任就被降到了最低，薪酬机制对高管行为缺乏基本的约束力。

四、研究设计

（一）主要变量定义

1. 被解释变量：过度投资

借鉴理查德森（Richardson，2006）的模型①，首先估算出企业正常的投资水平，然后用企业实际的投资水平与估算的投资水平之差（即回归残差）代表企业的投资过度程度（残差＞0）和投资不足程度（残差＜0）。企业正常的资本投资水平估计模型如下：

$$INV_t = a + \beta_1 Growth_{t-1} + \beta_2 LEV_{t-1} + \beta_3 Cash_{t-1} + \beta_4 Age_{t-1} + \beta_5 Size_{t-1} + \beta_6 RET_{t-1} + \beta_7 INV_{t-1} + \Sigma Industry + \Sigma Year + \varepsilon \quad (1)$$

模型（1）中相关变量含义说明如下：INV_t表示第 t 年的新增投资支出，等于第 t 年构建固定资产、无形资产和其他长期资产所支付的现金与处置固定资产、无形资产和其他长期资产而收回的现金之差除以年初总资产；$Growth_{t-1}$表示第 t-1 年的成长性，等于营业收入增长率；LEV_{t-1}表示第 t 年年初的财务杠杆，等于期初负债除以期初资产总额；$Cash_{t-1}$表示第 t 年年初货币持有量，等于期初货币资金余额除以期初总资产；Age_{t-1}表示自首次上市（IPO）至第 t-1 年年末为止公司上市的年数；$Size_{t-1}$表示第 t 年年初的总资产的自然对数；RET_{t-1}表示第 t-1 年的股票收益率；模型中还加入行业变量 Industry 和年度变量 Year。

根据模型（1）回归得到的残差大小表示企业的过度投资程度，定义为 OverINV。出于稳健性考虑，我们在研究中将对过度投资变量赋予以下两种不同的定义。

（1）残差的水平值（$OverINV_1$），即以回归估计得到的残差值直接衡量企业过度投资水平的高低（王彦超，2009；张会丽、陆正飞，2012）。

（2）只选择残差大于0的样本组，以残差大小衡量过度投资水平（$OverINV_2$）（辛清泉等，2007；李培功、肖珉，2012）。

2. 解释变量：高管薪酬的粘性程度

我国上市公司高管薪酬存在粘性（方军雄，2009；2011），该粘性产生的原

---

① 该模型被广泛采用，如辛清泉等（2007）、唐雪松等（2010）的研究。

因主要是因为高管薪酬与风险业绩（即公允价值变动损益）之间的粘性关系（步丹璐、张晨宇，2012）。基于此，本篇量化了高管薪酬的粘性程度，即高管薪酬因为业绩上升的增长程度减去因为业绩下降而减少的程度。我们选取2005—2010年高管薪酬和企业业绩数据来计算高管薪酬对业绩的弹性，分别求出每个公司在业绩上涨时的高管薪酬对业绩的弹性，并求得弹性的平均值和业绩下降时高管薪酬对业绩弹性的平均值，最后计算业绩上涨时的平均弹性与下降时的平均弹性的差额，即为粘性程度。根据研究需要，我们只选取粘性程度大于0的数据，由于高管薪酬的粘性特征代表公司对高管行为的重奖轻罚的程度，因而我们认为粘性程度越大，表示管理层的冒险精神越大。

我们以中金岭南（股票代码：000060）为例来详细说明高管薪酬的粘性程度的计算过程，计算过程见表5.4。根据第（1）列高管薪酬数据和第（3）列净利润数据，我们分别求出第（2）列的薪酬变化比和第（4）列的业绩变动比，据此我们求出业绩上涨时高管薪酬对业绩弹性的平均值1.746 1和业绩下降时高管薪酬对业绩弹性的平均值0.123 2，两者之差1.622 9，即为粘性程度。

表5.4　　　　　　　　薪酬粘性计算过程说明表

年度	平均高管薪酬（单位：万元）（1）	同比增减（2）	净利润（单位：百万元）（3）	同比增减（4）	弹性（5）	业绩上升时平均弹性（6）	业绩下降时平均弹性（7）	薪酬粘性（8）
2005	56.38		283.77					
2006	65.29	15.79%	1 138.35	301.15%	0.052 4			
2007	78.62	20.42%	1 214.71	6.71%	3.044 4			
2008	72.17	-8.21%	405.45	-66.62%	0.123 2	1.746 1	0.123 2	1.622 9
2009	149.90	107.71%	519.94	28.24%	3.814 1			
2010	159.00	6.07%	949.99	82.71%	0.073 4			

（二）模型设定

为检验高管薪酬的粘性特征对过度投资的影响，建立模型（2），若薪酬粘性 NX 的回归系数 $\beta_1 > 0$，则假设1成立。为检验国有企业和非国有企业区别，我们进一步将采用模型（2）分样本检验。具体回归模型如下：

$$Over\_INV_t = a + \beta_1 NX_t + \beta_2 ORECTA_t + \beta_3 ADM_t + \beta_4 FCF_t + \beta_5 GDP_t + \beta_6 Localpay_t + \beta_7 Market_t + \Sigma Industry + \Sigma Year + \varepsilon \tag{2}$$

表 5.5   变量定义

变量符号		变量定义
INV$_t$	投资水平	t 年构建固定资产、无形资产和其他长期资产所支付的现金与处置固定资产、无形资产和其他长期资产而收回的现金之差除以年初总资产
Growth$_{t-1}$	成长性	t−1 年销售收入增长率
LEV$_{t-1}$	杠杆水平	t−1 年总负债/总资产
Cash$_{t-1}$	现金持有量	t−1 年货币资金除以总资产
Age$_{t-1}$	上市年限	自首次上市（IPO）至第 t−1 年年末为止公司上市的年数
Size$_{t-1}$	资产规模	t−1 年总资产的自然对数
RET$_{t-1}$	市场回报率	t−1 年年末股票收益率
INV$_{t-1}$	投资水平	t−1 年构建固定资产、无形资产和其他长期资产所支付的现金与处置固定资产、无形资产和其他长期资产而收回的现金之差除以年初总资产
OverINV$_1$	过度投资水平 1	以模型（1）估计得到的残差值直接衡量企业过度投资水平的高低
OverINV$_2$	过度投资水平 2	选择残差大于 0 的样本组，以正的残差大小衡量过度投资水平
NX$_t$	高管薪酬的粘性特征	见"解释变量"说明
ORECTA$_t$	大股东占款比例	t 年其他应收款/总资产
ADM$_t$	管理费用率	t 年管理费用/总资产
FCF$_t$	自由现金流	t 年经营现金流量与总资产的比例
GDP$_t$	地方 GDP 增长率	t 年地方国内生产总值增长率
Localpay$_t$	地方财政支出	t 年地方财政支出额的自然对数
Market$_t$	市场化指数	樊纲 2007 编制的市场化指数

参考已有的研究（Richardson，2006；Ang 等，2000；姜国华、岳衡，2005；辛清泉等，2007；唐雪松等，2010），我们使用大股东占款（ORECTA）、管理费用率（ADM）、自由现金流量（FCF）、地区生产总值增长速度、地方财政支出（Localpay）和市场化指数（Market）作为控制变量。同样地，我们在模型中也加入了行业虚拟变量和年度变量。

（三）样本选择与数据来源

由于我国上市公司的高管个人薪酬在 2005 年开始被要求强制公开，因而本篇选取上市公司 2005—2010 年的高管薪酬数据和公司业绩数据计算高管薪酬的粘性程度，同时剔除金融类上市公司、高管薪酬数据缺失的公司、发生亏损的公司、其他相关数据缺失的公司。我们按照表 5.4 的步骤计算每个公司的高管薪酬粘性，最终得到 917 个高管薪酬的粘性特征数据样本。为了检验高管薪酬粘性特征对高管行为的影响，本篇除了高管薪酬粘性之外的变量均为 2009—2010 年的上市公司数据，即检验了 2005—2010 年的上市公司的高管薪酬机制的粘性特征对 2009—2010 年的上市公司过度投资行为的影响。本篇所有数据均来自中国股票市场研究数据库，回归采用 STATA11.0 统计软件。为减少极端值产生的误差，对主要变量在 1% 和 99% 分别进行缩尾处理。

五、实证结果与分析

（一）描述性统计

表 5.6 是本篇主要变量的描述性统计。从企业投资水平 INV_t 来看，构建固定资产、无形资产和其他长期资产所支付的现金与处置固定资产、无形资产和其他长期资产而收回的现金之差平均为期初总资产的 4.78%（中位数为 3.41%）。当采用第一种衡量过度投资的方法时，过度投资平均值（中位数）为 0.047 8（0.042 2），最大值为 0.313，最小值为 -0.013 1；当采用第二种衡量过度投资的方法时，有 1 723 个样本的残差大于 0，占总样本的 97.51%（1 723/1 767），这说明我国企业普遍存在过度投资现象（潘敏、金岩，2003；贺振华，2006；郭庆旺、贾俊雪，2006；李维安、姜涛，2007；罗琦等，2007；魏明海、柳建华，2007；杨华军、胡奕明，2007；辛清泉等，2007）。

样本中高管薪酬的粘性程度 NX_t 均值为 2.478 5，最小值为 0.001，最大值为 12.647，说明我国上市高管薪酬普遍存在粘性（方军雄，2009；步丹璐、张晨宇，2012），且粘性较大。总负债与总资产的比率 LEV_{t-1} 平均值（中位数）为 51.53%（52.28%），货币资金占总资产的比率 $Cash_{t-1}$ 平均值（中位数）为 15.19%（13.28%），市场回报率 RET_{t-1} 平均值（中位数）为 44.17%（30.56%），资产规模 $Size_{t-1}$ 平均值（中位数）为 21.63（21.56），上市年限

Age$_{t-1}$平均值（中位数）为 10.69（11）。大股东占款比率 ORECTA$_t$平均值（中位数）为 2.03%（1.01%），管理费用率 ADM$_t$平均值（中位数）为 4.41%（3.95%），自由现金流比率 FCF$_t$平均值（中位数）为 5.01%（4.71%），地区生产总值增长率 GDP$_t$平均值（中位数）为 14.38%（14.08%），地方财政支出 Localpay$_t$平均值（中位数）为 26.30（26.33），市场化指数 Market$_t$平均值（中位数）为 9.04（9.45）。

表5.6 描述性统计

变量	样本数	均值	中位数	最大值	最小值	标准差
INV$_t$	1 767	0.047 8	0.034 1	0.166 7	−0.004 1	0.046 7
OverINV$_{1t}$	1 767	0.047 8	0.042 2	0.143 7	−0.013 1	0.031 3
OverINV$_{2t}$	1 723	0.058 9	0.050 1	0.211 6	0.000 1	0.040 5
NX$_t$	917	2.478 5	1.006 0	12.647 0	0.001 0	3.460 8
Growth$_{t-1}$	1 767	0.084 5	0.048 2	0.882 7	−0.372 9	0.295 6
LEV$_{t-1}$	1 767	0.515 3	0.522 8	0.855 6	0.186 1	0.181 8
Cash$_{t-1}$	1 767	0.151 9	0.132 8	0.372 9	0.021 0	0.094 3
RET$_{t-1}$	1 767	0.441 7	0.305 6	3.033 1	−0.698 9	1.133 8
Size$_{t-1}$	1 767	21.634 3	21.564 5	23.611 9	19.837 1	1.053 5
Age$_{t-1}$	1 767	10.693 8	11.000 0	20.000 0	2.000 0	4.249 8
INV$_{t-1}$	1 767	0.051 8	0.036 8	0.180 0	−0.003 2	0.050 4
ORECTA$_t$	1 767	0.020 3	0.010 1	0.133 4	0.001 0	0.027 3
ADM$_t$	1 767	0.044 1	0.039 5	0.114 1	0.009 1	0.026 6
FCF$_t$	1 767	0.050 1	0.047 1	0.191 5	−0.083 0	0.071 2
GDP$_t$	1 767	14.380 0	14.086 6	27.131 3	0.586 6	5.927 0
Localpay$_t$	1 767	26.302 2	26.328 1	27.018 8	24.489 9	0.475 3
Market$_t$	1 767	9.040 9	9.450 0	11.710 0	4.250 0	2.109 1

（二）不同产权公司的薪酬粘性和过度投资差异比较

表 5.7　　　　　　　不同产权公司的薪酬粘性与过度投资差异比较

变量	国有企业		非国有企业		T	P
	样本数	均值	样本数	均值		
$OverINV_{1t}$	1 116	0.049 8	651	0.044 4	−3.505 5***	0.000 5
$OverINV_{2t}$	1 099	0.050 6	624	0.046 5	−2.711 5***	0.006 8
NX_t	1 116	2.539 1	651	2.346 0	−1.131 3	0.258 1

由表 5.7 可知，当过度投资采用第一种定义时，国有企业与非国有企业均值分别为 0.049 8、0.044 4；采用第二种定义时，国有企业与非国有企业均值分别为 0.050 6、0.046 5，国有企业的过度投资程度更大，且通过了 1% 水平检验。国有企业的薪酬粘性为 2.539 1，非国有企业的薪酬粘性为 2.346 0，未能通过显著性检验，说明薪酬粘性在国有企业与非国有企业中均普遍存在。

表 5.8　　　不同层级政府控制公司的薪酬粘性与过度投资差异比较

变量	中央政府控股		地方政府控股		T	P
	样本数	均值	样本数	均值		
$OverINV_{1t}$	324	0.051 3	792	0.049 2	−1.064 3	0.287 4
$OverINV_{2t}$	323	0.051 5	776	0.050 3	−0.612 8	0.540 2
NX_t	324	2.361 0	792	2.974 7	−2.674 8***	0.007 6

由表 5.8 可知，无论投资采用第一种定义还是第二种定义，中央政府控股企业与地方政府控股企业两者投资水平均差别不大。地方政府控股企业的薪酬粘性显著高于中央政府控股企业的薪酬粘性，且通过了 1% 水平检验，说明地方控股企业的粘性程度更大，同时也说明了 2004 年以来国资委的一系列有关央企负责人薪酬的规定起到了较好的作用。[①]

---

① 2004 年，国资委出台了《中央企业负责人经营业绩考核暂行办法》《中央企业负责人薪酬管理暂行办法》以及《中央企业负责人薪酬管理暂行办法实施细则》；2006 年国资委修订了《中央企业负责人经营业绩考核暂行办法》；2007 年和 2008 年国资委又出台了"两项补充规定"。

（三）相关性分析

由表5.9可知，薪酬粘性与企业的过度投资水平存在正相关性，在1%水平上显著正相关，说明高管薪酬粘性越强、企业则倾向于过度投资。控制变量：大股东占款比例、管理费用率与过度投资负相关性，说明大股东占款越多、管理费用越大，企业的过度投资水平越小；自由现金流、生产总值与企业过度投资正相关，企业的自由现金流越多、地方生产总值增长越快，企业的过度投资水平越高。总体来看，其他变量的相关系数不超过0.6，在模型中同时引入这些变量不会引起多重共线。

表5.9   相关性系数矩阵

	$OverINV_{1t}$	$OverINV_{2t}$	NX_t	$ORCTA_t$	ADM_t	FCF_t	GDP_t	$Localpay_t$	$Market_t$
$OverINV_{1t}$	1.000 0								
$OverINV_{2t}$	0.410 4 ***	1.000 0							
NX_t	0.061 8 ***	0.066 1 ***	1.000 0						
$ORCTA_t$	−0.266 1 ***	−0.158 5 ***	−0.025 1	1.000 0					
ADM_t	−0.057 7 **	−0.115 8 ***	−0.017 6	0.068 2 ***	1.000 0				
FCF_t	0.151 0 ***	0.091 7 ***	0.039 8 *	−0.101 5 ***	0.172 8 ***	1.000 0			
GDP_t	0.066 9 ***	0.093 2 ***	0.013 4	0.005 6	−0.020 9	−0.110 5 ***	1.000 0		
$Localpay_t$	−0.025 7	0.031 0	0.000 8	−0.112 3 ***	0.067 7 ***	−0.012 0	−0.002 8	1.000 0	
$Market_t$	−0.142 7	0.028 0	−0.054 5 **	−0.041 7 *	0.056 9 **	0.023 6	−0.229 6 ***	0.613 0 ***	1.000 0

（四）多元回归分析

由表5.10可知，公司当期的投资水平INV_t与其上一期的成长性$GROWTH_{t-1}$、期初现金持有量$Cash_{t-1}$、期初资产规模$Size_{t-1}$、上年股票回报率RET_{t-1}、期初投资水平INV_{t-1}显著正相关，与期初负债率LEV_{t-1}、上市年限Age_{t-1}显著负相关（辛清泉等，2007；唐雪松等，2010）。

为检验高管薪酬的粘性程度对企业过度投资水平的影响，我们采用模型（2）进行回归检验，回归结果见表5.11。由表5.11中的全样本回归结果可知，粘性程度NX与过度投资OverINV呈正相关性，且在1%水平上显著大于0，说明高管薪酬粘性越强、高管的冒险精神越大，企业越可能过度投资，从而验证了本篇的研究假设1。

大股东占款比例ORCTA与企业过度投资OverINV负相关，这可能是因为大股东占款导致了上市公司资金紧张，由此削减了资本投资所致（辛清泉等，2007；唐雪松等，2010）；管理费用ADM与企业过度投资OverINV负相关，可能是管理费用挤占了企业的已有现金，在一定程度上限制了企业的投资行为；

自由现金流 FCF 与企业过度投资 OverINV 正相关，表明企业的自由现金流越多，投资机会越多，企业的过度投资水平越高（Jensen，1986；Richardson，2006）。

表 5.10　　　　　　　　投资水平模型回归结果

变量	系数	T 值	P 值
常数	-0.033***	-3.14	0.002
Growth$_{t-1}$	0.007***	4.46	0.000
LEV$_{t-1}$	-0.015***	-5.27	0.000
Cash$_{t-1}$	0.030***	5.73	0.000
Age$_{t-1}$	0.001***	-3.96	0.000
Size$_{t-1}$	0.003***	5.67	0.000
RET$_{t-1}$	0.002***	2.13	0.034
INV$_{t-1}$	0.507***	49.78	0.000
年度	控制		
行业	控制		
AdjR^2	0.439 8		
F	158.18		
N	6 409		

地区生产总值、地方财政支出 Localpay 与企业过度投资 OverINV 正相关但不显著，说明地区生产总值增长越快、财政支出越多，对当地企业投资越有刺激作用，从而促使企业过度投资越严重；市场化进程指数与过度投资负相关，说明在市场化进程低的地区，受当地政府干预较多，企业越倾向选择过度投资（唐雪松等，2010）。

为检验国有企业与非国有企业的薪酬粘性对企业投资行为的影响，我们采用模型（2）进行了分样本回归。由表 5.11 可知，无论是国有企业（回归系数 = 0.000 4，t 值 = 2.02）还是非国有企业（回归系数 = 0.000 7，t 值 = 2.38），薪酬的粘性程度均显著增加了企业的过度投资水平。国有企业的回归系数小于非国有企业，可见，国有企业的高管薪酬的粘性程度对高管的投资行为的显著增加作用低于非国有企业，支持本篇的假设 2a，说明国资委对中央企业的投资管理办法起到了较好的作用。[①]

表 5.11　　　　　　　　薪酬粘性与企业过度投资行为

变量	全样本		国有企业		非国有企业	
	$OverINV_1$	$OverINV_2$	$OverINV_1$	$OverINV_2$	$OverINV_1$	$OverINV_2$
常数	−0.010 (−0.24)	−0.014 (−0.33)	0.069 (1.32)	0.071 (1.34)	−0.154** (−2.13)	−0.169** (−2.27)
NX_t	0.000 5*** (3.07)	0.000 5*** (2.74)	0.000 4** (2.02)	0.000 4* (1.84)	0.000 7** (2.38)	0.000 7** (2.17)
$ORCTA_t$	−0.163 4*** (−7.13)	−0.164 1* (−6.84)	−0.164 5*** (−5.60)	−0.165 8** (−5.51)	−0.145 0*** (−3.95)	−0.141 8*** (−3.57)
ADM_t	−0.106 0*** (−4.08)	−0.116 3*** (−4.34)	−0.132 2*** (−4.10)	−0.136 3*** (−4.18)	−0.053 6 (−1.23)	−0.072 0 (−1.55)
FCF_t	0.031 5** (3.57)	0.033 6*** (3.67)	0.020 5* (1.83)	0.022 7** (1.98)	0.039 3*** (2.78)	0.041 7** (2.73)
GDP_t	0.000 1 (0.34)	0.000 1 (0.25)	−0.000 01 (−0.04)	−0.000 01 (−0.07)	0.000 2 (0.50)	0.000 1 (0.34)
$Localpay_t$	0.002 5 (1.5)	0.002 7 (1.6)	−0.000 5 (−0.25)	−0.000 1 (−0.26)	0.008 0*** (2.84)	0.009 5** (2.99)
$Market_t$	−0.000 4 (−1.04)	−0.000 5 (−1.13)	−0.000 3 (−0.56)	−0.000 3 (−0.64)	−0.001 1 (−1.63)	−0.001 5 (−1.63)
行业	控制	控制	控制	控制	控制	控制
年度	控制	控制	控制	控制	控制	控制
AdjR2	0.375 7	0.339 9	0.408 0	0.384 9	0.361 0	0.307 2
F	38.95	32.66	29.46	26.45	14.60	11.23
N	1 767	1 723	1 116	1 099	651	624

注：括号内为 t 检验值，***、**和*分别代表在1%、5%和10%的显著性水平上显著。

　　表 5.12 描述了中央政府控股企业与地方政府控股企业的薪酬粘性与企业过度投资行为的回归结果，分样本回归结果显示，中央政府控股企业的高管薪酬的粘性程度与企业的过度投资水平关系较弱，且未能通过显著性检验（回归系数 = 0.000 2，t 值 = 0.48），而地方政府控股企业的薪酬粘性程度与过度投资则显著正相关（回归系数 = 0.000 6，t 值 = 2.11）。可见，相对于中央政府控股公司，地方政府控股企业在自定薪酬的驱使下更可能倾向于过度投资，支持本篇的假设2b。同时也说明了2004年以来国资委的一系列有关央企负责

---

　　① 2006年7月1日开始实施的《中央企业投资监督管理办法》《中央企业投资监督管理暂行办法实施细则》、2007年开始实施的《关于进一步规范中央企业投资管理的通知》中均限制了央企投资的规模，并规定相关部门对央企的投资进行严格的管理和监督。

人薪酬的规定①和有关投资规模的规定②起到了较好的作用。

表5.12　　　　不同层级政府控制下的薪酬粘性对过度投资的影响

变量	中央政府控股		地方政府控股	
	$OveINV_1$	$OverINV_2$	$OverINV_1$	$OverINV_2$
常数	0.225 7*** (2.64)	0.226 2*** (2.64)	0.037 5 (0.57)	0.040 1 (0.60)
NX_t	0.000 2 (0.48)	0.000 2 (0.46)	0.000 6** (2.11)	0.000 5 * (1.92)
$ORCTA_t$	−0.130 8** (−2.18)	−0.127 7** (−2.12)	−0.149 9*** (−4.35)	−0.151 5*** (−4.24)
ADM_t	−0.198 7*** (−3.27)	−0.192 3*** (−3.11)	−0.107 6*** (−2.73)	−0.114 9*** (−2.89)
FCF_t	0.014 5 (0.69)	0.012 8 (0.60)	0.026 5** (2.02)	0.029 7** (2.19)
GDP_t	−0.000 3 (−0.59)	−0.000 3 (−0.57)	0.000 1 (0.28)	0.000 1 (0.22)
$Localpay_t$	−0.007 3** (−2.15)	−0.007 3** (−2.16)	0.000 8 (0.32)	0.000 8 (0.30)
$Market_t$	0.002 1** (2.09)	0.002 0** (2.07)	−0.000 8 (−1.20)	−0.000 8 (−1.26)
行业	控制	控制	控制	控制
年度	控制	控制	控制	控制
$AdjR^2$	0.461 1	0.456 3	0.414 3	0.383 6
F	11.23	11.01	21.72	18.86
N	324	323	792	776

注：括号内为 t 检验值，***、** 和 * 分别代表在1%、5%和10%的显著性水平上显著。

---

① 2004年国资委出台了《中央企业负责人经营业绩考核暂行办法》《中央企业负责人薪酬管理暂行办法》以及《中央企业负责人薪酬管理暂行办法实施细则》；2006年国资委修订了《中央企业负责人经营业绩考核暂行办法》；2007年和2008年国资委又出台了"两项补充规定"。

② 2006年国资委出台了《中央企业投资监督管理暂行办法》和《中央企业投资监督管理暂行办法实施细则》，2007年国资委出台了《关于进一步规范中央企业投资管理的通知》，可见国资委对国有企业的投资行为在逐步建立规范的监督体系。如2006年的《投资管理实施细则》中规定："在企业投资中，非主业投资占总投资的比重是否超出合理范围，影响主业的发展（一般控制在10%以下）"；"企业投资中，自有资金占总投资的比重是否处于合理范围内（一般为30%以上）"等规定都对国有企业的投资规模有一定的限制作用。

六、研究结论

为了检验高管薪酬机制本身的特点对高管行为的影响，本篇对高管薪酬与公司业绩的粘性程度进行量化，并研究高管薪酬的粘性程度是否会增加高管的冒险精神，从而导致上市公司的过度投资行为。基于高管个人薪酬公开的制度背景，本篇以上市公司 2005—2010 年的高管薪酬和公司业绩数据分别计算高管薪酬在业绩上升和下降时的敏感度，并以其差额求出高管薪酬的粘性程度，即高管薪酬随公司业绩上升的幅度大于高管薪酬随公司业绩下降的幅度的程度。对于企业过度投资行为的研究，我们选择 2009—2010 年的上市公司数据，借鉴理查德森（Richardson，2006）的过度投资估计模型，估算了我国上市公司在 2009—2010 年的过度投资水平，并回归检验了高管薪酬的粘性程度与企业过度投资之间的关系。

研究发现，高管薪酬的粘性程度越大，企业的过度投资水平越高，说明高管薪酬粘性越强、重奖轻罚的程度越严重，高管的冒险精神越大，从而企业越可能过度投资。区分产权性质后，我们进一步发现，高管薪酬机制中存在的粘性程度，无论是国有企业还是非国有企业，均显著增加了企业的过度投资水平。而国有企业的薪酬粘性的回归系数小于非国有企业的薪酬粘性的回归系数，可见，国有企业的薪酬粘性对高管的投资行为的增加作用低于非国有企业。另外，相对于中央政府控股公司，地方政府控股企业在自定薪酬的驱使下更可能倾向于过度投资。这些说明了 2004 年以来国资委的一系列有关央企负责人薪酬的规定，如 2004 年的《中央企业负责人经营业绩考核暂行办法》《中央企业负责人薪酬管理暂行办法》《中央企业负责人薪酬管理暂行办法实施细则》、2006 年的《中央企业负责人经营业绩考核暂行办法》、2007 年和 2008 年国资委出台的"两项补充规定"，以及有关投资规模的规定，如 2006 年的《中央企业投资监督管理暂行办法》和《中央企业投资监督管理暂行办法实施细则》、2007 年的《关于进一步规范中央企业投资管理的通知》等规定都起到了较好的作用。

本篇首次将高管薪酬机制的特点（即高管薪酬与公司业绩的粘性特征）进行量化，并检验高管薪酬的粘性特征对上市公司过度投资行为的影响。我们的研究从高管薪酬机制本身的特点分析了上市公司过度投资行为的直接原因，以期为高管薪酬机制的设计提供一定的理论依据和经验证据。

第六篇　政府补助的获得对高管薪酬契约的影响分析

一、引言

在过去的 30 年，中国的基尼系数从改革开放前的 0.16 上升到 1982 年的 0.28 再上升到了 2002 年的 0.45，进而上升到 2010 年的 0.5 以上。[①] 中国社会的贫富差距已经突破了合理的限度。[②] 2004 年以来，我国对收入分配的指导思想从"效率优先、兼顾公平"转变为"注重社会公平"，对收入差距的态度也是从"鼓励先富"转变为"共同富裕"、"扭转收入差距"（步丹璐，2012）。我国是一个政府推动的从高度集中的计划经济向市场经济转型的国家，政府在社会主义经济发展中扮演着极其重要的角色。政府工作报告明确提出改革收入分配制度要抓紧制定调整国民收入分配格局的政策措施，逐步提高居民收入在国民收入分配中的比重，提高劳动报酬在初次分配中的比重。加大财政、税收在收入的初次分配和再分配中的调节作用。[③]

政府补助是政府财政支出的重要组成部分，是一种重要的宏观财政政策工具。从国民经济的角度来说，政府补助影响了国家资源的分配、收入的分配、支出的效率以及经济结构。政府补助的目的在于通过财富的再分配来促进社会公平，政府补助对于落后地区经济竞争力的提升和薄弱行业如农业的加强应有其积极的作用，和谐社会的构建也要求政府对于某些薄弱的行业或是新兴的行

---

　① http：//data.worldback.org.cn/indicator.

　② 按照联合国规定：基尼系数低于 0.2，收入绝对平均；0.2～0.3，收入比较平均；0.3～0.4，收入相对合理；0.4～0.5，收入差距较大；0.5 以上，收入差距悬殊。通常认为 0.382 是收入分配差距的"警戒线"。发达国家的基尼系数一般在 0.24～0.36。

　③ 2010 年政府工作报告。

业进行补助和扶持，达到促进就业，实现社会稳定，行业、地区之间的平衡和协调发展。

那财政手段是否有效地调节了社会初级分配中的不公平，实现了通过财富的再分配来促进了社会公平，以实现"共同富裕"、"尽快和迅速扭转收入差距"呢？本篇以2007—2010年中国上市公司为研究样本，分析了政府补助对于上市公司的薪酬差距的影响，并检验了作为社会再分配的政府补助和社会初级分配的员工薪酬对企业业绩的交互影响。我们发现，上市公司获得的政府补助会对其薪酬差距产生显著的正向影响，即政府补助会显著增加高管薪酬，并显著扩大上市公司高管与普通员工之间的薪酬差距；政府补助对薪酬差距的影响，在国有企业中比在民营企业中表现得更为突出。国有企业的政府补助显著提高了高管薪酬和员工薪酬，但高管薪酬增加的幅度显著高于普通员工薪酬增加的幅度，从而使国有企业的薪酬差距进一步扩大。该现象在地方政府控股的国有企业中最为突出，即地方政府控股的国有企业获得的政府补助更大程度地加大了薪酬差距。我们的研究发现，作为社会再分配的政府补助不但没有在社会再分配中起到对初级分配的调节作用，反而在一定程度上加大了初级分配的不公平。本篇用上市公司的微观数据反映社会层面的收入分配和宏观调控的作用，以更细致的数据得到更为准确的结论。

二、制度背景与研究假设

（一）理论分析

凯恩斯宏观调控理论认为自由放任的资本主义市场并非可以完全的进行自身调节，市场这只"看不见的手"并非是万能的，其调节能力是有限的。凯恩斯主张实行国家干预，即通过财政政策与货币政策来调节经济。货币政策主要是通过中央银行收缩与放松银根来调控；财政政策主要是采取增减税收和政府干预的政策来刺激消费，提高有效需求，达到国家干预经济生活的目的。庇古认为，尽管在完全的市场竞争之下社会资源可以实现最优配置，但是由于某种原因，却不能达到社会福利的最大化，故政府应当干预市场决定收入分配的过程。

马克思主义思想下的社会主义国家的价值核心就是追求人类社会的平等、公正和公平。一般而言，市场具有促进生产力发展和经济效率提高的功能，但它并不会自然实现社会分配结构的均衡和公正，因而需要政府从整个社会的稳定、协调发展的高度，运用政府权力制定一系列的保护市场经济"失败者"的基本生存和发展的法律和政策，如制定社会保障政策、财政税收政策、保险政策、社会福利政策，对国民收入进行再分配，调节收入分配，防止贫富两极分化，从而实现"共同富裕"。这正是政府作为凌驾于社会之上的公共权力所应当承担的社会公正的职能，是政府存在并获得支持的道德理由。

政府的宏观调控应能弥补市场缺陷带来的不均衡的结果。政府补助是政府财政支出的重要组成部分，是一种重要的宏观财政政策工具。从国民经济的角度来说，政府补助影响了国家资源的分配、收入的分配、支出的效率以及经济结构。政府补助的目的在于通过财富的再分配来促进社会公平，政府补助对于落后地区经济竞争力的提升和薄弱行业如农业的加强应有其积极的作用，和谐社会的构建也要求政府对于某些薄弱的行业或是新兴的行业进行补助和扶持，达到促进就业，实现社会稳定，行业、地区之间的平衡和协调发展。我国政府工作报告中，也明确提到要加大财政、税收在收入初次分配和再分配中的调节作用。

可见，政府补助作为社会资源再分配的宏观政策手段，应对市场经济作用下的初级分配结果起到宏观的调节作用，即通过社会再分配对社会资源进行优化配置，并改善市场体制作用下产生的社会不公平，尽快扭转收入差距，实现共同富裕。从而，发挥市场经济下政府的职能和宏观调控的作用。基于此，我们提出本篇的原假设：

假设 1：政府补助作为宏观调控的财政手段，属于社会分配中的再分配，应对市场经济产生的社会初级分配下的社会不公平起到宏观调控作用，降低社会不公平，即政府补助与公司薪酬差距不应存在显著的正相关关系。

（二）国有企业高管薪酬的制度背景分析

国有企业的高管薪酬主要由国有股权的主管部门负责制定薪酬契约。2004年，国资委出台了《中央企业负责人经营业绩考核暂行办法》，提出企业负责人薪酬管理应遵循的第一个原则为"坚持激励与约束相统一，薪酬与风险、责任相一致，与经营业绩挂钩"，并提出"企业负责人薪酬由基薪、绩效薪金和中长期激励单元三部分构成"，国资委于同年出台的《中央企业负责人薪酬管理暂行办法实施细则》中具体规定了企业法定代表人的本年度基薪是在上年度全国国有企业职工平均工资水平的 5 倍的基础上，考虑公司的规模（如总资产、主营业务收入、净资产和利润总额），并考虑地区工资情况、行业工资情况以及企业工资的情况。可见，基薪的确定与政府补助相关，因为政府补助会增加公司的总资产和净资产。

《中央企业负责人经营业绩考核暂行办法》中规定："绩效薪金与经营业绩考核结果挂钩，以基薪为基数，根据企业负责人的年度经营业绩考核级别及考核分数确定"；"年度考核的基本指标包括年度利润总额和净资产收益率指标"；"任期经营业绩考核的基本指标包括国有资产保值增值率和三年主营业务收入平均增长率"。可见，政府补助被包括在年度考核的净资产收益指标中，由于政府补助被计入"营业外收入"的同时，增加了公司的净资产，因而，也被包括在国有资产保值增值率指标中。①

2006年国资委修订后的《中央企业负责人经营业绩考核暂行办法》虽然"鼓励企业使用经济增加值指标进行年度经营业绩考核"，但是仍保留了年度考核的基本指标：年度利润总额和净资产收益率指标以及任期经营业绩考核的基本指标，即国有资产保值增值率和三年主营业务收入平均增长率，可见政府补助会计入相关考核指标，增加企业负责人的薪酬。

2007年出台的《中央企业负责人任期经营业绩考核补充规定》和2008年出台的《中央企业负责人年度经营业绩考核补充规定》（以下简称"两项补充规定"）中提到："企业取得非经常性收益影响利润总额指标完成在15%以上，未在核定考核目标值时剔除计算的，在计算考核结果时，对影响超出15%部分减半计算。"由此可见，企业有自己的权力决定是否把"非经常性损益"计入考核指标，即使影响利润总额超过15%，其超出部分也可以减半计算在企业负责人的薪酬里。这也说明了政府补助会增加高管薪酬。

直到2010年，国资委再次修订的《中央企业负责人经营业绩考核暂行办法》用经济附加值指标替代了原来的净资产收益率指标，并明确规范了经济附加值的计算公式为"净利润＋（利息支出＋研究开发费用调整项－非经常性收益调整项×50%）×（1－25%）－调整后资本×平均资本成本率"，可见在用经济附加值考核企业负责人经营业绩时，非经常性损益②虽然只被赋予了50%的权重，但仍被考虑在内，因而，政府补助会包括在高管薪酬的计算公式中，从而增加高管薪酬。

---

① 虽然《中央企业负责人经营业绩考核暂行办法》中提到国有资产保值增值率为"考核期末扣除客观因素后的所有者权益"，但只说明"客观因素"由国资委根据国家有关规定具体审核确定，并未说明是否扣减政府补助因素。

② 非经常性收益调整项包括变卖主业优质资产收益、主业优质资产以外的非流动资产转让收益、其他非经常性收益，其中，其他非经常性收益即为与主业发展无关的资产置换收益、与经常活动无关的补贴收入等。

《企业会计准则第 16 号——政府补助》(以下简称《政府补助准则》) 中对政府补助要求采用收益法中的总额法,并计入"营业外收入"科目。根据我国的中央企业负责人的薪酬考核的相关规定,我们认为政府补助被包括在高管薪酬的计算公式中。基于对国有企业高管薪酬激励机制的分析,我们认为政府补助会增加国有企业的高管薪酬,从而加大国有企业的内部薪酬差距。因而我们对国有企业提出备择假设如下:

假设 1a:在国有企业中,政府补助与薪酬差距存在显著正相关关系。

(三) 民营企业与政府补助

只有在政府和微观经济主体有清晰财产界限的条件下,政府出于某些目的,认为有必要干预微观经济主体去追求某些经济利益的活动时,才会产生补贴行为 (王凤翔、陈柳钦,2006)。然而,由于目前国有企业与政府的界限还不十分明确,政府给予国有企业的补助显著较高 (刘浩,2002;步丹璐、郁智,2012)。可见,相较于国有企业,政府补助给予民营企业时更理性,动机更明确,如增加大量的就业机会 (Wren、Waterson,1991;杜兴强等,2009)。而且大量研究发现,有政治联系的民营企业更容易得到政府补助 (陈冬华,2003;潘越等,2009;吴文锋等,2009;余明桂等,2010),而获得政府补助的民营企业面临更多的政治干预 (Shleilfer、Vishny,1998) 以及社会责任 (林毅夫、李志赟,2004;唐清泉、罗党论,2007),因而政府干预下的政策性负担会控制政府补助的流向。

政府补助是政府直接或间接向微观经济活动主体企业和个人提供的一种无偿的转移,属于转移支付范畴,因而这样的补助是有条件的 (Wanner,2002),特别是针对民营企业。因而,我们认为民营企业在获得政府补助后更倾向于完成政府干预下的相关职责,而不会增加职工工资,从而并不会影响薪酬差距。基于以上分析,我们认为本篇的原假设应符合民营企业获得的政府补助,假设如下:

假设 1b:在民营企业中,政府补助与薪酬差距不存在显著的相关关系。

(四) 政府补助的经济后果

政府决定给予企业补助有很多方面的原因,从经济的角度来说,政府补助的主要目的是为了对资源进行再分配已达到期望的结果,如支持行业发展 (Ford、Suyker,1990;Robert、Wim,1990;Gerd、Benedict,1999);而从政治的角度来说,主要是为了达到某种政治目标,如增加就业 (Wren、Waterson,

1991；王凤翔、陈柳钦，2005；Eckaus，2006）、刺激企业研发活动（Almus、Czarnitz，2003）、融资、保壳和扭亏（陈晓、李静，2001；Chen 等，2003；周勤业、周长青，2005；Chen 等，2008；朱松、陈运森，2009）。此外，在中国，政府补助还受到国有股比例（刘浩，2002；杨瑾淑、罗炜阳，2006；步丹璐、郁智，2012）以及政治关联的显著影响（Agrawal、Knoeber，2001；陈冬华，2003；Faccio，2006；胡旭阳，2006；杨瑾淑，2008；潘越等，2009）。

接受政府补助的公司通过政府补助完成了政府的部分职能，而由于政治动机的存在，以及国有股和政治关联因素的影响，政府补助却没有增加企业的经济效益（Beason、Weinstein，1996；Lee，1996；Dever，2008）。

在国有企业中，政府补助更多因为国有股权比例高或者政治关联度高而获得，因而，政府补助的经济效益的目的并不是政府补助的主要目的，而政治目的又很难在短期内通过量化的会计指标衡量，因而，国有企业获得政府补助后并没有增加企业经济效益的直接动机。

基于国有企业高管薪酬机制的分析，国有企业获得的政府补助被计入了考核国有企业高管业绩的计算公式中，因而政府补助的获得成为高管获得奖励的原因，即政府补助被更多地转移到企业管理层，用于支付高管薪酬，从而导致企业内部薪酬差距进一步扩大。

这样，国有企业获得的政府补助可用于改善企业业绩的部分就变少了。另外，获得政府补助的政绩同时使管理层面临的经营压力相对变小，从而也不利于激发国有企业管理层通过努力来改善企业业绩。

同时，由于政府补助带来的进一步扩大的薪酬差距可能会超过企业员工的承受力，进而成为过度的薪酬差距而对企业业绩产生不利影响。因此，我们提出假设 2 如下：

假设 2：政府补助增加薪酬差距的程度越大，政府补助对企业业绩的正面影响更小。

三、研究设计

（一）模型和变量设计

本篇以在我国沪深两市上市的 A 股上市公司为研究样本，分析企业获得的政府补助对企业薪酬差距的影响，同时考虑影响高管和员工薪酬的因素（陆正飞等，2012），为了检验假设 1，本篇设计了模型（1），并分别以薪酬差距、高管薪酬和员工薪酬为被解释变量，以期分别检验政府补助对高管薪酬、员工薪酬以及薪酬差距的影响。

$$GAP（EXEPAY，EMPWAGE）= \alpha + \beta_1 SUBSIDY + \beta_2 CONTROL + \delta \qquad (1)$$

如果模型（1）中的系数 β_1 不显著，那说明符合本篇的原假设，即政府补助与公司的员工薪酬以及薪酬差距无显著相关关系。如果模型（1）中的系数 β_1 显著为正，那说明符合本篇的备择假设，即政府补助会显著增加高管薪酬，从而显著增加公司的薪酬差距。

为了检验假设 2，我们设计了以下模型，以检验政府补助如果增加薪酬差距的程度越高，对企业业绩的正面效用是否更低。

$$ROA = \alpha + V_1 SUBSIDY + V_2 GAP + V_3 CONTROL + \delta \qquad (2)$$

$$ROA = \alpha + \gamma_1 GAP + \gamma_2 GAP \times SUBSIDY + \gamma_3 CONTROL + \delta \qquad (3)$$

薪酬差距 GAP 为被解释变量，即高管的平均薪酬与普通员工的平均薪酬的比值；为了更好的说明政府补助影响薪酬差距的原因，我们还进一步把高管薪酬 EXEPAY 和普通员工薪酬 EMPWAGE 作为被解释变量。高管薪酬为高管薪酬总额除以高管人数得到的高管平均薪酬，本篇中的高管包括董事、监事和高级管理人员。普通员工薪酬为公司普通员工的薪酬总额（我们采用现金流量表中"支付给职工以及为职工支付的现金"减去高管薪酬总额）除以普通员工人数（扣减了高管人数）的比值。

政府补助 SUBSIDY 为本篇的解释变量，政府补助变量来源于中国股票市场研究数据库中的营业外收入项目，并根据披露的有关补贴项目明细情况进行手工筛选。具体包括上市公司年报中披露的财政拨款、财政贴息、政府奖励、税收返还和税收减免项目。[①] 本篇以政府补助的自然对数作为解释变量。

参照陆正飞等（2012）的研究模型，本篇的控制变量包括企业规模 SIZE，即总资产的自然对数；企业业绩 ROA，即不考虑政府补助的资产收益率；资本结构 LEV，即期末总负债与期末总资产的比率；高管持股数 MSHR，即高管持股数的自然对数；第一大股东持股比例 SHR；产权性质 SOE 为虚拟变量，即企业实际控制人的性质，SOE 取 1 时，表示"国有企业"，包括：如果实际控制人性质为国务院等中央政府机关时的"中央政府控股国有企业"、当实际控制人性质是地区级政府等地方政府机关时的"地方政府控股国有企业"和当实际控制人性质是国有企业等非政府国有单位时的"非政府控股国有企

---

① 按照政府补助准则规定，政府补助的形式主要有财政拨款、财政贴息、税收返还和无偿划拨非货币性资产等。

业";SOE 取 0 时，表示"民营企业"，当实际控制人性质是自然人、民营企业等时，该变量即取 0；本篇不包括实际控制人性质为事业单位以及同时存在多个不同性质实际控制人的样本。另外，我们还控制了年度变量和行业变量。

（二）研究样本和数据来源

本篇以 2007—2010 年在我国沪深两市上市的所有 A 股公司为研究样本，以检验上市公司所获得的政府补助对公司当年高管平均薪酬、员工平均薪酬及其之间的差距的影响。剔除所需数据缺失的样本，我们最后得到 2 944 个有效样本。为消除极端值和统计误差的影响，本篇对虚拟变量以外的其他样本变量都在 1%和 99%的水平上进行了缩尾处理。本篇所需的各变量数据和其他相关数据均来源于中国股票市场研究数据库。

（三）描述性统计

主要变量描述性统计结果见表 6.1。样本期间上市公司高管薪酬平均是员工薪酬的 8.7 倍，最大为 19 倍，标准差为 5.3，表明我国上市公司高管和普通员工之间存在较大的薪酬差距。样本期间高管薪酬平均值（中位数）为 46.85（40.21）万元，员工薪酬平均值（中位数）为 6.374（5.042）万元。样本期间上市公司获得的政府补助均值为 658 万元（其自然对数为 15.7）。企业规模的平均值（中位数）为 21.59（21.47）；资本结构的平均值（中位数）为 45.59%（47.14%）；剔除政府补助的 ROA 平均值（中位数）为 4.255%（3.999%），高管持股数的自然对数平均值（中位数）为 12.65（11.78）；第一大股东的持股比例平均值（中位数）为 33.49%（32.23%）；产权性质 SOE 的平均值为 0.510 5，说明我们的样本中有 51.05%属于国有企业。

表 6.1   主要变量描述性统计

	N	Min	Max	P50	Mean	SD
薪酬差距 GAP	2 944	2.482	18.95	7.263	8.716	5.333
高管薪酬 EXEPAY	2 944	16	98.21	40.21	46.85	26.34
员工薪酬 EMPWAGE	2 944	2.559	14.12	5.042	6.374	3.722
政府补助 SUBSIDY	2 944	13.56	17.75	15.74	15.7	1.305
企业规模 SIZE	2 944	20.29	23.2	21.47	21.59	0.941
资本结构 LEV（%）	2 944	14.6	72.03	47.14	45.59	18.76
不考虑政府补助的企业业绩 ROA（%）	2 944	−0.44	10.04	3.999	4.255	3.3

表6.1(续)

	N	Min	Max	P50	Mean	SD
高管持股数 MSHR	2 944	8.517	17.49	11.78	12.65	3.173
第一大股东持股比例 SHR（%）	2 944	16.41	52.86	32.23	33.49	12.08
产权性质 SOE	2 944	0	1	1	0.510 5	0.50

表 6.2 列示了不同产权性质公司的主要变量的描述性统计和分组检验结果。数据显示，虽然民营企业平均的薪酬差距（9.5 倍）高于国有企业（8 倍），但民营企业的高管平均薪酬和员工平均薪酬却均低于国有企业。在样本期间，民营企业高管平均薪酬为 45 万元，低于国有企业高管平均薪酬（48 万元）。在三类国有企业中，中央政府控股国有企业高管薪酬均值最高，达 51 万元。从员工平均薪酬来看，民营企业员工平均薪酬（5 万元）也低于国有企业普通员工薪酬均值（7 万元）。

相比非国有企业，国有企业更注重社会和政治目标（林毅夫、李志赟，2004），而对经济效益关注不足（姚洋、章奇，2001），同时由于所有者缺位，国有企业很容易形成内部人控制，内部控制人可能将企业剩余收益据为己有，也更可能以支付高工资的方式与职工结成联盟。另外，国有企业具有更好的外部环境，获得了更多经济资源和政策优惠，更有能力支付高工资；而非国有企业的生存和发展空间被挤压，更可能出现利润侵蚀工资的状况（钱颖一，1999；陆正飞等，2012）。

表 6.2　　　　按照股权性质的均值描述性统计和分组检验

变量	均值描述性统计					分组检验（Mean 检验）		
	民营企业	国有企业	中央政府控股	地方政府控股	非政府控股	民营 vs 国有企业	中央 vs 地方政府控股	政府控股 vs 非政府控股
N	1 441	1 503	295	894	314			
薪酬差距 GAP	9.551	7.915	7.938	8.13	7.283	8.416 4***	−0.550 5	2.426 8***
政府补助 SUBSIDY	15.54	15.85	15.94	15.78	15.98	−6.626 4***	1.633 0 *	−1.815 7**
高管薪酬 EXEPAY	45.31	48.34	51.08	47.29	48.74	−3.120 2***	2.150 7**	−0.305 8
员工薪酬 EMPWAGE	5.466	7.245	7.488	6.953	7.846	−13.342 1***	2.063 6**	−3.067 2***

注：* 表示在 10% 水平显著；** 表示在 5% 水平显著；*** 表示在 1% 水平显著（下同）。

在样本期间民营企业平均获得的政府补助为 561 万元，明显低于中央政府控股（837 万元）、地方政府控股（713 万元）和非政府控股国有企业（871 万元）。上述情况在差异性检验的均值检验中也得到了证实。由此可见，国有企业在获得较多的政府补助的同时，职工薪酬也相对更高。

（四）相关性分析

表 6.3 反映了主要考察变量间的相关系数。数据显示，政府补助 SUBSIDY 与薪酬差距 GAP 之间的系数显著为正，表明政府补助可能对企业薪酬差距有一定的增量影响。同时，政府补助 SUBSIDY 与高管薪酬 EXEPAY 之间的相关系数为 0.238 2，明显高于政府补助 SUBSIDY 与普通员工薪酬 EMPWAGE 之间的相关系数（0.123 3）。这说明获得政府补助的企业可能会支付了更高的高管薪酬，进而导致企业内部高管与普通员工之间的薪酬差距扩大。

表 6.3   主要考察变量相关系数表

变量	EXEPAY	EMPWAGE	GAP	SUBSIDY	SOE	ROA	SIZE	LEV	MSHR	SHR
EXEPAY	1									
EMPWAGE	0.321 9 ***	1								
GAP	0.562 5 ***	-0.469 7 ***	1							
SUBSIDY	0.238 2 ***	0.123 3 ***	0.097 6 ***	1						
SOE	0.057 4 ***	0.238 9 ***	-0.153 3 ***	0.121 3 ***	1					
ROA	0.293 1 ***	0.018 2	0.216 3 ***	-0.042 2 **	-0.244 4 ***	1				
SIZE	0.385 8 ***	0.292 5 ***	0.109 0 ***	0.420 0 ***	0.399 1 ***	-0.041 5 **	1			
LEV	0.035 0 *	0.136 6 ***	-0.044 8 **	0.136 1 ***	0.340 9 ***	-0.457 7 ***	0.470 9 ***	1		
MSHR	0.071 8 ***	-0.122 5 ***	0.141 4 ***	0.013 4	-0.569 6 ***	0.314 1 ***	-0.307 3 ***	-0.424 8 ***	1	
SHR	0.031 4 *	0.097 7 ***	-0.060 8 ***	0.045 5 **	0.130 6 ***	0.088 0 ***	0.168 9 ***	0.005 80	-0.072 8 ***	1

四、实证结果与分析

（一）总样本分析

表 6.4 是政府补助对薪酬差距影响的回归分析。在控制了影响公司职工薪酬的企业经营状况和治理结构特征（陆正飞等，2012）后，政府补助仍显著增加了高管薪酬（系数为 1.670，t 值为 4.59）和薪酬差距（系数为 0.177，t 值为 2.14）。然而，政府补助对普通员工薪酬并没有显著影响（回归系数为 0.084 8，t 值为 1.54），可见，上市公司在获得政府补助时，高管薪酬的增长幅度显著高于普通员工薪酬的增长幅度，从而导致了薪酬差距的扩大。该假设拒绝了本篇的原假设 1，而支持了本篇的备择假设 1a，即作为社会再分配的政府补助不但没有在社会再分配中通过财富的再分配来调节社会初级分配中的不公平，反而加剧了社会初级分配中的不公平。

表 6.4   政府补助对薪酬差距的影响

变量	薪酬差距 （1）	高管薪酬 （2）	员工薪酬 （3）
SUBSIDY	0.177**	1.670***	0.084 8
	(2.14)	(4.59)	(1.54)
SOE	-1.390***	2.258**	1.119***
	(-5.77)	(2.13)	(6.99)
SIZE	1.067***	10.35***	0.723***
	(7.60)	(16.75)	(7.75)
ROA	0.314***	2.324***	0.064 6***
	(9.22)	(15.50)	(2.85)
LEV	0.015 0**	0.045 9	-0.001 26
	(2.16)	(1.50)	(-0.27)
MSHR	0.133***	0.784***	-0.021 6
	(3.41)	(4.58)	(-0.84)
SHR	-0.038 0***	-0.111***	0.013 2**
	(-4.79)	(-3.17)	(2.51)
_cons	-19.50***	-236.9***	-13.09***
	(-7.32)	(-20.21)	(-7.39)
IND YEAR	Control		
F	15.33***	43.76***	26.65***
P	0.000 0	0.000 0	0.000 0
A-R^2	0.131 2	0.310 5	0.212 7
N	2 944	2 944	2 944

注：* 表示在10%水平显著；** 表示在5%水平显著；*** 表示在1%水平显著。

公司规模（SIZE）对公司薪酬以及薪酬差距的影响都是显著的正相关关系，即规模越大的公司，由于组织结构和认识体系的复杂，会支付更多的高管薪酬（李增泉，2000；魏刚，2000；谌新民、刘善敏，2003；苏方国，2011），同时导致较大的薪酬差距（张正堂，2007）。财务杠杆（LEV）与高管薪酬显著正相关，即公司财务风险越高，越倾向于支付更多的高管薪酬，但与员工薪酬和薪酬差距并不存在显著的关系。可见财务风险更多由高管承担，同时也在高管薪酬中通过风险报酬的部分补偿（王志强等，2011）。公司业绩（ROA）与高管薪酬、员工薪酬以及薪酬差距为正相关关系，可见我国上市公司目前在高管薪酬①和员工薪酬②上都实现了业绩与薪酬挂钩的要求（吴淑琨，2002；刘斌等，2003；张俊瑞等，2003；魏明海等，2004；杜胜利、翟艳玲，2005；方军雄，2009；步丹璐等，2012），而由于级别越高的员工工资与薪酬越敏感（Banker等，2013），因而，高管薪酬比员工薪酬上升的幅度更快，薪酬差距也更高（刘春、孙亮，2010；方军雄，2011）。

高管持股比例（MSHR）显著增加了高管薪酬（张俊瑞等，2003；吴育辉、吴世农，2010）和薪酬差距，却显著降低了员工薪酬。第一大股东的持股比例（SHR）显著降低了高管薪酬（黄志忠、郗群，2009；吴育辉、吴世农，2010）和薪酬差距，显著增加了员工薪酬，可见，相对集中的股权结构下，大股东同中小股东相比，信息不对称程度较小，"搭便车"状况也不严重，因此有足够的能力和动力对高管人员实施监控，从而倾向于直接监控管理者的决策和行动方案，而不愿意选择较大薪酬差距以避免由此带来的不公平（林浚清等，2003；谌新民、刘善敏，2003；傅强、李雯雯，2012）。

（二）不同产权性质的上市公司政府补助对薪酬差距的影响分析

表6.5反映了政府补助对不同产权性质上市公司的薪酬差距的影响结果。表6.5第（4）列显示，在国有企业中，政府补助对薪酬差距有显著的增量影响（回归系数＝0.240，t值＝2.23），支持本篇根据国有企业的制度背景提出的备择假设1a。而表6.5第（1）列显示，在民营企业中，政府补助对薪酬差距并没有显著影响（回归系数＝0.0317，t值＝0.24），该结果支持本篇针对民营企业提出的假设1b。

具体来看，表6.5第（5）列显示，国有企业中，政府补助对高管薪酬的回归系数显著为正（回归系数＝1.349，t值＝2.90），即国有企业在获得较多的政府补助时也支付了更高的高管薪酬。而表6.5第（6）列显示，国有企业中，政府补助对普通员工薪酬的回归系数为负（回归系数＝0.0425，t值＝

① 国资委2004年公布的《中央企业负责人薪酬管理暂行办法》《中央企业负责人薪酬管理暂行办法实施细则》《中央企业负责人经营业绩考核暂行办法》、2006年修订的《中央企业负责人经营业绩考核暂行办法》、2007年出台的《中央企业负责人任期经营业绩考核补充规定》、2008年出台的《中央企业负责人年度经营业绩考核补充规定》以及2010年修订的《中央企业负责人经营业绩考核暂行办法》的规定中，都明确要求薪酬与业绩挂钩。

② 1993—2004年，在工资方面，国家强调建立"市场机制决定、企业自主分配、政府监督调控"的工资制度，在继续实行"工效挂钩"制度的同时，有条件放开工资总量管理；2004年以来，继续扩大"工效挂钩"制度的实施面，积极探索工资集体协商制度，使职工参与和监督企业工资收入分配过程（陈弋等，2005；陆正飞等，2012）。

0.55），而且并不显著。这导致获得较多政府补助的国有企业出现了更高的薪酬差距。由此可见，相比于民营企业，国有企业在获得较高的政府补助时支付了更高的高管薪酬，而国有企业中的普通员工薪酬却没有相应提高，由此导致国有企业薪酬差距扩大。

表6.5　不同产权性质下的上市公司政府补助对薪酬差距的影响

变量	民营企业			国有企业		
	薪酬差距	高管薪酬	员工薪酬	薪酬差距	高管薪酬	员工薪酬
	（1）	（2）	（3）	（4）	（5）	（6）
SUBSIDY	0.031 7	2.352***	0.246***	0.240**	1.349***	0.042 5
	（0.24）	（4.03）	（3.17）	（2.23）	（2.90）	（0.55）
SIZE	1.684***	11.59***	0.559***	0.671***	9.745***	0.779***
	（7.78）	（11.91）	（4.32）	（3.53）	（11.86）	（5.74）
ROA	0.310***	2.163***	0.025 6	0.287***	2.261***	0.090 8***
	（6.51）	（10.08）	（0.90）	（5.84）	（10.63）	（2.59）
LEV	0.016 9*	0.094 1**	0.006 61	0.008 89	−0.020 6	−0.011 0
	（1.71）	（2.12）	（1.12）	（0.90）	（−0.48）	（−1.56）
MSHR	0.078 3	0.358	−0.021 4	0.275***	1.683***	−0.005 00
	（1.58）	（1.60）	（−0.72）	（4.18）	（5.92）	（−0.11）
SHR	−0.001 71	−0.091 3*	−0.017 2**	−0.069 6***	−0.064 1	0.049 5***
	（−0.15）	（−1.78）	（−2.52）	（−6.22）	（−1.33）	（6.20）
_cons	−30.96***	−272.4***	−11.27***	−13.33***	−219.0***	−13.01***
	（−7.47）	（−14.61）	（−4.54）	（−3.72）	（−14.15）	（−5.09）
IND	Control					
YEAR						
F	10.91***	20.41***	13.60***	7.52***	31.47***	14.25***
P	0.000 0	0.000 0	0.000 0	0.000 0	0.000 0	0.000 0
$A-R^2$	0.166 4	0.281 0	0.202 4	0.111 9	0.370 4	0.203 7
N	1 441	1 441	1 441	1 503	1 503	1 503

表6.6反映了不同性质国有企业获得政府补助对薪酬差距的影响。比较表6.6中的（1）~（3）列的回归结果，我们发现，在各类国有企业中，地方政府控股的国有企业获得的政府补助对薪酬差距的影响最为显著（回归系数 = 0.325，t值 = 2.37），而中央政府控股的国有企业和非政府控股国有企业获得

的政府补助与薪酬差距之间并没有显著的相关性。这也就意味着，地方政府控股的国有企业在获得较高的政府补助时更倾向于支付更高的高管薪酬，导致企业高管与普通员工之间的薪酬差距扩大。

表6.6 不同性质国有企业的政府补助对薪酬差距的影响

变量	中央政府控股 薪酬差距 (1)	地方政府控股 薪酬差距 (2)	非政府控股国有企业 薪酬差距 (3)
SUBSIDY	0.362	0.325**	0.054 4
	(1.44)	(2.37)	(0.20)
SIZE	0.075 2	0.683***	1.140***
	(0.18)	(2.61)	(2.90)
ROA	0.253**	0.343***	0.121
	(2.26)	(5.25)	(1.08)
LEV	0.009 32	0.020 3	−0.012 7
	(0.42)	(1.53)	(−0.59)
MSHR	0.526***	0.248***	0.138
	(3.43)	(2.85)	(0.84)
SHR	−0.068 7***	−0.080 5***	−0.055 8**
	(−2.81)	(−5.32)	(−2.00)
_cons	−7.010	−14.35***	−21.83***
	(−0.92)	(−2.91)	(−2.67)
IND	Control		
YEAR			
F	4.30***	5.96***	2.06***
P	0.000 0	0.000 0	0.001 6
$A-R^2$	0.219 0	0.138 6	0.089 3
N	295	894	314

五、政府补助和薪酬差距对企业业绩的交互影响

为进一步检验政府补助增加了薪酬差距后，是否还能增加企业业绩，本篇

引入政府补助与薪酬差距的交乘变量 SUBSIDY × GAP 为解释变量，以企业未来业绩为被解释变量进行回归分析。[①] 表 6.7 反映了上市公司获得的政府补助对企业未来业绩的影响。

表 6.7　　　　　　　　　政府补助对企业未来业绩的影响

变量	ROA_{t+1}	ROA_{t+1}
	（1）	（2）
SUBSIDY	−0.170***	
	（−2.80）	
GAP	0.071 4***	0.301***
	（5.25）	（3.18）
SUBSIDY × GAP		−0.014 6**
		（−2.47）
SOE	−0.925***	−0.929***
	（−5.21）	（−5.23）
SIZE	0.664***	0.641***
	（6.56）	（6.43）
LEV	−0.069 3***	−0.069 2***
	（−14.19）	（−14.14）
MSHR	0.137***	0.136***
	（4.67）	（4.62）
SHR	0.017 0***	0.016 7***
	（2.86）	（2.79）
_cons	−8.463***	−10.58***
	（−4.28）	（−4.90）
IND	Control	
YEAR		
F	23.37***	23.29***
P	0.000 0	0.000 0
$A-R^2$	0.272 0	0.271 3
N	1 797	1 797

---

① 考虑到薪酬差距及政府补助与企业业绩之间可能存在一定的内生性问题，本篇以下一年度的企业业绩（ROA_{t+1}）为被解释变量进行回归分析（步丹璐、罗蓉曦，2012）。

结果显示，薪酬差距（GAP）的系数显著为正，说明上市公司薪酬差距对其高管改善企业业绩有一定的激励作用（Bishop，1987；Milgrom 等，1992；Main 等，1993；Eriksson，1999；Henderson 等，2001；Heyman，2002；林浚清等，2003；陈建武，2004；Lee 等，2005；陈震等，2006；卢锐，2007；鲁海帆，2007a；Kato 等，2008；Kale 等，2009；黄维、余宏，2009；余震、冯巧根，2010；胥佚萱，2010；陈丁、张顺，2010）。而政府补助与薪酬差距的交乘变量 SUBSIDY×GAP 的系数则显著为负，且在 1% 的置信水平上显著（回归系数 = −0.014 6，t 值 = −2.47）。这表明，从总体上看，上市公司获得的政府补助削弱了其薪酬差距的激励效果，获得政府补助较多的上市公司其薪酬差距不仅无助于改善公司业绩，反而会对公司业绩产生负面影响。

表 6.8　　不同产权性质上市公司政府补助对企业未来业绩的影响

变量	民营企业		国有企业		中央政府控股		地方政府控股		非政府控股	
	ROA $_{t+1}$	ROA $_{t+1}$	ROA $_{t+1}$	ROA $_{t+1}$	ROA $_{t+1}$	ROA $_{t+1}$	ROA $_{t+1}$	ROA $_{t+1}$	ROA $_{t+1}$	ROA $_{t+1}$
	(1)	(2)	(3)	(4)	(5)	(6)	(7)	(8)	(9)	(10)
SUBSIDY	−0.020 1		−0.233 ***		0.042 2		−0.150 *		−0.294 *	
	（−0.18）		（−3.27）		（0.25）		（−1.66）		（−1.81）	
GAP	0.081 6 ***	0.023 5	0.058 2 ***	0.485 ***	0.019 0	0.257	0.102 ***	0.412 ***	−0.090 3 **	0.585 *
	（3.69）	（0.16）	（3.36）	（3.99）	（0.45）	（0.94）	（4.62）	（2.67）	（−2.43）	（1.95）
GAP×SUBSIDY		0.003 70		−0.026 8 ***		−0.014 8		−0.019 5 **		−0.042 4 **
		（0.39）		（−3.57）		（−0.88）		（−2.05）		（−2.27）
SIZE	0.606 ***	0.564 ***	0.693 ***	0.686 ***	0.200	0.313	0.864 ***	0.892 ***	0.680 ***	0.667 ***
	（3.38）	（3.21）	（5.53）	（5.57）	（0.69）	（1.13）	（5.15）	（5.29）	（2.85）	（2.97）
LEV	−0.078 6 ***	−0.078 6 ***	−0.062 3 ***	−0.061 7 ***	−0.074 6 ***	−0.073 2 ***	−0.069 3 ***	−0.068 3 ***	−0.023 3 *	−0.024 7 *
	（−10.20）	（−10.21）	（−9.88）	（−9.79）	（−4.88）	（−4.86）	（−8.66）	（−8.53）	（−1.83）	（−1.95）
MSHR	0.091 1 **	0.086 7 **	0.213 ***	0.223 ***	0.239 **	0.258 **	0.081 3	0.095 0	0.574 ***	0.560 ***
	（2.21）	（2.12）	（4.54）	（4.73）	（2.02）	（2.11）	（1.34）	（1.54）	（5.78）	（5.66）
SHR	0.010 1	0.010 1	0.016 2 **	0.015 8 **	−0.010 7	−0.008 42	0.016 9 *	0.016 0	0.078 4 ***	0.078 6 ***
	（1.04）	（1.04）	（2.09）	（2.03）	（−0.57）	（−0.45）	（1.66）	（1.58）	（4.67）	（4.71）
_cons	−8.217 **	−7.552 *	−9.997 ***	−13.57 ***	−2.682	−4.648	−13.84 ***	−16.89 ***	−14.31 ***	−18.40 ***
	（−2.35）	（−1.95）	（−4.12）	（−5.21）	（−0.49）	（−0.80）	（−4.29）	（−4.83）	（2.93）	（3.57）
IND										
YEAR	Control									
F	8.36 ***	8.36 ***	14.58 ***	14.69 ***	3.93 ***	3.98 ***	11.81 ***	11.89 ***	7.38 ***	7.53 ***
P	0.000 0	0.000 0	0.000 0	0.000 0	0.000 0	0.000 0	0.000 0	0.000 0	0.000 0	0.000 0
A−R^2	0.203 7	0.203 8	0.277 6	0.279 1	0.263 9	0.267 1	0.338 6	0.340 3	0.442 6	0.448 2
N	806	806	991	991	189	189	592	592	210	210

在进一步区分了不同产权性质的上市公司后，上述现象在国有企业表现得尤为突出。表 6.8 反映了不同产权性质上市公司薪酬差距对企业业绩的影响。结果显示，在民营企业中，薪酬差距（GAP）以及薪酬差距和政府补助的交乘变量（GAP×SUBSIDY）对企业业绩的影响均不显著。在国有企业中，不仅薪酬差距（GAP）的回归结果显著为正，而且薪酬差距和政府补助的交乘变量（GAP×SUBSIDY）的系数显著为负。这表明国有企业获得的政府补助对其薪

酬差距激励效果的削弱作用明显高于民营企业，这也就使得国有企业获得的大量政府补助并没有发挥其应有的作用，反而不利于激励上市公司管理层改善企业业绩。而在三类国有企业中，薪酬差距和政府补助的交乘变量（GAP×SUB-SIDY）的系数在地方政府控股和非政府控股国有企业中显著为负，在中央政府控股国有企业中并不显著。这表明地方政府控股国有企业和非政府控股国有企业获得的政府补助对其薪酬差距激励效果的削弱作用更强。

六、结论和建议

（一）结论

本篇以2007—2010年中国上市公司为研究样本，分析了上市公司的薪酬差距和政府补助的情况，并检验了政府补助对薪酬差距的影响，我们发现，上市公司获得的政府补助会对其薪酬差距产生显著的正向影响，即政府补助会显著增加高管薪酬，并显著扩大上市公司高管与普通员工之间的薪酬差距；政府补助对薪酬差距的影响，在国有企业中比在民营企业中表现得更为突出。国有企业的政府补助显著提高了高管薪酬，高管薪酬增加的幅度显著高于其普通员工薪酬变化的幅度，从而使国有企业薪酬差距进一步扩大。在地方政府控股的国有企业中，该现象表现得最为突出，即地方政府控股的国有企业在获得政府补助时支付了更高的高管薪酬，导致其薪酬差距进一步扩大。我们的研究发现，社会的再分配行为反而加大了初级分配的不公平，政府对收入分配的宏观调控没有起到一定的作用。

（二）建议

1. 政府应明晰宏观调控目的

社会民众的利益满足离不开政府的制度安排，市场主要解决效率问题，而公平正义平等只能通过政府的一系列制度安排来解决。美国政府在金融危机之后对美国国际集团（AIG）提供了大规模的资金援助，而美国国际集团（AIG）却给高管发放了1.65亿美元的高额奖金，受到了公众的一致谴责，于是，2008年10月14日，美国财政部向美国国际集团（AIG）管理层发出通知，要求该公司必须降低1.98亿美元的奖金和续聘津贴。同时，美国财政部还进一步规定接受政府救助的美国企业大幅削减高管薪酬，总薪酬削减比例将高达 50%。①

市场经济势必导致利益分化，政府有责任建立起利益兼容和利益协调、利益和谐的机制。政府作为行为主体，利用行政手段对各个利益集团的矛盾采取妥善措施，协调好长远利益和眼前利益的关系；用经济手段平衡不同利益主体之间的分配差别，贯彻按劳分配原则，综合运用经济的、行政的、法律的手段，使分配差别趋于合理化，以保证经济秩序和社会秩序的稳定。

2. 推进服务型政府职能转变的政府自身改革

中国特殊体制下的强权政府不仅以管理者的身份掌握着资金、土地、矿产等经济资源的分配权，同时，也以社会行政管理者的身份掌握着优惠政策制定、公司上市审核等多项行政审批权。然而，如果由政府来配置资源，那会把资源配置到政治程序允许的地方或政府领导人偏好的地方，从而违背市场经济的基本规律。

党的十六大以来，以构建服务型政府为目标的政府改革思路逐渐明晰。胡锦涛同志在党的十七大报告中明确提出了建设"服务型政府"的要求。"服务型政府"是责任政府和法治政府的有机统一，其主要职能应是提供公共服务，向公民提供优质的公共产品和公共服务，按照均等化原则，增加公共服务的总量和优化公共服务的结构和布局。"以人为本"是对"服务型政府"服务宗旨的要求，政府应以优良的服务和工作业绩体现政府的本质和核心价值，真正实践人民是国家政权的主人，实现社会公共利益的最大化。

---

① 具体来说，这 7 家企业须将薪酬最高的 25 名高管工资削减 90%，包括各种补贴、分红在内的总薪酬须削减一半。7 家企业分别是美国国际集团、花旗集团、美国银行、通用汽车公司、克莱斯勒公司、克莱斯勒财务公司和通用汽车金融服务公司。7 家企业中任何一名高管如果索要价值超过 2.5 万美元的私人飞机、俱乐部会员等特殊待遇，必须征得政府同意。接受政府救助超过 1 800 亿美元的美国国际集团金融产品部门高管薪酬将不会超过 20 万美元。

第七篇　企业并购对高管薪酬—业绩敏感性的影响分析

一、引言

如今，企业并购成为提升市场占有率、扩大企业产能、优化社会资源配置、发挥闲置设备生产能力的重要方法和手段。但由于现代企业制度发展得不够完善、风险控制不到位、责任心缺位等原因，很多企业在并购浪潮中并没有达到协同效应，甚至带来负的效应。2008年的全球调查报告显示，中国78%的国内企业倾向于通过并购来实现规模增长，而全球只有24%的企业才倾向采用并购的方式实现增长。2009年中铁建沙特轻轨项目致使中铁建只能赔本推进项目工期。截至2010年年底，中石油、中石化、中海油三大石油公司投资海外的油田及工程项目总计144个，投资金额约合4 480亿元人民币，但亏损项目就达到2/3。① 央企大部分海外投资项目产生的亏损几乎都是国家负责，在缺少刚性问责制度的情况下，央企领导人很少为此承担责任，使投资的风险控制形同虚设。②

同时，高管收入涨幅居前的公司多数是经过重组转型的公司，如2008年，华远地产以增发股份换股吸收合并了北京市华远地产股份有限公司，当年高管前三名薪酬总和为740万，是2007年的23.67倍，薪酬涨幅排在第二位。2008年，招商银行、天康生物等国有上市公司都有并购行为，前三名高管薪酬涨幅也都较2007年增长了6倍以上，薪酬涨幅居2008年前十名。2008年，舜元地产在连续两年亏损的情形下，以自有资金4 900万元关联收购了萧然工贸，其

---

① 摘自2011年7月19日《21世纪经济报道》。
② 摘自2011年6月29日《第一财经日报》。

前三名高管薪酬涨幅为 2007 年的 6.79 倍，该上市公司薪酬变动明显与企业经营绩效不相关。2010 年，广发证券新增股吸收合并原广发证券股份有限公司，前三位高管薪酬由 2009 年的 38 万上涨至 2010 年的 2 053.7 万，涨幅达到 54 倍。福田汽车、青岛海尔、中国平安也因为收购使前三位高管薪酬涨幅达到 10 倍以上。股权分置改革后，国有企业并购事件从 2006 年的 589 起增至 2010 年的 1 656 起，同时高级管理者收入涨幅居前的公司也多数是经过重组转型的公司。可见，并购重组成为了高管涨薪的最佳方式。

已有研究证明，我国上市公司高管薪酬业绩敏感性存在非对称的现象，高管薪酬与上升业绩的敏感性显著高于其与下降绩效的敏感性（卢锐，2008；方军雄，2009；步丹璐、张晨宇，2012），同时我国上市公司中的过度投资现象较严重（何金秋等，2001；黄燕芬，2005；辛清泉等，2007；杜兴强等，2011；步丹璐等，2012），这是否是因为中国企业对不良业绩企业的高管缺少刚性问责制？在缺少问责的机制下，不良的并购绩效是否会对高管薪酬有影响？国内已有的相关文献（李增泉等，2005；张鸣、郭思勇，2007；陈庆勇、韩立岩，2008；李小燕、陶军，2011）发现在并购前后公司绩效并未提高的情况下，高管薪酬却得到了显著的增加，而且高管薪酬的变动水平与并购规模正相关而与并购绩效无关。然而已有研究并没有分析并购行为对高管薪酬与企业业绩敏感性的影响，而且研究样本都在 2006 年前。而 2003 年以来国资委对央企负责人的薪酬机制进行持续性的调整和优化，同时 2005 年开始的股权分置改革消除了股权流动性障碍使上市公司被并购可能性增大。这些制度变化是否使之前的研究结论有所改变呢？

基于此研究背景，我们以中国沪深股市 2006—2010 年作为买方发生并购行为的国有上市公司为研究对象，分析了公司并购行为对高管薪酬与公司业绩的敏感度的影响。

我们发现：

（1）无论以会计业绩还是市场业绩作为考核标准，企业并购行为都显著降低了高管薪酬与公司业绩的敏感度。

（2）高管薪酬与并购规模显著正相关，却与并购绩效无显著关系。

本篇的研究意义在于选择 2006—2010 年的研究样本，检验了并购行为是否降低了高管薪酬与公司业绩的敏感度，以及高管薪酬的变化与并购业绩以及并购规模变化的关系，为新制度环境下的高管薪酬机制实施效果提供了经验证据。

二、文献综述与研究假设

（一）文献综述

马奇（Machin，1993）对288家英国公司的管理者薪酬情况进行统计，发现管理者薪酬与公司绩效关系微弱，然而与公司规模呈显著正相关关系。齐纳（Zenner，1998）发现，高管报酬与公司绩效的关系在并购后变得更弱了。罗森（Rosen，2003）通过研究发生并购活动的银行首席执行官报酬变动情况发现并购后银行的绩效没有得到改善，但管理者的报酬却上升了，而且报酬的增加与并购的规模正相关。有学者（Grinstein、Hribar，2004）的研究同样发现，并购公司高管在董事会有较大决策影响力时，能够获得更高的报酬，而这和并购后企业经营业绩的关联度并不高；还有学者（Jarrad、Li，2007）则发现企业并购后在股票减值的情况下，高管的财富与之敏感性变差，而在股票增值情况下，高管财富与之敏感性更强，进一步的研究发现，这和公司治理有关。国外学者虽然在这方面取得了许多实证成果，但在国内的研究中却很少见到。李增泉（2005）提出了另一种基于掏空与支持理论①的并购动因分析。张鸣和郭思勇（2007）以2002—2004年发生并购的中国上市公司为样本，发现企业高管人员有很强的动机通过企业并购这种方式增加自己的薪酬和控制权收益。由于制度刚性的存在，企业高管人员会借助并购公司资产规模的扩大、雇佣员工人数的增加等因素增加自己的薪酬。陈庆勇和韩立岩（2008）以1999—2002年中国上市公司实施的非控股股东集团内并购活动为样本，发现在并购前后公司绩效并未提高的情况下，高管薪酬却得到了显著的增加，并进一步证实高管薪酬的增加确实是该次并购活动所引起，还发现薪酬变动水平与并购规模正相关而与并购绩效无关。李小燕和陶军（2011）分析了2004—2006年的国有与民营上市公司并购前后高管薪酬的变化及其影响因素并发现：在相对宽松的公司治理环境下，国企高管具备利用并购增加个人收益的动机和条件，高管薪酬变化与并购业绩无关；而民营企业高管在相对激烈的市场竞争及严格的内部监管环境下，提高并购业绩或许是增加个人收益的更好选择，高管薪酬变化与并

---

① 掏空和支持理论分别是由约翰逊（Johnson等，2000）和弗里德曼（Friedman等，2003）提出的两个概念，用来反映控股股东两种截然不同的行为方式。其中，前者是指控股股东侵占上市公司利益的行为，后者则指控股股东向上市公司输送利益的行为。

购业绩相关。

（二） 制度背景

自 2003 年国资委成立以来，企业绩效评价和薪酬管理机制就在不断地完善，国资委同有关部门颁布了大量法规，其目的是为了国企高管薪酬与绩效相结合，避免企业自定薪酬。2004 年 6 月国资委出台的《中央企业负责人薪酬管理暂行办法细则》规定中央企业负责人薪酬由基本薪酬、绩效薪酬和中长期激励薪酬组成。2009 年 1 月人保部、财政部等六部门联合发布了《金融类国有及国有控股企业经营绩效评级暂行办法（征求意见稿）》，该办法被称为中国版的"限薪令"，其规定国有企业金融机构 2008 年度高管年度薪酬不得高于 2007 年的 90%，若当年业绩还有所下降，高管薪酬再下调 10%。2009 年国资委第三次修订《中央企业负责人经营业绩考核暂行办法》，在基本考核指标中提出经济增加值（EVA）指标和相应的考核办法，有助于找出多元化企业中最佳的资本投资方向和合理的资源优化配置方法。

证监会在 2006 年和 2008 年出台的《上市公司收购管理办法》中规定了收购的多种方式也规范了管理层收购行为，同时降低了并购成本提高了并购效率。2007 年 1 月国资委出台的《中央企业负责人经营业绩考核暂行办法》规定，国资委可根据具体情况变更央企负责人考核期内发生的有关改制重组、资产清核相关经营业绩责任书的内容。这在一定程度上也显示国有企业发生并购重组与责任人薪酬的直接相关性。

（三） 研究假设

由于我国特殊历史背景和社会体制，大部分上市公司是从原来国有企业改制而来，国有股和法人股占有绝对的优势。而且对于国有上市公司而言，国家相关机构有绝对的发言权，同时所有者缺位和两级委托代理链也会引发一系列代理问题。高管人员薪酬主要为年薪和奖金，薪酬的高低与企业业绩和经营难度有关，而企业经营的难度很大程度上又与规模有关（Murphy，1986；Barro，1990；李增泉，2000；杜胜利、翟艳，2005；周佰成、王北星，2007；纳超洪，2009）。根据委托代理理论，高管薪酬是缓解代理问题的一种方式，但高管薪酬同企业规模相关性使高管所获补偿成为企业规模的函数，高管薪酬随企业规模增加而增加，但股东财富并没有随之增加（袁天荣，2005）。国外企业也发现其规模与高管薪酬水平是显著正相关，而企业经营绩效于高管薪酬水平的相关性却很弱的现象，企业绩效仅能解释企业高管薪酬的 5%，而企业规模却能解释企业高管薪酬变动的40%（Tosi等，2000）。并购能直接并且短时间的扩大企业规模，企业规模的扩大明显有利于高管获取的更多的好处：更低的风险、更高的声誉、更大的权利以及高收入（Gomes - Mejia、Wiseman，1997）。而且并购也会使企业经营范围和复杂程度的巨大变化，这些变化也常是高管薪酬计量和考核的基础。所以高管有通过并购扩大企业规模的途径来改善薪酬的动机。

我国国有企业存在高管薪酬管制的现象，管制结果会导致国有企业经营者相对收入的扭曲（陈冬华等，2005）。那么除了过度在职消费，不考虑并购绩效而只为自身利益的并购行为也是扭曲的现象之一。控制权收益是指高管人员或控股股东利用其实际控制权为自己获得私人利益，主要包括过度在职消费、额外津贴、通过关联交易获取的利益、利用公司商业机会获得的收益等（Grossman、Hart，1988；Dyck、Zingales，2004）。控制权收益的存在会诱惑高管人员盲目扩大。

鉴于以上分析，企业高管人员有很强的动机通过并购来扩大企业规模从而增加自己的薪酬，而由于委托代理问题的存在，高管的并购行为并非从股东利益角度出发，而是主要为了提高并购规模从而提高自身利益，因而并购后，高管薪酬会有所上升而企业业绩并一定得到提高，因而并购后，高管薪酬和企业业绩的敏感度应会下降。综上所述，本篇提出假设如下：

假设1：企业并购行为显著降低了高管薪酬与企业业绩的敏感度。

假设2：高管薪酬的增加更多由于并购行为产生的公司规模的扩大，而与并购产生的绩效无关。

三、模型设计与样本选择

为了检验企业并购行为是否显著降低了高管薪酬与企业业绩的敏感度，我们设计了模型（1），如果α_1显著为正，说明公司没有发生并购行为时高管薪酬与企业业绩显著正相关，如果α_3显著为负，说明国有企业的并购行为显著降低了高管薪酬与业绩的敏感度，α_2显著为正，说明高管薪酬与并购规模显著正相关，即检验了假设1。

$$Comp_t = \alpha_0 + \alpha_1 Performance_t + \alpha_2 Ma \times Masize_t + \alpha_3 Ma \times Performance_t + \alpha_i Controls_t + \varepsilon_i \qquad (1)$$

为了进一步检验高管薪酬增加的原因，我们设计了模型（2），即检验并

购后一年高管薪酬的增加是来自于并购规模的增加还是并购业绩的增加。模型
(2) 中的 β_1 如果不显著，β_2 如果显著为正，说明高管薪酬的增加更多由于并
购行为产生的公司规模的扩大，而与并购产生的绩效无关，即检验了假设 2。

$$\triangle Comp_{t+1} = \beta_0 + \beta_1 \triangle Performance_t + \beta_2 Masize \times \triangle Size_t + \beta_i Controls_t + \varepsilon_i$$

(2)

模型中的主要变量解释如下：

我们用三个指标衡量被解释变量高管薪酬 Comp，这三个指标分别为前三
位高管薪酬 Mcomp、前三位董监高薪酬 Bcomp、董监高薪酬 Tcomp。

解释变量企业经营绩效 Performance 是会计绩效指标和市场绩效指标，即
包括传统的会计指标——总资产回报率 ROA 和市场业绩指标——股票回报
率 RET。

模型中的解释变量并购规模分为绝对并购规模 Masize 和相对并购规模 Masize/ Asset$_0$。绝对并购规模采用发生并购事件当年的交易价格，是将一个年度
发生的并购事件所有的交易价格的总和作为该年度的交易价格；相对并购规模
是绝对并购规模与并购当年年初资产规模的比值。

表 7.1 变量选取与分析

	变量代码	含义	计算说明
高管薪酬① (Compensation)	Mcomp	前三位高管薪酬	前三位高管薪酬
	Bcomp	前三位董事、监事、高管薪酬	前三位董事、监事、高管薪酬
	Tcomp	管理团队薪酬	以董事、监事、高管为管理团队的管理层薪酬
企业绩效 (Performance)	ROA	总资产回报率	EBIT/平均总资产
	RET	股票回报率	期末股价/期初股价 - 1
并购变量	Ma	是否发生并购行为	哑变量：发生取 1，不发生取 0
	Masize	绝对并购规模	当年并购交易总价和
	Masize/ Asset$_0$	相对并购规模	当年并购交易总价和与期初资产规模比值

---

① 本篇进行回归时，对所有的薪酬数据取了对数。

表7.1(续)

	变量代码	含义	计算说明
控制变量	Size	企业规模	当年期末总资产的对数
	Lev	资产负债率	期末总负债/期末总资产
	Control	终极控制人	如果终极控制人为地方政府取1，中央政府取2
	Indep	独立董事人数	相关年度的独立董事任职人数
	Industry	行业虚拟变量	中国证监会的行业分类标准

本篇选取我国 2006—2010 年所有作为购买方发生并购行为的 A 股国有上市公司为初始研究样本，并作以下筛选处理：

（1）并购活动买卖双方最终实际控制人不同，且并购对象为上市公司[①]；

（2）剔除资产负债率大于 100%，即资不抵债的公司；

（3）因为小并购对并购公司经营绩效、市值、规模影响较小（Chatterjee、Lubatkin，1990），所以剔除并购规模较小，即绝对并购规模不足企业年初资产总额的 4% 的并购样本[②]；

（4）连续两年发生绝对并购规模不足企业年初资产总额的 4% 的并购样本[③]；

（5）剔除相关样本数据不全的公司。最终得到 362 个发生并购行为的国有上市公司。

本篇使用的数据都来自于中国股票市场交易数据库，部分数值缺失或异常的样本通过上市公司年度报表进行修正，并通过使用 Excel2007 进行基础数据的处理，STATA11.0 软件进行深度的处理和统计分析。

[①] 由于并购非上市公司的相关数据无法获得，本篇未予考虑。

[②] 从选择剔除的并购规模来看，美国市场方面研究大量采用 10% 为限，也有部分采用 20% 或 5% 为限；而对于中国市场，由于国有上市公司 2005—2010 平均并购规模为 16.56%，并购规模普遍较小，基本是按照 4%（李增泉，2005；韩立岩、陈庆勇，2008）或 5%（张鸣、郭思永，2007）的界限进行剔除。本篇因为基本样本量较小故采用 4% 为并购规模剔除界限，因此相对并购规模小于 4% 的并购事件称为小并购事件。

[③] 由于本篇主要通过并购当年与未并购的年度，以及并购后一年与并购当年的薪酬与业绩的差分模型来检验本篇的假设，因而，本篇剔除了连续两年都存在并购行为的公司。

四、实证结果

（一）描述性统计分析

从表7.2可以看出，比较国有上市公司的并购行为的前后变化，并购公司发生并购行为当年的会计绩效 ROA 和股票回报率 RET 虽高于前一年未发生并购时的公司绩效，但不显著，可见，并购行为并没有显著增长企业的会计业绩和市场业绩。

表 7.2 描述性统计

Variable	是否并购	Mcomp	Bcomp	Tcomp	ROA	RET	Lev	Control	Indep	Masize
Mean	1	1 062 091	1 141 764	2 797 119	0.044 6	0.974 9	0.536 5	1.303 0	3.355 4	2.43×10^9
	0	915 560.6	980 448.2	2 383 091	0.042 9	0.850 3	0.518 0	1.303 0	3.322 3	
	F	6.7***	7.47***	5.5**	0.04	1.44	1.17	0	0.34	
SD	1	820 442.8	858 099.9	2 579 639	0.087 2	1.452 9	0.229 9	0.460 2	0.774 5	1.33×10^{10}
	0	700 489.3	721 933.2	2 156 941	0.132 2	1.285 4	0.229 5	0.460 2	0.753 1	
Media	1	866 400	959 600	2 005 900	0.043 7	0.781 6	0.547 1	1	3	3.37×10^8
	0	719 814	770 000	1 750 300	0.036 2	0.744 6	0.525 3	1	3	
P1	1	48 800	780 000	166 597	−0.219 0	−0.830 7	0.076 7	1	2	2.53×10^7
	0	69 000	908 000	182 000	−0.293 1	−0.777 8	0.050 5	1	2	
P99	1	3 834 700	3 697 000	12 000 000	0.265 8	5.333 3	1.173 3	2	5	3.22×10^{10}
	0	3 559 500	3 260 000	10 600 000	0.294 1	4.766 0	1.094 8	2	5	
Min	1	0	0	0	−0.695 9	−0.849 3	0.032 8	1	0	1.6×10^7
	0	0	0	0	−0.414 9	−0.832 2	0.020 7	1	1	
Max	1	5 312 900	5 636 500	17 500 000	0.449 8	11.586 8	1.996 8	2	6	2.18×10^{11}
	0	3 990 000	3 826 959	17 900 000	1.756 4	5.289 7	1.939 3	2	6	

注：Mcomp 为前三位高管薪酬，Bcomp 为前三位董监高薪酬，Tcomp 为董监高薪酬，ROA 为总资产收益率，ROE 净资产收益率，RET 为股票回报率，Ma 表示是否发生并购行为，Masize 发生并购行为当年总并购规模，Lev 为资产负债率，Control 为终极控制人，Indep 为独立董事人数。在是否并购一列中，1 代表并购当年，0 代表并购前一年。***、**、* 分别表示在 1%、5% 和 10% 水平上显著，数据保留到小数点后四位。

比较并购前后的高管货币薪酬，我们发现，前三位高管薪酬 Mcomp 平均高出 14.65 万，前三位董监高薪酬 Bcomp 高出 16.13 万，董监高薪酬总和 Tcomp 高出 41.41 万；经过均值检验，前三位高管、前三位董监高和董监高管并购当年的薪酬都有显著高于并购前一年。可见并购行为显著地提高了高管薪酬。资产负债率 Lev、独立董事人数 Indep 在并购后都有所增加，但并没有发生显著的变化。

总体上来看，公司在并购发生的当年，高管层薪酬有显著的提高，但并购公司除净资产利润率（ROE）外其他业绩都没有得到显著的改善。两组样本资产结构和相关治理特征都没有显著差异。并购公司高管层薪酬似乎与企业绩效变化不相关，但这仅仅是简单统计分析比较，发生并购的国有上市公司高管薪酬和公司绩效关系如何，并购规模是否对公司并购后高管层薪酬有一定的影响，还要通过对样本进行回归分析来判断。

（二）回归结果

我们搜集了362个并购公司的并购前一年和并购当年的相关数据，即724个样本，带入模型（1）得到回归结果如表7.3。从表7.3中的以 Mcomp 作为被解释变量的回归结果可以看出，公司资产回报率 ROA（回归系数 = 0.352 7，t 值 = 3.12）、市场回报率 RET（回归系数 = 0.050 2，t 值 = 3.4）与公司高管薪酬显著正相关。说明并购前，高管薪酬与资产回报率 ROA 以及市场回报率 RET 显著正相关，即高管薪酬与公司业绩敏感性较高。Ma × ROA（回归系数 = −0.181 0，t 值 = −1.84）和 Ma × RET（回归系数 = −0.068，t 值 = −3.5）与高管薪酬在10%的水平下显著负相关。可见，企业并购显著降低了高管薪酬与公司资产回报率 ROA 以及市场回报率 RET 的业绩敏感性。并购规模 LgMasize 无论是通过会计绩效 ROA（回归系数 = 0.004 9，t 值 = 1.71）还是市场绩效 RET（回归系数 = 0.016 2，t 值 = 4.45）检验分析都显著与高管薪酬正相关，说明高管薪酬与并购规模的扩大显著正相关。以上结论同样适用于以 Bcomp 和 Tcomp 为被解释变量的回归结果中。基于以上分析检验，我们发现，发生并购的国有企业购买方，其高管薪酬与并购规模显著正相关，而且并购行为显著降低了高管薪酬与公司业绩的敏感度，即符合假设1。

资产负债率 Lev 与国有企业高管薪酬显著负相关，可见债权人对企业高管货币薪酬有一定的制约。企业最终控制人 Control、独立董事人数 Indep 与高管薪酬显著正相关。说明中央国企高管比地方国企高管薪酬涨幅更大，当国家为企业的最终控制人时高管薪酬与企业绩效相关性不高（Firth，2006）；而且独立董事的监督对于抑制国有上市公司高管薪酬增加没有任何显著作用甚至还会显著的增加高管薪酬。

表7.3 高管薪酬与并购行为的回归结果

Panel A 会计绩效 ROA

变量	LgMcomp		LgBcomp		LgTcomp	
	系数	t 值	系数	t 值	系数	t 值
C	4.536 2***	68.31	4.524 5***	69.99	4.695 6***	69.8
ROA	0.352 7***	3.12	0.336 8*	3.29	0.368 1***	2.93
LgMasize	0.004 9*	1.71	0.004 7*	1.82	0.004 6*	1.73
Ma×ROA	−0.181 0*	−1.84	−0.227 8*	−1.74	−0.229 6*	−1.79
Lev	−0.134 7***	−2.1	−0.116 3**	−1.97	−0.080 6*	−1.83
Control	0.121 1***	3.95	0.092 7***	3.4	0.100 1***	3.79
Indep	0.085 3***	4.23	0.082 2***	4.95	0.090 7***	5.15
Industry	control					
R^2	0.138 5		0.137 6		0.145 5	
N	724					

Panel B 市场绩效 RET

变量	LgMcomp		LgBcomp		LgTcomp	
	系数	t 值	系数	t 值	系数	t 值
C	5.494 5***	70.57	5.571 9***	73.6	5.701 5***	68.49
RET	0.050 2***	3.4	0.046 8***	3.28	0.052 19***	3.29
LgMasize	0.016 2***	4.45	0.015 8***	4.46	0.017 1***	4.4
Ma×RET	−0.068 0***	−3.5	−0.061 6***	−3.28	−0.080 1***	−3.87
Lev	−0.249 8***	−4.23	−0.227 9***	−4	−0.188 7***	−3
Control	0.110 8***	3.83	0.082 3***	2.95	0.097 6***	3.17
Indep	0.081 1***	4.55	0.077 8***	4.48	0.130 6***	6.85
Industry	control					
R^2	0.109 6		0.097 5		0.124 5	
N	724					

注：LgMcomp 为前三位高管薪酬对数，LgBcomp 为前三位董监高薪酬对数，LgTcomp 为董监高薪酬对数，ROA 为总资产收益率，RET 为股票回报率，Ma 表示是否发生并购行为，LgMasize 发生并购行为当年总并购规模对数，Lev 为资产负债率，Control 为终极控制人，Indep 为独立董事人数，Industry 为行业虚拟变量。***，**，*分别表示在 1%、5% 和 10% 水平上显著，数据保留到小数点后四位。

五、进一步分析：并购后的薪酬变化

我们进一步检验并购后，国有企业高管薪酬的变化是否与企业绩效变化、企业规模变化、并购规模有显著联系。

我们搜集了并购公司并购当年以及并购下一年的相关数据，并计算了高管薪酬与企业业绩的在并购后一年和并购当年的变化值。表7.4描述了企业业绩与高管薪酬在并购前后的变化情况。由表7.4可以看出，高管薪酬在并购前后有显著的增加，且并购后一年高管薪酬的增加值（169 569.7）比并购当年值（141 598.3）更高，说明发生并购的国有上市公司，其高管薪酬在并购后仍有持续增长。然而，企业绩效在并购当年的增幅比并购后要高。

表7.4　　　　　并购后高管薪酬变动与企业业绩变动的描述分析

变量	并购当年－并购前一年 （并购公司 2006—2010） （N＝362）		并购当年－并购前一年 （并购公司 2006—2009） （N＝311）①		并购后一年－并购当年 （并购公司 2006—2009） （N＝293）②	
	均值	t 值	均值	t 值	均值	t 值
ΔMcomp	141 598.3***	5.514 3	141, 945.1***	5.058 2	169 569.7***	4.660 2
ΔBcomp	161 922***	5.931 4	153 777.4***	5.194 1	185 751.3***	4.836 8
ΔTcomp	397 115.6***	5.501 6	391 743.5***	5.008 7	489 029***	4.661 2
ΔROA	0.001 7	0.238 4	0.000 6	0.070 2	0.011 0	1.289 3
ΔRET	0.150 2	1.236 8	0.390 3***	2.891 7	0.001 7	−0.012 3
ΔSIZE	0.800 8%***	3.347 3	0.776 5%***	2.880 6	0.519 5%***	2.729 4

注：Mcomp 为前三位高管薪酬，Bcomp 为前三位董监高薪酬，Tcomp 为董监高薪酬，ROA 为总资产收益率，RET 为股票回报率，SIZE 资产规模。其中 SIZE 变化是变动率，其余变量用差额表示变动。数据保留到小数点后四位。

为进一步分析并购绩效是否会影响高管薪酬变动，我们对模型（2）进行回归分析。表7.5列示了回归结果，以ΔMcomp 作为被解释变量为例，无论是会计绩效 ΔROA（回归系数＝−0.004 9，t 值＝−0.33）还是市场绩效 ΔRET

---

① 为了使本数据更具有可比性，同时列出了2006—2009年符合筛选条件的并购当年比并前一年相关数据，得到样本311个。

② 因为本篇选择的2006—2010年发生并购行为的公司，而2011年的公司相关数据在本篇写作时还未公开，因此对于模型（2）的回归，我们只选择了在2006—2009年并购的293家公司为研究对象。

（回归系数＝0.002 2，t值＝0.27），均显示高管薪酬的变化与并购绩效无显著的相关关系。△Assest*（LgMasize）对高管薪酬的影响，无论在会计业绩还是市场业绩的模型中，都显著为正，可见，高管薪酬的变化与并购产生的业绩无关，而与并购增加的公司规模显著正相关，符合假设2。

表7.5　　　　　　　　　高管薪酬变动与绩效变动的回归分析

	Panel A 会计绩效 ROA					
变量	△Mcomp		△Bcomp		△Tcomp	
	系数	t值	系数	t值	系数	t值
C	0.519 7*	1.75	0.536 3	1.48	0.581 0*	1.67
△ROA	−0.004 9	−0.33	−0.003 8	−0.31	−0.001 9	−0.16
△Assest*（LgMasize）	0.016 5***	6.54	0.015 4***	6.21	0.015 2***	6.11
Lev	−0.107 6	−0.25	−0.110 8	−0.32	−0.140 9	−0.37
Control	−0.124 3	−0.54	−0.087 9	−0.46	−0.093 4	−0.54
Indep	−0.072 2	−0.62	−0.071 2	−0.61	−0.054 3	−0.68
Industry	control					
R²	调整		调整		调整	
	0.151 9	0.140 6	0.196 5	0.186 5	0.145 5	0.115 6
N	586					
	Panel B 市场绩效 RET					
变量	△Mcomp		△Bcomp		△Tcomp	
	系数	t值	系数	t值	系数	t值
C	0.845 3*	1.75	0.695 3	1.32	0.699 2*	1.71
△RET	0.002 1	0.25	0.001 6	0.24	0.002 9	0.45
△Assest*（LgMasize）	0.016 1***	6.53	0.015 9***	7.65	0.014 3***	6.53
Lev	−0.142 1	−0.26	−0.137 7	−0.29	−0.154 4	−0.47
Control	−0.078 9	−0.42	−0.066 6	−0.34	−0.076 5	−0.33
Indep	−0.095 4	−1.06	−0.093 1	−0.72	−0.090 2	−0.75
Industry	control					
R²	调整		调整		调整	
	0.151 4	0.127 79	0.189 8	0.164 5	0.130 1	0.113 3
N	586					

注：△Mcomp 为前三位高管薪酬增长率，△Bcomp 为前三位董监高管薪酬变化率，△Tcomp 为董监高薪酬变化率，△ROA 为总资产收益率变化率，△RET 为股票回报率变化率，△Assest 为资产规模变化率，LgMasize 发生并购行为当年并购交易总价的对数，Lev 为资产负债率，Control 为终极控制人，Indep 为独立董事人数，Industry 为行业虚拟变量。***、**，* 分别表示在1%、5%和10%水平上显著，数据保留到小数点后四位。

六、研究结论

本篇选取中国 2006—2010 年作为购买方发生并购行为的 A 股国有上市公司为初始研究样本，检验了并购行为对高管薪酬与公司业绩敏感性的影响，回归结论显示，公司资产回报率、市场回报率与公司高管薪酬显著正相关；说明并购前，高管薪酬与资产回报率以及市场回报率显著正相关，即高管薪酬与公司业绩敏感性较高。并购所增加的会计业绩和市场业绩与高管薪酬在 10% 的水平下显著负相关。可见，企业并购显著降低了高管薪酬与公司资产回报率以及市场回报率的业绩敏感性。并购规模无论是通过会计绩效还是市场绩效检验分析，都显著与高管薪酬正相关，说明高管薪酬与并购规模的扩大显著正相关。

为进一步分析并购绩效是否会影响高管薪酬变动，我们采用差分模型分析了高管薪酬变化值与并购业绩变化值和并购规模变化值的关系。我们发现，并购业绩对高管薪酬的影响不显著，而并购产生的规模变化，无论在会计业绩还是市场业绩的模型中，都显著为正，可见，高管薪酬的变化与并购产生的业绩无关，而与并购增加的公司规模显著正相关。此分析检验结果再一次说明，并购并没有改善企业绩效，但高管薪酬却大幅提高，说明我国国有企业上市公司作为购买方发生并购会引起一定的代理问题。根据委托代理理论，高管薪酬的变化应该受到并购绩效的约束，并购绩效好，管理者应该受到奖励，薪酬会上升；绩效不佳，薪酬因受到惩罚而下降，否则，并购绩效与高管薪酬变动之间不存在显著的变化。

第八篇　管理层权力对薪酬差距和业绩变化关系的影响分析

一、引言

自高管个人薪酬公开以来，新闻媒体的报道和监督使得薪酬问题成为社会各界关注的焦点。有些高管年薪上千万元，而有些高管月薪不足两千元或不领薪酬。有些高管在业绩下降时薪酬反而上升，也有些高管在业绩上升时薪酬反而下降，薪酬决定机制缺乏有效性。我国上市公司中员工的薪酬存在以下三个问题：

（1）公司内部薪酬差距大。若将公司内部的员工分为核心高管、非核心高管和普通员工三个层级，2006—2011 年，我国上市公司核心高管的平均薪酬约为 45.3 万元，非核心高管的平均薪酬约为 23.14 万元，普通员工的平均薪酬为 5.69 万元，核心高管的平均薪酬是非核心高管的 1.96 倍，是普通员工的 7.96 倍。

（2）公司中管理层内部的薪酬差距、高管与员工间的薪酬差距连年上升。2006 年管理层内部的薪酬差距的均值为 14.88 万元，2007—2010 年分别为 18.33 万元、19.3 万元、23.07 万元以及 26.1 万元，2011 年上升至 27.16 万元；高管与员工间的薪酬差距的均值由 2006 年的 16.68 万元逐步上升至 2011 年的 28.63 万元。

（3）存在薪酬变化与业绩变化不挂钩的情况。业绩上升但薪酬不上升或业绩下降薪酬反而上升的现象屡见不鲜，薪酬激励制度不完善。

2004 年至今，我国先后出台了多项政策措施规范薪酬机制的制定，限制天价薪酬的产生，试图将薪酬差距引向合理的范围，扭转收入差距过大的问题。但是这些政策多是一些定性的规定，没能有效地改善我国收入差距过大的问题。我国的收入差距一直在扩大，基尼系数从 1992 年以前的 0.2 以下上升到现在的 0.5 以上。① 2011 年万科 A 的薪酬公平性指数高达 49.62，中国平安的薪酬公平性指数为 29.55，即万科 A 的高管平均薪酬是员工平均薪酬的49.62 倍，中国平安的高管平均薪酬是员工平均薪酬的 29.55 倍②，可见薪酬差距的巨大。我国不断扩大的收入差距已经使越来越多的人感到不公平。

国内外学者对薪酬、薪酬差距与业绩的相关性进行了大量研究，但研究对象多是高管，而对普通员工的薪酬关注度较小，而且通常是从静态的角度研究薪酬水平与业绩水平之间的关系，较少从动态的角度对薪酬变化和业绩变化的相关性进行研究。锦标赛理论和行为理论仅解释了薪酬差距与企业业绩关系的结果，并没有结合薪酬差距产生的原因。管理层权力理论认为薪酬不完全由董事会决定，高管有动机也有能力对董事会施加影响，获得对自己有利的薪酬契约。我国的国有企业存在"一股独大"、所有者缺失等特征，很多高管由政府直接任命；非国有企业多是家族企业，高管多由所有者担任，因此我国的管理层天然具有较大的权力，一些研究证明管理层权力会对薪酬、薪酬差距产生影响，但是相关的文献还很少，对管理层如何影响薪酬和薪酬差距还需要更细致的研究。

国资委于 2004 年发布的《中央企业负责人薪酬管理暂行办法》明确要求薪酬要与业绩挂钩，2009 年出台的《关于进一步规范中央企业负责人薪酬管理的指导意见》中指出要建立与业绩同升同降的薪酬制度。以往关于薪酬和薪酬差距的文献都是从静态的角度研究薪酬水平和业绩水平的关系，直接研究薪酬是否随业绩的变化而变化的文献较少。但是研究业绩变化和薪酬变化、薪酬差距变化更具有现实意义，能更好地分析现有薪酬契约的合理性。因此，本篇先是研究了业绩变化对薪酬变化和薪酬差距变化的影响。具体而言，业绩变化会不会引起薪酬的变化和薪酬差距的变化；当业绩变动的方向不同时，薪酬和薪酬差距变动的情况如何；企业所有权又会产生怎样的影响。

锦标赛理论和行为理论研究的是薪酬差距的经济后果，即其对业绩的影响，并没有分析薪酬差距产生的原因。管理层权力理论认为管理层可以利用权力获取更多的报酬，在此过程中管理层可能无法兼顾甚至侵害其他员工的利益，导致薪酬差距扩大。因此，管理层权力的存在会影响到薪酬差距激励作用的后果研究，使锦标赛理论和行为理论的研究结论有所偏差。基于此，本篇试

---

① 资料来源于 http：//data. worldbank. org. cn/indicator。
② 资料来源于京华财经《2012 年薪酬公平度报告》。

图研究管理层权力对薪酬差距的影响。管理层权力是否会影响公司内部薪酬差距的变化，是否会影响公司内部薪酬差距和业绩的相关性；业绩变化的方向不同时管理层权力的作用机制有何不同，产权性质对管理层权力的作用机制又有什么影响呢？

通过研究发现，业绩变化对薪酬变化和薪酬差距的变化有显著的正向影响，且业绩上升时业绩变化对薪酬变化和薪酬差距变化的正向影响大于业绩下降时的影响，说明我国上市公司内存在奖罚不对等的现象。管理层权力没有显著增大薪酬差距变化，这说明由于"愤怒成本"的存在，管理层可能更倾向于利用权力获得更多的隐形薪酬。但是管理层权力会影响薪酬差距变化与业绩变化的相关性，具体而言，国有企业中，管理层权力在业绩上升时对业绩变化与薪酬差距变化的相关性有显著的正向影响；非国有企业中，管理层权力对业绩变化与薪酬差距变化的相关性有显著的负向影响。这意味着国有企业中高管在业绩上升时倾向于包揽功劳，不仅能获得更多的薪酬奖励，而且彰显了自己的能力。非国有企业中，高管，特别是核心高管，倾向于降低薪酬差距与业绩变化的相关性，从其他渠道获得隐形薪酬。

二、理论分析与研究假设

业绩型契约可以降低现代企业中由于所有权和经营权的分离导致的代理成本，员工在实现个人利益最大化的同时完成了股东的目标，使委托人和代理人的利益趋于一致。曾有学者得出高管薪酬与业绩不相关的结论（魏刚，2000；谌新民、刘善敏，2003），这些研究多是在2004年之前，当时我国尚未明确指出薪酬要与业绩挂钩。2000年劳动和社会保障部提出的《进一步深化企业内部分配制度改革的指导意见》中虽然提到要在具备条件的企业中试行董事长、总经理年薪制，其中对经理人要考核其取得业绩情况，但是没有强制实行，也没有具体的要求，只是一个指导性的意见。2004年国资委出台的《中央企业负责人薪酬管理暂行办法》，第一次明确要求薪酬与业绩挂钩，并说明了具体的计算方法。而且在2004年以后，又出台了一系列规范业绩考核、薪酬管理的文件，例如《关于加强中央企业负责人第二业绩考核任期薪酬管理的办法》《金融类国有和国有控股企业负责人薪酬管理办法（征求意见稿）》《中央企业负责人经营业绩考核暂行办法》等。另外，我国要求上市公司从2005年开始披露高管个人具体的薪酬信息，这不仅使得高管个人薪酬数据明确可得，也促进了对高管薪酬的监管。因此，高管薪酬业绩敏感性逐渐上升（辛清泉、谭伟强，2009），越来越多的研究证明高管薪酬与企业业绩是显著正相关的（魏明海等，2004；杜胜利、翟艳玲，2005；方军雄，2009；陈冬华等，2010）。对于普通员工的薪酬，《关于进一步规范中央企业负责人薪酬管理的指导意见》中指出："中央企业负责人薪酬增长与职工工资增长相协调"，还有一些文章证明了普通员工的薪酬与业绩具有显著相关，例如方军雄（2009、2011的研究）。因此本篇认为薪酬和业绩是相关的。在薪酬业绩契约下，公司会根据企业的业绩调整员工的薪酬。也就是说，业绩的变化会导致员工薪酬的变化。

业绩上升时，公司内部员工的薪酬理应随之上升，但在业绩下降时，薪酬却不一定下降。这是因为薪酬降低通常意味着自身能力和价值的下降，会对外传递不利信息，因此出于维护荣誉和对未来发展的考虑，公司管理人员通常不愿降低自身的薪酬（孙铮、刘浩，2004）。有研究表明，高管薪酬具有粘性特征，即高管在业绩上升时获得了奖励，但在业绩下降时没有获得惩罚或只获得了较少的惩罚（Gaver、Gaver，1998；Adut 等，2003；Jackson 等，2008；方军雄，2009；高文亮等，2011）。同样也有研究证明，业绩下降时，由于员工的抵触，公司可能采取别的措施而不是降低员工的薪酬来削减成本，即公司内部员工的薪酬普遍具有向下的刚性，业绩下降时，薪酬不下降（Wilson，1999；陈冬华等，2010；方军雄，2011；刘星、徐光伟，2012）。因此，业绩上升时，企业内部员工的薪酬会随着业绩的上升而上升；而业绩下降时，企业内部员工的薪酬不会随着业绩的下降而下降，或薪酬下降的幅度小于业绩上升时薪酬上升的幅度，即业绩上升时薪酬与业绩的相关性大于业绩下降时薪酬与业绩的相关性。基于上述分析，提出如下假设：

假设1：公司内部各层级员工薪酬的变化率与业绩的变化率显著正相关，且业绩上升时薪酬与业绩的相关性大于业绩下降时薪酬与业绩的相关性。

业绩变动时，公司内部不同层级的员工的薪酬变动的大小可能存在差异。这是因为公司内部不同层级的员工工作内容和职责不同，对业绩的影响和贡献能力也存在差别。高管作为企业经营决策的制定者和执行者，在企业运营中付出的努力和起到的作用要明显大于普通员工，对企业业绩的影响和贡献也显著高于普通员工。因此，业绩变动时，高管薪酬的变动要大于普通员工薪酬的变动，导致高管与员工间的薪酬差距变动。同理，核心高管与非核心高管间的薪酬差距也会随业绩的变动而变动。企业业绩变化的幅度越大，薪酬差距变动的幅度也越大。

同时，不管业绩是上升还是下降，公司内不同层级的员工的薪酬随业绩变动的程度可能都不会相同。一般说来，高管在业绩上升时获得了高于普通员工的薪酬增加值，在业绩下降时薪酬的减少也没有高于普通员工，即高管薪酬具有尺蠖效应特征（方军雄，2011）。因此，在业绩上升时，管理层会获得比普通员工更多的薪酬上的奖励，导致薪酬差距增大；在业绩下降时，管理层可能不会获得薪酬上的惩罚或所受的惩罚不高于员工所受的惩罚，因此，薪酬差距不会减小，即公司内部的薪酬差距会随着业绩的上升而上升，但不会随着业绩的下降而下降。基于上述分析，提出如下假设：

假设 2：公司内部的薪酬差距的变化率与业绩的变化率显著正相关，且业绩上升时薪酬差距与业绩的相关性大于业绩下降时薪酬差距与业绩的相关性。

在企业高管人员薪酬决定方面，管理者权力可以定义为其对董事会或薪酬委员会决定薪酬的决策产生影响的能力（Lambert 等，1993）。一个企业支付给员工的薪酬资源是有限的，当管理层拥有较大的权力，其会利用自己的权力优势，通过操控薪酬契约的制定过程获得较高的货币薪酬，而在这个零和博弈中处于劣势的普通员工则只能获得较少的薪酬，因此导致高管与员工间的薪酬差距扩大（Bebchuk、Fried，2004）。而管理层权力较大时，核心高管拥有的权力更大，能为自己制定高薪，非核心高管的薪酬相对降低，高管内部的薪酬差距扩大，即管理层权力会使企业内部的薪酬差距扩大。基于此，提出假设 3a。

假设 3a：管理层权力与公司内部薪酬差距的变化率显著正相关。

将薪酬与业绩挂钩，使薪酬具有不确定性和风险性，而管理层会利用手中的权力减少不确定性和降低风险（刘星、徐光伟，2012），因此，管理层权力越大，薪酬与业绩的敏感性越小（洪峰，2010；熊风华、彭珏，2012）。当管理层利用权力寻租时，会在业绩上升时包揽功劳（权小锋等，2010），要求更多的报酬，在业绩下降时推脱责任，降低惩罚（方军雄，2009），表现为管理层权力型企业的高管拥有更高的薪酬粘性。具有较大权力的管理层，业绩上升时高管薪酬与业绩的敏感性更大，业绩下降时敏感性则更低（高文亮等，2011；熊风华、彭珏，2012）。因此，业绩上升时，管理层权力的存在会使得业绩对薪酬差距的影响更大，此时管理层获得更多的报酬上的奖励；而在业绩下降时，管理层权力则会降低业绩对薪酬差距的影响，此时管理层获得较少的甚至没有薪酬上的惩罚。基于此，提出假设 3b。

假设 3b：业绩上升时，管理层权力会提高公司内部薪酬差距与业绩的相关性；业绩下降时，管理层权力会降低公司内部薪酬差距与业绩的相关性。

三、研究设计

（一）模型及变量设计

为了检验假设1业绩变化对薪酬变化的影响，构建了模型（1）：

$$C\_Pay = \alpha_0 + \alpha_1 \times C\_Per + \alpha_2 \times D + \alpha_3 \times D \times C\_Per + \alpha_4 \times STZE + \alpha_5 \times Lev + \alpha_6 \times Comm + \alpha_7 \times Gro + \alpha_8 \times SV + \alpha_9 \times MSN + \alpha_{10} \times Ten + \alpha_{11} \times BS + \alpha_{12} \times Comp \tag{1}$$

当业绩的变化率（C_Per）前面的系数α_1显著大于0时，说明业绩变化对薪酬变化具有显著的正向影响。D为代表业绩下降的虚拟变量，当 D×C_Per 前面的系数α_3显著小于0时，说明业绩下降时业绩对薪酬的正向影响减弱。当α_1显著大于0，且α_3显著小于0时，假设1得以验证。

为了检验假设2薪酬差距与业绩之间的敏感性，构建了模型（2）：

$$C\_Gap = \alpha_0 + \alpha_1 \times C\_Per + \alpha_2 \times D + \alpha_3 \times D \times C\_Per + \alpha_4 \times STZE + \alpha_5 \times Lev + \alpha_6 \times Comm + \alpha_7 \times Gro + \alpha_8 \times SV + \alpha_9 \times MSN + \alpha_{10} \times Ten + \alpha_{11} \times BS + \alpha_{12} \times Comp \tag{2}$$

当 C_Per 的系数α_1显著大于0时，说明业绩变化对薪酬差距的变化具有显著的正向影响。当 D×C_Per 前面的系数α_3显著小于0时，说明业绩下降时业绩对薪酬差距的正向影响减弱。当α_1显著大于0，且α_3显著小于0时，假设2得以验证。

为了检验假设3管理层权力对薪酬差距的影响，构建了模型（3）：

$$C\_Gap = \alpha_0 + \alpha_1 \times C\_Per + \alpha_2 \times D + \alpha_3 \times D \times C\_Per + \alpha_4 \times STZE + \alpha_5 \times Lev + \alpha_6 \times Comm + \alpha_7 \times Gro + \alpha_8 \times SV + \alpha_9 \times MSN + \alpha_{10} \times Ten + \alpha_{11} \times BS + \alpha_{12} \times Comp + \alpha_{13} \times Power + \alpha_{14} \times Power \times C\_Per + \alpha_{15} \times D \times Power + + \alpha_{16} \times D \times Power \times C\_Per \tag{3}$$

Power 代表管理层权力，当它的系数α_{13}显著大于0时，说明管理层权力对薪酬差距的变化具有显著的正向影响，假设3a得到验证。若管理层权力与业绩变化率的交叉项（Power×C_Per）的系数α_{14}显著大于0，说明管理层权力会对薪酬差距与业绩的相关性产生正向影响；若α_{14}显著小于0，则说明管理层权力对薪酬差距与业绩的相关性产生负向影响。当区分业绩上升和业绩下降的样本分别进行回归时，若α_{14}在业绩上升的样本中显著大于0，在业绩下降的样本中显著小于 0，则假设 3b 得到验证。当将业绩上升和业绩下降的样本混合回归时，若 α_{14} 显著大于 0，$\alpha_{14} + \alpha_{16}$ 显著小于 0，则假设 3b 同样得以验证。

在以上三个模型中，同时控制了行业（Ind）和地区（Area）变量。模型中用到的变量解释如表 8.1 所示：

表 8.1　　　　　　　　　　　研究变量表

变量类型	变量名称	计算公式
被解释变量	高管薪酬的变化率（C_Pay1）	（第 t 年高管平均薪酬 − 第 $t-1$ 年高管平均薪酬）/第 $t-1$ 年高管平均薪酬；高管是指企业的所有董事、监事和其他高级管理人员；高管平均薪酬由所有高管薪酬的和除以领薪高管人数求得
	普通员工薪酬的变化率（C_Pay2）	（第 t 年员工平均薪酬 − 第 $t-1$ 年员工平均薪酬）/第 $t-1$ 年员工平均薪酬；此处的员工不包括高管在内；员工的薪酬由公司支付给员工的薪酬与高管人员的总薪酬之差，再除以非高管员工的人数求得
	核心高管薪酬的变化率（C_Pay3）	（第 t 年薪酬最高的前三名高管平均薪酬 − 第 $t-1$ 年薪酬最高的前三名高管平均薪酬）/第 $t-1$ 年薪酬最高的前三名高管平均薪酬
	非核心高管薪酬的变化率（C_Pay4）	（第 t 年去掉薪酬前三名高管的平均薪酬 − 第 $t-1$ 年去掉薪酬前三名高管的平均薪酬）/第 $t-1$ 年去掉薪酬前三名高管的平均薪酬
	管理层内部的薪酬差距的变化率（C_Gap1）	（第 t 年高管团队内的薪酬差距 − 第 $t-1$ 年高管团队内的薪酬差距）/第 $t-1$ 年高管团队内的薪酬差距
	高管与员工间的薪酬差距的变化率（C_Gap2）	（第 t 年高管与员工间的薪酬差距 − 第 $t-1$ 年高管与员工间的薪酬差距）/第 $t-1$ 年高管与员工间的薪酬差距
	核心高管与员工间的薪酬差距的变化率（C_Gap3）	（第 t 年核心高管与员工间的薪酬差距 − 第 $t-1$ 年核心高管与员工间的薪酬差距）/第 $t-1$ 年核心高管与员工间的薪酬差距
	非核心高管与员工间薪酬差距的变化率（C_Gap4）	（第 t 年非核心高管与员工间的薪酬差距 − 第 $t-1$ 年非核心高管与员工间的薪酬差距）/第 $t-1$ 年非核心高管与员工间的薪酬差距
解释变量	企业业绩的变化率（C_Per）	（第 t 年的净利润 − 第 $t-1$ 年的净利润）/第 $t-1$ 年的净利润
调节变量	董事长和总经理两职合一（Dual）	董事长和总经理两职合一时取值为 1；否则为 0
	股权分散度（Disp）	第一大股东持股比例与第二到第十大股东持股比例之和的比值小于 1 时，取值为 1；否则为 0

变量类型	变量名称	计算公式
控制变量	公司规模（SIZE）	期末总资产的自然对数
	资产负债率（Lev）	期末总负债/期末总资产
	薪酬委员会（Comm）	设立薪酬委员会时取值为1，否则为0
	公司成长性（Gro）	三年内营业收入的增长率的平均值
	监事会规模（SV）	监事会人数
	管理层持股比例（MSN）	所有高管持股比例之和
	高管任期（Ten）	所有高管任期的平均值
	独立董事比利（BS）	独立董事比利/董事会人数
	竞争者人数（Comp1；Comp2）	Comp1为非核心高管的人数；Comp2为普通员工人数
	行业（Ind）	虚拟变量，按中国证监会（2001年版）《上市公司行业分类指引》划分
	地区（Area）	虚拟变量，分为东部、中部和西部①

（二）数据来源及样本选择

本篇选取2006—2011年所有A股上市公司作为研究对象，并对数据进行如下处理：

（1）剔除ST、PT企业；

（2）剔除金融业上市公司；

（3）剔除薪酬差距小于或等于0的样本；

（4）剔除数据缺失的样本；

（5）为消除极端值的影响，对主要连续变量，在1%和99%分位上进行了缩尾处理。

经过上述处理，最终得到1 246个公司2006—2011年的4 707个数据。具体处理步骤见表8.2。本篇的数据全部来源于中国股票市场交易数据库。

---

① 东部包括京、天津、河北、辽宁、上海、江苏、浙江、福建、山东、广东和海南；中部包括山西、吉林、黑龙江、安徽，江西、河南、湖北和湖南；西部包括四川、重庆、贵州、内蒙古、广西、云南、西藏、陕西、甘肃、青海、宁夏和新疆。

表 8.2   样本筛选情况表

项目	样本数量
非 ST、PT 的公司样本①	13 672
剔除金融类上市公司样本	220
剔除 B 股上市公司样本	571
剔除有缺失值的样本	8 160
剔除薪酬差距小于或等于 0 的样本	14
最终样本	4 707

四、实证分析

（一）描述性统计

表 8.3 是所有变量的描述性统计。其中 Panel A 是薪酬及薪酬差距的描述性统计。薪酬分布的相对最集中的为普通员工（Pay2，标准差为 3.4）；最分散的为核心高管（Pay3，标准差为 30.04）。管理层内部的薪酬差距（Gap1）最小值为 0.38 万元，最大值为 174.9 万元，相差 460 多倍，其中 75% 的样本薪酬差距小于 28.3 万元，说明存在少数的企业管理层内部薪酬差距非常大。高管与员工间的薪酬差距（Gap2）最小值为 1.34 万元，最大值为 123.1 万元，相差大约 92 倍，比管理层内部的薪酬差距相对集中（标准差为 16.92 小于管理层内部的 20.15）。图 8.1 是 2006—2011 年间各个薪酬差距变化的趋势图。可以看到，四个薪酬差距都呈现出逐年递增的趋势。

Panel B 是被解释变量薪酬的变化率和薪酬差距的变化率的描述性统计。相比于薪酬和薪酬差距变大的幅度，薪酬和薪酬差距变小的幅度要小的多，在一定程度上可以认为公司内奖励的程度要大于惩罚的程度。

Panel C 是其他变量的描述性分析。解释变量净利润的变化率的最小值为 −22.56，最大值为 12.93，75% 的样本业绩的变化率不小于 −0.189，不大于 0.791，说明业绩的变化率的绝对值大于 1 的是极少数的。大于 75% 的样本中都不存在董事长和总经理两职合一的现象，说明二元领导结构在上市公司中

---

① 下载数据时直接剔除了 ST、PT 企业。

占大多数。股权分散度（Disp）的均值为 0.252，说明我国"一股独大"的现象比较严重，股权制衡度不高。

表 8.3 　　　　　　　　　　　　　描述性统计

Panel A：薪酬、薪酬差距的描述性统计（单位：万元）							
变量名	均值	25%分位	中位数	75%分位	标准差	最小值	最大值	样本量
Pay1	29.505 4	15.981 2	25.04	38.058 6	18.292 2	3.209 4	128.4	4 707
Pay2	5.683 8	3.255 8	4.801 8	7.252 9	3.408 1	0.455 3	23.219 2	4 707
Pay3	45.299 1	24.033 3	37.733 3	57.926 7	30.036 7	5.333 3	198	4 707
Pay4	23.140 6	12.346 7	19.585 7	29.801 4	14.799 6	1.616 3	95.471 8	4 707
Gap1	22.158 5	8.878 2	16.133 3	28.333 3	20.154 5	0.38	174.9	4 707
Gap2	23.821 6	11.568 2	19.398 5	30.807 4	16.922 8	1.341 6	123.1	4 707
Gap3	39.615 3	19.357 4	31.982 9	50.938 8	28.851 1	3.877 2	195.3	4 707
Gap4	17.456 8	7.981	13.756 8	22.834 7	13.368 1	0.057 56	89.218 5	4 707
Panel B：薪酬的变化率、薪酬差距的变化率的描述性统计							
变量名	均值	25%分位	中位数	75%分位	标准差	最小值	最大值	样本量
C_Pay1	0.226	−0.014	0.123	0.342	0.44	−0.448	2.393	4 707
C_Pay2	0.155	−0.000 926	0.125	0.267	0.308	−0.54	1.585	4 707
C_Pay3	0.25	0	0.114	0.348	0.493	−0.48	2.821	4 707
C_Pay4	0.241	−0.016 3	0.133	0.369	0.476	−0.493	2.615	4 707
C_Gap1	0.37	−0.086 8	0.121	0.519	0.882	−0.675	4.833	4 707
C_Gap2	0.337	−0.056 8	0.132	0.444	0.792	−0.572	4.867	4 707
C_Gap3	0.315	−0.025 4	0.12	0.406	0.687	−0.541	4.091	4 707
C_Gap4	0.564	−0.078 7	0.143	0.54	1.743	−0.669	12.9	4 707
Panel C：其他变量的描述性统计							
变量名	均值	25%分位	中位数	75%分位	标准差	最小值	最大值	样本量
C_Per	0.2	−0.189	0.202	0.791	3.497	−22.56	12.93	4 707
Dual	0.134	0	0	0	0.34	0	1	4 707
Disp	0.252	0	0	1	0.434	0	1	4 707
SIZE	21.82	21.03	21.69	22.46	1.138	18.64	28.14	4 707
Lev	0.51	0.379	0.519	0.645	0.186	0.088 6	0.945	4 707
Comm	0.811	1	1	1	0.391	0	1	4 707
Gro	0.27	0.076 1	0.177	0.305	0.491	−0.233	3.754	4 707
SV	4.008	3	3	5	1.332	0	13	4 707
MSN	0.022 9	0	0.000 04	0.000 416	0.083 6	0	0.498	4 707
Ten	3.32	2.875	3.667	4	0.905	1	5.778	4 707
BS	0.36	0.333	0.333	0.375	0.049 6	0.111	0.714	4 707
Comp1	16.97	14	16	19	4.01	7	38	4 707
Comp2	5 682	1 251	2 467	5 189	18 120	20	552 662	4 707

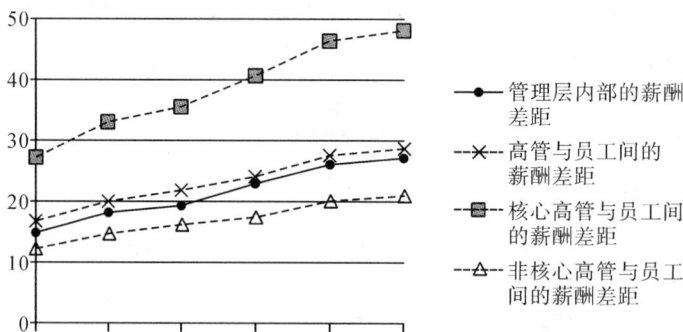

图8.1 2006—2011 年间薪酬差距的变化趋势图

图例：
● 管理层内部的薪酬差距
✕ 高管与员工间的薪酬差距
■ 核心高管与员工间的薪酬差距
△ 非核心高管与员工间的薪酬差距

（二）相关性分析

表8.4列示了对主要变量的相关性分析结果。从中可以看到，薪酬的变化率、薪酬差距的变化率与业绩的变化率存在显著的正相关关系，与管理层权力变量不存在显著的相关性关系。初步证明薪酬变化和薪酬差距变化与业绩变化存在正相关性的假设成立。

表8.4 相关性分析

	C_Per	Dual	Disp	SIZE	Lev	Comm	Gro	SV	MSN	Ten	BS	Comp1	Comp2
C_Pay1	0.118 ***	0.012	-0.001	-0.005	0.035	0.012	0.166 ***	0.015	-0.028	-0.001	-0.003	-0.002	-0.016
C_Pay2	0.049	0.014	-0.001	-0.007	0.01	-0.018	0.121 ***	-0.002	0.003	-0.053 *	0.002	-0.002	-0.015
C_Pay3	0.125 ***	0.013	0.002	-0.019	0.022	0.001	0.179 ***	0.009	-0.014	-0.002	-0.009	-0.009	-0.021
C_Pay4	0.119 ***	0.004	-0.006	0.014	0.04	0.02	0.178 ***	0.016	-0.036	-0.014	-0.003	0.008	-0.01
C_Gap1	0.079 ***	-0.002	-0.011	-0.02	0.017	-0.009	0.120 ***	0.011	-0.007	0	-0.009	-0.008	-0.016
C_Gap2	0.091 ***	0.002	-0.008	-0.012	0.036	0.014	0.152 ***	0.027	-0.028	0.008	-0.004	-0.004	-0.023
C_Gap3	0.107 ***	0.005	-0.004	-0.025	0.018	0.003	0.162 ***	0.014	-0.014	0.005	-0.011	-0.012	-0.025
C_Gap4	0.067 ***	-0.002	-0.004	0.003	0.036	0.02	0.150 ***	0.025	-0.027	-0.009	0	-0.016	-0.017
C_Per	1	-0.003	-0.011	0.045	-0.041	0.011	0.138 ***	0.014	-0.003	-0.024	-0.005	0.026	0.01
Dual		1	0.087 ***	-0.104 ***	-0.060 ***	0.032	-0.019	-0.087 ***	0.145 ***	-0.048	0.055 **	-0.099 ***	-0.03
Disp			1	-0.109 ***	-0.074 ***	0.015	-0.027	-0.039	0.211 ***	0.013	0.002	0.014	-0.034
SIZE				1	0.309 ***	0.100 ***	0.130 ***	0.238 ***	-0.147 ***	-0.108 ***	0.049	0.381 ***	0.454 ***
Lev					1	-0.029	0.102 ***	0.100 ***	-0.133 ***	0.004	0.003	0.137 ***	0.073 ***
Comm						1	0.02	-0.016	0.052 *	-0.260 ***	0.087 ***	-0.012	0.013
Gro							1	-0.027	-0.004	-0.036	0.036	-0.017	0.021
SV								1	-0.151 ***	0.058 **	-0.066 ***	0.602 ***	0.194 ***
MSN									1	-0.112 ***	0.060 ***	-0.130 ***	-0.046
Ten										1	-0.071 ***	0.039	-0.021
BS											1	-0.114 ***	0.012
Comp1												1	0.228 ***
Comp2													1

注：*、**、***分别表示在10%、5%、1%水平上显著。

（三）回归结果

1. 业绩变化对薪酬变化的影响分析

由于回归结果众多，为了方便阅读，文中仅列示了解释变量对被解释变量的回归结果，略去了相关控制变量回归结果。

表 8.5　　　　　　　　　　　业绩变化对薪酬变化的影响

Panel A：						
	高管薪酬变化率			普通员工薪酬变化率		
	全样本	业绩上升	业绩下降	全样本	业绩上升	业绩下降
常数项	0.413 2***	0.461 0**	1.076 0	−0.182 2	−0.954 3*	0.286 0**
	(2.914 2)	(2.424 7)	(0.620 0)	(−0.429 3)	(−1.742 6)	(1.991 6)
C_Per	0.022 3***	0.022 7***	0.005 6*	0.007 9*	0.009 1*	−0.001 5
	(4.235 3)	(4.319 2)	(1.744 8)	(1.713 4)	(1.756 4)	(−0.775 0)
D	−0.082 0***			−0.022 7*		
	(−5.592 8)			(−1.891 1)		
D×C_Per	−0.020 9***			−0.008 6		
	(−3.593 3)			(−1.631 1)		
AdjR²	0.059 3	0.051 9	0.003 3	0.005 5	0.002 7	0.019 5
N	4 707	3 082	1 625	4 707	3 082	1 625
Panel B：						
	核心高管薪酬变化率			非核心高管薪酬变化率		
	全样本	业绩上升	业绩下降	全样本	业绩上升	业绩下降
常数项	0.661 9***	0.779 2***	1.753 2	−0.224 3	0.473 8**	0.835 5
	(4.184 2)	(3.727 5)	(0.993 2)	(−0.292 0)	(2.299 9)	(0.481 6)
C_Per	0.026 0***	0.026 0***	0.007 9**	0.027 2***	0.026 6***	0.003 7
	(4.205 2)	(4.221 2)	(2.209 7)	(4.149 2)	(4.742 4)	(1.028 9)
D	−0.081 2***			−0.072 7***		
	(−4.838 2)			(−3.736 4)		
D×C_Per	−0.022 9***			−0.026 9***		
	(−3.375 4)			(−3.640 2)		
AdjR²	0.062 6	0.061 6	0.006 6	0.028 9	0.055 5	0.005 5
N	4 707	3 082	1 625	4 707	3 082	1 625

表 8.5 列示了业绩变化对薪酬变化的影响的回归结果。在管理层薪酬变化与业绩变化的回归结果中，当对全样本进行回归时，业绩的变化率 C_Per 的系数显著为正（0.022 3***）。这表明业绩每上升1%，管理层的薪酬会显著增加0.022 3%。代表业绩下降的虚拟变量 D 与业绩的变化率 C_Per 的交叉项 D×C

_Per 的系数显著为负（ -0.020 9*** ）。这说明业绩下降时，业绩变化对管理层薪酬的影响减弱。业绩下降 1% ，管理层薪酬下降 0.001 4% （ 0.022 3 - 0.020 9 ）。业绩上升时管理层薪酬上升的幅度是业绩下降时管理层薪酬下降幅度的 15.93 （ 0.022 3/0.001 4 ）倍。因此假设 1 在此得以验证。当对业绩上升和业绩下降的样本分别回归时，业绩的变化率 C_Per 的系数（ t 值）均显著大于 0 ，同样可以看到业绩下降时业绩变化对管理层薪酬变化的影响较小。

在普通员工薪酬变化与业绩变化的回归结果中，当对全样本进行回归时，业绩的变化率 C_Per 的系数显著为正（ 0.007 9* ），交叉项 D × C_Per 的系数虽然小于 0 ，但是并不显著。对业绩上升和业绩下降的样本分别回归，业绩上升时，业绩变化率的系数显著大于 0 ；业绩下降时，业绩的变化率的系数并不显著。假设 1 同样成立。

表 8.6　　　　　　　　　国有企业中业绩变化对薪酬变化的影响

Panel A：						
	高管薪酬变化率			普通员工薪酬变化率		
	全样本	业绩上升	业绩下降	全样本	业绩上升	业绩下降
常数项	0.716 6***	0.884 0***	-0.704 0	-0.119 0	-0.522 3	0.446 3***
	(4.031 0)	(3.817 6)	(-0.407 0)	(-0.233 1)	(-0.807 7)	(2.599 0)
C_Per	0.016 2**	0.017 1**	0.004 2	0.007 8	0.004 7	-0.002 7
	(2.330 7)	(2.466 6)	(1.038 1)	(1.258 8)	(0.608 0)	(-1.300 1)
D	-0.104 1***			-0.039 9***		
	(-5.711 9)			(-2.835 4)		
D × C_Per	-0.015 9**			-0.011 0		
	(-2.051 0)			(-1.619 2)		
AdjR^2	0.052 3	0.042 3	0.001 1	0.003 7	0.002 6	0.029 3
N	2 981	1 966	1 015	2 981	1 966	1 015
Panel B：						
	核心高管薪酬变化率			非核心高管薪酬变化率		
	全样本	业绩上升	业绩下降	全样本	业绩上升	业绩下降
常数项	0.938 0***	2.155 1**	-0.061 4	0.044 8	1.038 2***	-1.556 6
	(4.832 4)	(2.048 3)	(-0.033 4)	(0.052 2)	(4.159 2)	(-0.845 4)
C_Per	0.016 8**	0.010 0	0.008 3*	0.017 6**	0.019 5***	0.001 4
	(2.137 3)	(0.907 4)	(1.847 3)	(2.183 5)	(2.702 1)	(0.314 5)
D	-0.112 0***			-0.100 0***		
	(-5.529 5)			(-4.172 5)		
D × C_Per	-0.013 1			-0.020 1**		
	(-1.531 4)			(-2.177 3)		
AdjR^2	0.050 5	0.001 9	0.002 3	0.009 7	0.044 2	0.001 8
N	2 981	1 966	1 015	2 981	1 966	1 015

为了更好地对不同层级的高管进行研究，本篇将管理层分为核心高管和非核心高管分别进行回归，观察两种不同层级的高管薪酬变化与业绩变化之间的关系有何不同。可以看到，两种高管薪酬变化与业绩变化的回归结果并无显著差别，都符合假设1。

　　由于薪酬会受到所有制的影响（Meng，2000；张车伟、薛欣欣，2008），因此本篇区分国有企业和非国有企业样本分别进行回归。表8.6列示了国有企业中业绩变化对薪酬变化的影响结果。首先看管理层薪酬变化与业绩变化的回归结果，当对全样本进行回归时，业绩的变化率 C_Per 的系数显著为正（0.016 2**）；D×C_Per 的系数显著为负（−0.015 9**）。说明业绩上升1%，管理层薪酬上升 0.016 2%；业绩下降1%，管理层薪酬下降 0.000 3%（0.016 2−0.015 9）。对业绩上升和业绩下降的样本分别进行回归，业绩上升时，C_Per的系数显著为正；业绩下降时，C_Per 的系数不显著。说明管理层薪酬随着业绩的上升而上升，但不随着业绩的下降而下降。综上所述，假设1在此成立。

　　从普通员工薪酬变化与业绩变化的回归结果中可以看到，C_Per 与 D×C_Per 的系数均不显著，说明业绩变化与普通员工薪酬变化不相关。假设1对国有企业中的普通员工不成立。

　　在核心高管薪酬变化与业绩变化的回归中，当对全样本进行回归时，C_Per 的系数显著为正（0.016 8**），D×C_Per 的系数不显著。但是对业绩上升和业绩下降的样本分别进行回归时，C_Per 的系数在业绩上升时为正但并不显著，在业绩下降时显著为正（0.008 3*），这表示核心高管的薪酬不随着业绩的上升而上升，但会随着业绩的下降而下降，核心高管薪酬具有向上的刚性和向下的弹性，假设1不成立。本篇认为造成这种现象的原因可能有以下两点：

　　（1）为了起到表率作用，支持国家的限薪政策，高管不主动加薪。例如工商银行在业绩上升时提出的不加薪决策。

　　（2）高管对薪酬不重视，追求政治目标。吴联生等（2010）的研究也表明高管更重视政治前途，对薪酬激励不敏感。而且一大批零薪酬高管和极低薪酬高管的存在说明高管有弱化薪酬的趋势。

　　非核心高管薪酬变化与业绩变化的回归结果和对管理层薪酬变化与业绩变化进行回归时的结果基本相同，假设1在此成立。

　　表8.7列示了非国有企业中业绩变化对薪酬变化的影响的回归结果。可以看到，对高管薪酬变化与业绩变化的回归结果和对所有样本进行回归时相似。所有高管薪酬变化都与业绩变化显著正相关（C_Per 系数显著大于0），且业绩

上升时薪酬与业绩的相关性要大于业绩下降时薪酬与业绩的相关性（D×C_Per显著小于0），假设1得到验证。

普通员工薪酬变化与业绩变化的回归结果中，C_Per和D×C_Per的系数均不显著，说明业绩变化与普通员工薪酬变化不相关。假设1对普通员工不成立。

表8.7　　　　　　　　非国有企业中业绩变化对薪酬变化的影响

Panel A：	高管薪酬变化率			普通员工薪酬变化率		
	全样本	业绩上升	业绩下降	全样本	业绩上升	业绩下降
常数项	− 0.249 8	− 0.133 0	− 0.340 2	− 0.292 6	0.313 8	− 0.230 7
	（− 0.837 7）	（− 0.345 1）	（− 0.660 2）	（− 0.386 4）	（0.304 3）	（− 0.752 9）
C_Per	0.028 7***	0.029 9***	0.006 7**	0.008 1	0.008 6	− 0.000 7
	（3.578 3）	（3.708 5）	（2.052 5）	（1.175 6）	（1.225 5）	（− 0.177 1）
D	− 0.045 4 *			0.004 6		
	（− 1.789 1）			（0.207 2）		
D×C_Per	− 0.025 2***			− 0.004 2		
	（− 2.952 6）			（− 0.467 0）		
AdjR²	0.095 0	0.093 5	0.106 4	0.011 1	0.015 5	0.050 9
N	1 726	1 116	610	1 726	1 116	610
Panel B：	核心高管薪酬变化率			非核心高管薪酬变化率		
	全样本	业绩上升	业绩下降	全样本	业绩上升	业绩下降
常数项	− 0.154 1	0.108 4	− 0.415 5	− 0.366 5	− 0.285 9	− 0.416 0
	（− 0.505 2）	（0.279 8）	（− 0.782 2）	（− 1.127 2）	（− 0.663 5）	（− 0.831 3）
C_Per	0.034 7***	0.036 1***	0.004 6	0.034 6***	0.035 6***	0.007 3**
	（3.738 8）	（3.776 1）	（0.925 9）	（3.980 8）	（4.102 1）	（2.354 3）
D	− 0.036 4			− 0.040 0		
	（− 1.247 3）			（− 1.508 2）		
D×C_Per	− 0.033 2***			− 0.029 6***		
	（− 3.159 2）			（− 3.267 9）		
AdjR²	0.107 7	0.112 2	0.125 6	0.097 4	0.107 0	0.082 9
N	1 726	1 116	610	1 726	1 116	610

2. 业绩变化对薪酬差距变化的影响分析

表8.8列示了业绩变化对薪酬差距变化的影响分析的回归结果。在业绩变化对管理层内部薪酬差距变化的回归结果中，C_Per的系数显著为正（0.020 3**）；D×C_Per的系数不显著。分别对业绩上升和业绩下降的样本进行回归分析，业绩上升时C_Per的系数为正但不显著，业绩下降时C_Per的系

数在 10% 的水平下显著为正，说明管理层内部的薪酬差距不随业绩的上升而上升，但随业绩的下降而下降。假设 2 在此不成立。

表8.8   业绩变化对薪酬差距变化的影响

Panel A：

	管理层内部薪酬差距变化率			高管与员工间薪酬差距变化率		
	全样本	业绩上升	业绩下降	全样本	业绩上升	业绩下降
常数项	1.075 1***	2.313 4	0.680 5	0.839 1	1.082 0***	1.052 3
	(3.801 8)	(1.524 3)	(1.497 8)	(0.626 0)	(2.888 1)	(0.299 9)
C_Per	0.020 3**	0.016 8	0.008 5*	0.035 5***	0.036 3***	0.006 0
	(2.292 4)	(1.273 6)	(1.754 5)	(3.080 8)	(3.571 2)	(1.185 2)
D	−0.097 8***			−0.106 8***		
	(−3.219 1)			(−3.480 7)		
D×C_Per	−0.012 2			−0.037 0***		
	(−1.201 5)			(−2.844 7)		
AdjR²	0.028 9	0.003 3	0.022 6	0.013 9	0.045 0	0.001 4
N	4 707	3 082	1 625	4 707	3 082	1 625

Panel B：

	核心高管与员工间薪酬差距变化率			非核心高管与员工间薪酬差距变化率		
	全样本	业绩上升	业绩下降	全样本	业绩上升	业绩下降
常数项	0.904 5***	1.187 1***	2.120 8	3.098 7	5.708 7*	4.477 1
	(3.221 7)	(3.615 1)	(0.730 4)	(1.162 3)	(1.873 0)	(0.573 9)
C_Per	0.032 6***	0.032 6***	0.009 1*	0.085 4***	0.102 8***	−0.009 7
	(3.784 8)	(3.786 3)	(1.884 8)	(3.484 0)	(3.593 7)	(−0.957 3)
D	−0.094 3***			−0.069 0		
	(−3.972 9)			(−1.039 8)		
D×C_Per	−0.029 6***			−0.097 9***		
	(−3.097 4)			(−3.550 7)		
AdjR²	0.050 9	0.052 5	0.002 2	0.007 7	0.013 0	0.005 8
N	4 707	3 082	1 625	4 707	3 082	1 625

在业绩变化对高管与员工间薪酬差距变化的影响的回归结果中，C_Per 的系数显著为正（0.035 5***）；D×C_Per 的系数显著为负（−0.037 0***）。这说明业绩上升 1%，高管与员工间的薪酬差距上升 0.035 5%；业绩下降 1%，高管与员工间的薪酬差距下降 −0.001 5%（0.035 5 − 0.037 0），即上升了

0.001 5%。高管与员工间薪酬差距在业绩上升时增加的幅度是业绩下降时增加幅度的 23.67 倍（0.035 5/0.001 5）。将业绩上升和业绩下降的样本分别回归，业绩上升时 C_Per 的系数在 1% 的水平下显著为正（0.036 3***），业绩下降时 C_Per 的系数并不显著，说明高管与员工间的薪酬差距随业绩的上升而上升，但不随业绩的下降而下降。可见，假设 2 成立。同时，业绩上升时，高管薪酬上升的幅度大于员工薪酬上升的幅度；业绩下降时，高管薪酬下降的幅度不高于员工薪酬下降的幅度。高管的薪酬具有"尺蠖效应"的特征。

在核心高管与员工间的薪酬差距变化与业绩变化的回归结果中，C_Per 的系数显著为正（0.032 6***）；D×C_Per 的系数显著为负（−0.029 6***）。说明业绩上升 1%，核心高管与员工间的薪酬差距上升 0.032 6%；业绩下降 1%，核心高管与员工间的薪酬差距下降 0.003%（0.032 6 − 0.029 6）。业绩上升时核心高管与员工间薪酬差距上升的幅度是业绩下降时核心高管与员工间薪酬差距下降幅度的 10.87 倍（0.032 6/0.003）。单独对业绩上升和业绩下降的样本进行回归时，C_Per 的系数均显著为正，且在业绩上升时大于业绩下降时，假设 2 成立。

非核心高管与员工间薪酬差距的变化与业绩变化的回归结果和业绩变化对高管与员工间薪酬差距变化的影响的回归结果相同，都证明假设 2 成立，且非核心高管的薪酬存在尺蠖效应的特征。

表 8.9 列示了国有企业样本中业绩变化对薪酬差距变化的影响结果。从管理层内部的薪酬差距变化与业绩变化的回归结果中可以看到，业绩变化对管理层内部薪酬差距变化没有显著性影响（Leonard，1 990），假设 2 不成立。

表 8.9　　　　　国有企业中业绩变化对薪酬差距变化的影响

Panel A:						
	管理层内部薪酬差距变化率			高管与员工间薪酬差距变化率		
	全样本	业绩上升	业绩下降	全样本	业绩上升	业绩下降
常数项	2.370 5	2.588 9	1.036 2 *	1.316 4***	1.678 4***	−1.220 2
	(1.573 1)	(1.327 7)	(1.831 3)	(3.440 3)	(3.809 6)	(−0.404 0)
C_Per	0.009 7	0.001 8	0.009 6	0.028 6**	0.029 5**	0.006 7
	(0.700 8)	(0.097 8)	(1.642 9)	(2.319 2)	(2.396 4)	(0.984 4)
D	−0.156 8***			−0.118 0***		
	(−3.638 6)			(−3.669 6)		
D×C_Per	−0.000 7			−0.030 3**		
	(−0.044 2)			(−2.115 0)		
AdjR²	0.002 7	0.001 6	0.020 1	0.037 5	0.036 0	0.000 6
N	2 981	1 966	1 015	2 981	1 966	1 015

表8.9(续)

Panel B:	核心高管与员工间薪酬差距变化率			非核心高管与员工间薪酬差距变化率		
	全样本	业绩上升	业绩下降	全样本	业绩上升	业绩下降
常数项	1.359 6***	1.643 7***	1.486 5	2.526 0	3.329 6***	−6.824 4
	(4.172 3)	(4.095 7)	(0.553 1)	(0.841 1)	(3.064 7)	(−0.887 8)
C_Per	0.023 7**	0.023 7**	0.011 3*	0.065 5**	0.084 4***	−0.012 9
	(2.186 5)	(2.180 4)	(1.815 6)	(2.343 5)	(2.742 7)	(−0.888 0)
D	−0.127 9***			−0.084 2		
	(−4.480 3)			(−1.048 2)		
D×C_Per	−0.020 0*			−0.084 6**		
	(−1.659 1)			(−2.561 2)		
AdjR²	0.039 8	0.037 8	0.000 4	0.003 1	0.033 7	0.001 0
N	2 981	1 966	1 015	2 981	1 966	1 015

高管与员工薪酬差距变化与业绩变化的回归结果中,C_Per 的系数显著为正 (0.028 6**),D×C_Per 的系数显著为负 (−0.030 3**)。这说明业绩上升1%,高管与员工的薪酬差距上升0.028 6%;业绩下降1%,高管与员工间的薪酬差距下降 −0.001 7% (0.028 6 − 0.030 3)。假设2成立。单独对业绩上升的样本回归时,C_Per 的系数显著为正 (0.029 5**);单独对业绩下降的样本回归时,C_Per 的系数不显著。高管薪酬具有尺蠖效应的特征。

由核心高管与员工间薪酬差距变化与业绩变化的回归结果、非核心高管与员工间薪酬差距变化与业绩变化的回归结果同样可以验证假设2成立,且非核心高管的薪酬具有尺蠖效应的特征。

表8.10列示的是非国有企业中业绩变化对薪酬差距变化的影响结果。从管理层内部薪酬差距变化与业绩变化的回归结果中可以看到,业绩的变化率 C_Per 的系数显著为正 (0.026 6**);D×C_Per 的系数不显著。单独对业绩上升和业绩下降的样本进行回归,业绩上升时 C_Per 的系数显著为正,业绩下降时 C_Per 的系数并不显著。综合以上的结果可以认为,业绩变化对管理层内部薪酬差距变化具有显著的正向影响,且业绩上升时业绩变化对管理层内部薪酬差距变化的正向影响大于业绩下降时,假设2成立。

表 8.10　　　　　　　非国有企业中业绩变化对薪酬差距变化的影响

Panel A：

	管理层内部的薪酬差距变化率			高管与员工间的薪酬差距变化率		
	全样本	业绩上升	业绩下降	全样本	业绩上升	业绩下降
常数项	0.192 1	1.047 2 *	−1.042 8	−1.340 3	0.022 7	−0.478 4
	(0.393 7)	(1.800 4)	(−1.181 2)	(−0.620 0)	(0.028 7)	(−0.509 9)
C_Per	0.026 6**	0.027 5**	0.007 9	0.048 9**	0.044 6***	0.006 5
	(2.123 1)	(2.152 5)	(0.995 3)	(2.534 7)	(2.674 5)	(1.060 2)
D	−0.046 9			−0.061 8		
	(−0.951 9)			(−1.087 0)		
D×C_Per	−0.023 1			−0.045 2**		
	(−1.535 7)			(−2.207 4)		
AdjR^2	0.081 4	0.073 9	0.141 1	0.015 3	0.076 9	0.141 0
N	1 726	1 116	610	1 726	1 116	610

Panel B：

	核心高管与员工间薪酬差距变化率			非核心高管与员工间薪酬差距变化率		
	全样本	业绩上升	业绩下降	全样本	业绩上升	业绩下降
常数项	−0.265 4	0.284 4	−0.653 2	0.833 2	2.236 0	−4.221 4
	(−0.487 8)	(0.437 4)	(−0.785 0)	(0.188 1)	(0.424 1)	(−0.463 1)
C_Per	0.040 8***	0.042 6***	0.004 9	0.110 5***	0.144 6***	0.008 7
	(3.084 2)	(3.163 5)	(0.775 9)	(2.625 5)	(2.930 5)	(0.643 4)
D	−0.043 7			−0.045 1		
	(−1.071 2)			(−0.388 2)		
D×C_Per	−0.039 8***			−0.107 2**		
	(−2.684 4)			(−2.483 2)		
AdjR^2	0.106 3	0.098 2	0.153 0	0.018 7	0.015 8	0.013 9
N	1 726	1 116	610	1 726	1 116	610

在高管与员工间薪酬差距变化与业绩变化的回归结果中。业绩变化率 C_Per 的系数显著为正（0.048 9**）；D×C_Per 的系数显著为负（−0.045 2**）。这说明业绩上升 1%，高管与员工间的薪酬差距上升 0.048 9%；业绩下降 1%，高管与员工间薪酬差距下降 0.003 7%（0.048 9−0.045 2）。高管与员工间薪酬差距在业绩上升时增加的幅度是在业绩下降时减小的幅度的 13.22 倍（0.048 9/0.003 7）。因此，假设 2 成立。对业绩上升和业绩下降的样本分别进行回归，C_Per 的系数在业绩上升显著为正（0.044 6***），在业绩下降时不显著，说明业绩上升时高管薪酬增加的幅度大于普通员工，业绩下降时高管薪酬减少的幅度并未大于普通员工，高管薪酬具有弱尺蠖效应的特征。

从 Panel B 的回归结果中，同样可以得到假设 2 成立，且高管薪酬具有弱尺蠖效应的特征的结论。

3. 管理层权力对薪酬差距变化的影响

（1）董事长和总经理两职合一（Dual）。表 8.11 列示的是两职合一对薪酬差距变化影响的回归结果。首先，四个薪酬差距的回归中，Dual 的系数均不显著，说明两职合一对薪酬差距的变化没有显著的影响，假设 3a 没有得到验证。卢锐（2007）等认为两职合一能显著增加公司内部的薪酬差距。本篇研究结果的不同可能是因为直接利用权力获得高额薪酬容易引起公众和上级的怀疑，为了降低"愤怒"成本，管理层通常采取一些伪装的方式操控薪酬（纳超洪，2009），因此管理层可能选择更加隐蔽的方式，如在职消费获得私有收益（权小锋等，2010）；也可能说明管理层权力仅能提高薪酬差距的水平，但是却不会提高薪酬差距变化的幅度。

在四个薪酬差距变化与管理层权力的回归结果中，Dual × C_Per 的系数在业绩上升时均显著小于 0，说明业绩上升时，两职合一降低了薪酬差距变化与业绩变化的相关性。Dual × C_Per 的系数在业绩下降时为负但不显著，说明业绩下降时，两职合一对薪酬差距变化与业绩变化的相关性没有影响，假设 3b 不成立。

表 8.11　　　　　　　　　两职合一对薪酬差距变化的影响

Panel A:						
	管理层内部薪酬差距变化率			高管与员工间薪酬差距变化率		
	全样本	业绩上升	业绩下降	全样本	业绩上升	业绩下降
常数项	1.076 4***	2.497 6*	0.682 3	0.844 2	2.383 5	0.933 1
	(3.803 5)	(1.654 0)	(1.493 0)	(0.628 5)	(1.526 2)	(0.264 5)
C_Per	0.024 0**	0.025 4*	0.009 4*	0.039 1***	0.049 4***	0.006 1
	(2.501 4)	(1.755 7)	(1.780 9)	(3.110 7)	(3.233 5)	(1.112 4)
D	−0.089 1***			−0.103 3***		
	(−2.713 2)			(−3.166 7)		
D × C_Per	−0.015 2			−0.042 6***		
	(−1.384 1)			(−3.033 2)		
Dual	0.043 5	−0.121 2	−0.028 2	0.079 8	0.002 6	0.071 7
	(0.892 9)	(−1.440 0)	(−0.387 6)	(1.011 6)	(0.027 2)	(0.610 4)
Dual × C_Per	−0.031 6	−0.067 4***	−0.007 6	−0.029 1	−0.067 5***	−0.001 7
	(−1.410 0)	(−2.667 2)	(−0.752 7)	(−1.040 5)	(−2.676 8)	(−0.148 5)
D × Dual	−0.069 1			−0.024 1		
	(−0.837 4)			(−0.316 1)		
D × Dual × C_Per	0.025 6			0.046 9		
	(1.025 7)			(1.539 5)		
AdjR²	0.029 3	0.003 0	0.022 8	0.013 8	0.010 9	0.001 3
N	4 707	3 082	1 625	4 707	3 082	1 625

表8.11(续)

Panel B:	核心高管与员工间薪酬差距变化率			非核心高管与员工薪酬差距变化率		
	全样本	业绩上升	业绩下降	全样本	业绩上升	业绩下降
常数项	1.076 4***	2.497 6*	0.682 3	0.844 2	2.383 5	0.933 1
	(3.803 5)	(1.654 0)	(1.493 0)	(0.628 5)	(1.526 2)	(0.264 5)
C_Per	0.024 0**	0.025 4*	0.009 4*	0.039 1***	0.049 4***	0.006 1
	(2.501 4)	(1.755 7)	(1.780 9)	(3.110 7)	(3.233 5)	(1.112 4)
D	−0.089 1***			−0.103 3***		
	(−2.713 2)			(−3.166 7)		
D×C_Per	−0.015 2			−0.042 6***		
	(−1.384 1)			(−3.033 2)		
Dual	0.043 5	−0.121 2	−0.028 2	0.079 8	0.002 6	0.071 7
	(0.892 9)	(−1.440 0)	(−0.387 6)	(1.011 6)	(0.027 2)	(0.610 4)
Dual×C_Per	−0.031 6	−0.067 4***	−0.007 6	−0.029 1	−0.067 5***	−0.001 7
	(−1.410 0)	(−2.667 2)	(−0.752 7)	(−1.040 5)	(−2.676 8)	(−0.148 5)
D×Dual	−0.069 1			−0.024 1		
	(−0.837 4)			(−0.316 1)		
D×Dual ×C_Per	0.025 6			0.046 9		
	(1.025 7)			(1.539 5)		
AdjR²	0.029 3	0.003 0	0.022 8	0.013 8	0.010 9	0.001 3
N	4 707	3 082	1 625	4 707	3 082	1 625

表8.12列示了国有企业中两职合一对薪酬差距变化的影响结果。两职合一与薪酬差距的变化率没有显著性关系,说明管理层权力不能直接影响薪酬差距的变化率,假设3a不成立。

两职合一对管理层内部薪酬差距变化的回归结果中,虽然对业绩上升和业绩下降的样本分别进行回归时,两职合一与业绩变化的交叉项(Dual×C_Per)的系数均不显著。但从全样本的综合回归结果看,Dual×C_Per的系数显著为正(0.108 7**);D×Dual×C_Per的系数显著为负(−0.100 4*)。说明两职合一对管理层内部的薪酬差距变化与业绩变化的相关性具有显著的正向作用,在业绩下降时这种正向作用虽然减弱,但依然存在(0.108 7 − 0.100 4 = 0.008 3)。综合来看,假设3b不成立。

在高管与员工间薪酬差距变化与业绩变化的回归结果中,Dual×C_Per的系数显著为正(0.188 6**);D×Dual×C_Per的系数显著为负(−0.169 6**)。说明两职合一对高管与员工间薪酬差距变化与业绩变化的相关性具有显著的正向作用,在业绩下降时这种正向作用虽然减弱,但依然存在(0.188 6 − 0.169 6 = 0.019)。对业绩上升和业绩下降的样本分别回归,Dual×C_Per的系数在业绩

表8.12　　国有企业中两职合一对薪酬差距变化的影响

Panel A:

	管理层内部薪酬差距变化率			高管与员工间薪酬差距变化率		
	全样本	业绩上升	业绩下降	全样本	业绩上升	业绩下降
常数项	1.331 1***	2.686 2	1.069 7*	1.318 6***	1.610 2***	−1.195 1
	(3.781 2)	(1.372 4)	(1.866 3)	(3.447 6)	(3.668 8)	(−0.390 8)
C_Per	0.008 0	0.002 0	0.008 8	0.022 1*	0.023 3**	0.006 3
	(0.677 1)	(0.107 5)	(1.390 2)	(1.938 6)	(2.032 5)	(0.916 0)
D	−0.139 6***			−0.116 7***		
	(−3.538 7)			(−3.493 8)		
D×C_Per	0.001 1			−0.025 6*		
	(0.082 0)			(−1.857 5)		
Dual	−0.085 7	−0.124 1	−0.021 3	−0.087 8	−0.076 5	0.045 5
	(−1.075 7)	(−0.860 4)	(−0.183 4)	(−1.037 0)	(−0.955 0)	(0.363 8)
Dual×C_Per	0.108 7**	−0.000 4	0.009 2	0.188 6**	0.186 3**	0.004 5
	(1.979 1)	(−0.004 0)	(0.811 1)	(2.509 8)	(2.527 0)	(0.189 3)
D×Dual	0.058 8			0.059 7		
	(0.423 8)			(0.561 7)		
D×Dual×C_Per	−0.100 4*			−0.169 6**		
	(−1.798 3)			(−2.237 4)		
AdjR²	0.025 0	0.001 6	0.020 3	0.043 8	0.044 9	0.000 6
N	2 981	1 966	1 015	2 981	1 966	1 015

Panel B:

	核心高管与员工间薪酬差距变化率			非核心高管与员工间薪酬差距变化率		
	全样本	业绩上升	业绩下降	全样本	业绩上升	业绩下降
常数项	1.356 1***	1.591 9***	1.511 3	2.943 1	3.151 4***	−6.493 0
	(4.160 6)	(3.991 6)	(0.550 8)	(1.012 9)	(2.887 9)	(−0.845 4)
C_Per	0.018 6*	0.018 8*	0.010 8*	0.050 4*	0.069 2**	−0.014 3
	(1.820 4)	(1.838 4)	(1.659 1)	(1.951 3)	(2.378 5)	(−0.963 8)
D	−0.129 7***			−0.083 3		
	(−4.412 6)			(−0.973 7)		
D×C_Per	−0.015 9			−0.074 4**		
	(−1.371 6)			(−2.338 0)		
Dual	−0.083 2	−0.073 4	0.078 9	−0.179 7	−0.232 1	0.015 8
	(−1.158 3)	(−1.077 2)	(0.379 0)	(−0.674 7)	(−1.114 1)	(0.079 9)
Dual×C_Per	0.149 3**	0.149 1**	0.006 6	0.536 2**	0.462 6**	0.023 8
	(2.310 8)	(2.341 0)	(0.474 3)	(2.532 6)	(2.218 6)	(0.463 1)
D×Dual	0.080 0			0.267 2		
	(0.752 6)			(1.174 4)		
D×Dual×C_Per	−0.137 2**			−0.489 5**		
	(−2.109 4)			(−2.277 5)		
AdjR²	0.044 9	0.045 2	0.000 4	0.005 1	0.045 6	0.001 0
N	2 981	1 966	1 015	2 981	1 966	1 015

上升时显著为正（0.186 3**），在业绩下降时不显著。说明两职合一在业绩上升时对高管与员工间薪酬差距变化与业绩变化的相关性具有显著的正向影响，在业绩下降时没有显著的影响。结合全样本和分样本的结果来看，两职合一在业绩上升时虽然增加了业绩变化与高管和员工间薪酬差距变化的敏感性，但在业绩下降时却没有降低业绩变化与高管与员工间薪酬差距的敏感性。因此假设3b不成立。

Panel B 中两个薪酬差距变化与业绩变化的回归结果与高管与员工间薪酬差距变化与业绩变化的回归结果的意义相同，假设3b同样不成立。两职合一在业绩上升时增加了业绩变化与薪酬差距变化的敏感性，在业绩下降时没有降低业绩变化与高管与员工间薪酬差距的敏感性。

这说明国有企业中高管倾向于在业绩上升时将功劳揽在自己身上，利用权力获取更多的薪酬上的奖励；业绩下降时推卸责任，从而为自己开脱。

表 8.13 是非国有企业中两职合一对薪酬差距变化的影响分析结果。先看假设3a是否成立。在两职合一对管理层内部薪酬差距变化的回归结果中，Dual的系数显著为正（0.132 0**）；D×Dual 的系数显著为负（−0.175 9*）。说明业绩上升时，两职合一对管理层内部薪酬差距变化具有显著的正向作用；业绩下降时，两职合一对管理层内部薪酬差距变化具有显著的负向作用（0.132 0 − 0.175 9 = −0.043 9）。当区分业绩上升和下降的样本分别回归时，Dual 的系数在业绩上升时显著大于0，在业绩下降时不显著。说明两职合一在业绩上升时对管理层内部的薪酬差距具有显著的正向作用，在业绩下降时没有显著作用。假设3a不成立。

在两职合一对高管与员工间薪酬差距变化的回归结果中，Dual 的系数显著为正（0.140 1**）；D×Dual 的系数不显著。说明两职合一对高管与员工间薪酬差距的变化具有显著的正向影响。区分业绩上升和下降的样本分别回归时，Dual 的系数在业绩上升时显著大于0，在业绩下降时不显著。说明两职合一在业绩上升时对管理层内部的薪酬差距具有显著的正向作用，在业绩下降时没有显著作用。假设3a不成立。

业绩上升时，两职合一对核心高管与员工薪酬差距变化具有显著的正向影响；业绩下降时，两职合一对核心高管与员工薪酬差距变化没有显著影响。不管业绩上升还是下降，两职合一都对非核心高管与员工薪酬差距变化没有显著影响。假设3a同样不成立。

表 8.13　　非国有企业中两职合一对薪酬差距变化的影响

Panel A：

	管理层内部薪酬差距变化率			高管与员工间薪酬差距变化率		
	全样本	业绩上升	业绩下降	全样本	业绩上升	业绩下降
常数项	0.185 9	1.075 0 *	−1.091 6	−0.382 7	0.058 2	−0.580 0
	(0.383 6)	(1.830 2)	(−1.258 9)	(−0.599 6)	(0.072 3)	(−0.623 5)
C_Per	0.041 6 ***	0.042 9 ***	0.014 8 *	0.057 7 ***	0.060 8 ***	0.012 3 *
	(2.880 5)	(2.907 8)	(1.764 4)	(2.938 7)	(3.076 3)	(1.877 4)
D	−0.011 5			−0.034 3		
	(−0.204 9)			(−0.658 8)		
D × C_Per	−0.033 4 **			−0.051 1 **		
	(−1.996 3)			(−2.469 7)		
Dual	0.132 0 **	0.117 3 *	−0.059 5	0.140 1 **	0.119 6 *	0.006 8
	(2.070 8)	(1.845 0)	(−0.689 3)	(2.041 6)	(1.732 8)	(0.079 5)
Dual × C_Per	−0.074 7 ***	−0.074 5 ***	−0.038 3 **	−0.076 1 ***	−0.077 1 ***	−0.032 0 ***
	(−3.667 7)	(−3.597 6)	(−2.451 5)	(−3.153 2)	(−3.210 8)	(−2.591 5)
D × Dual	−0.175 9 *			−0.133 6		
	(−1.698 9)			(−1.391 9)		
D × Dual × C_Per	0.048 4 *			0.050 1 *		
	(1.905 3)			(1.826 0)		
AdjR²	0.086 7	0.080 1	0.145 3	0.098 6	0.084 1	0.146 1
N	1 726	1 116	610	1 726	1 116	610

Panel B：

	核心高管与员工间薪酬差距变化率			非核心高管与员工间薪酬差距变化率		
	全样本	业绩上升	业绩下降	全样本	业绩上升	业绩下降
常数项	−0.271 7	0.323 6	−0.729 4	−0.151 7	1.946 5	−4.833 7
	(−0.503 1)	(0.492 1)	(−0.887 0)	(−0.101 6)	(0.373 9)	(−0.532 2)
C_Per	0.056 4 ***	0.058 6 ***	0.010 8	0.121 1 ***	0.185 5 ***	0.009 5
	(3.646 1)	(3.713 8)	(1.564 0)	(2.619 2)	(3.099 3)	(0.625 5)
D	−0.015 9			−0.037 2		
	(−0.351 7)			(−0.353 0)		
D × C_Per	−0.051 1 ***			−0.114 5 **		
	(−3.009 9)			(−2.431 2)		
Dual	0.130 2 **	0.110 2 *	−0.013 5	0.289 1 *	0.043 6	0.323 2
	(2.266 0)	(1.897 9)	(−0.179 3)	(1.770 4)	(0.138 8)	(1.100 9)
Dual × C_Per	−0.076 9 ***	−0.076 3 ***	−0.032 3 ***	−0.125 7 **	−0.175 5 ***	−0.012 8
	(−3.902 6)	(−3.880 6)	(−2.828 6)	(−2.432 7)	(−2.977 1)	(−0.551 4)
D × Dual	−0.133 7			−0.141 2		
	(−1.602 1)			(−0.664 9)		
D × Dual × C_Per	0.053 1 **			0.074 4		
	(2.349 7)			(1.022 7)		
AdjR²	0.114 3	0.107 5	0.157 8	0.070 4	0.019 1	0.014 6
N	1 726	1 116	610	1 726	1 116	610

因此，两职合一仅在业绩上升时对管理层内部薪酬差距变化和核心高管与员工间薪酬差距变化具有显著的正向作用。

再看假设 3b 是否成立。在两职合一对管理层内部薪酬差距变化的影响的回归结果中，Dual×C_Per 的系数显著为负（−0.074 7***）；D×Dual×C_Per 的系数显著为正（0.048 4*）。说明两职合一在业绩上升时会对管理层内部薪酬差距变化与业绩变化的相关性产生显著的负向影响，这种负向影响在业绩下降时虽然减弱，但仍然存在（−0.074 7 + 0.048 4 = −0.026 3）。区分业绩上升和业绩下降的样本分别回归时，Dual×C_Per 的系数均显著小于 0，这说明无论业绩上升还是下降，两职合一都对管理层内部薪酬差距变化与业绩变化的相关性产生显著的负向影响。

同样的，两职合一对高管与员工间薪酬差距变化与业绩变化的相关性具有显著的负向影响，对核心高管与员工间薪酬差距变化与业绩变化的相关性具有显著的负向影响。在两职合一对非核心高管与员工间薪酬差距变化的结果中，虽然对业绩下降的样本单独回归时 Dual×C_Per 的系数不显著，但全样本回归中 Dual×C_Per 的系数显著为负（−0.125 7**），同样可以认为两职合一对非核心高管与员工间薪酬差距变化与业绩变化的相关性产生了显著的负向影响。

因此，在非国有企业中，两职合一对公司内部薪酬差距变化与业绩变化的相关性产生了显著的负向影响，假设 3b 不成立。

本篇认为之所以业绩上升时两职合一会降低薪酬差距与业绩的相关性，可能是因为我国大部分的非国有企业都是家族企业，高管一般都是企业的创始股东或其亲属（储小平，2000），两职合一说明所有者对企业的实际控制力更大，通过其他渠道获得收益的可能性也高，对薪酬的重视度偏低。在业绩上升时，可能会降低薪酬差距的正向变化，以彰显对员工的重视。而在业绩下降时，高管也会推卸责任，将过失推给下级高管或员工，以激励他们努力工作。

（2）股权分散度（Disp）。表 8.14 列示的是股权分散度对薪酬差距变化的回归结果。首先，股权分散度 Disp 的系数都不显著，说明股权分散度对薪酬差距变化没有显著性影响，假设 3a 不成立。

在管理层内部薪酬差距变化与业绩变化的回归分析中，股权分散度仅在业绩上升时会降低管理层内部薪酬差距变化与业绩变化的相关性（Disp×C_Per 的系数为 −0.031 1**）。在三个高管与员工薪酬差距变化与业绩变化的回归分析中，股权分散度仅在业绩下降时会降低管理层内部薪酬差距变化与业绩变化的相关性。可见假设 3b 并不成立。

表 8.14　　　　　　　　　　股权分散度对薪酬差距变化的影响

Panel A:						
	管理层内部的薪酬差距变化率			高管与员工间薪酬差距变化率		
	全样本	业绩上升	业绩下降	全样本	业绩上升	业绩下降
常数项	1.080 8***	1.256 9***	0.717 8	0.800 7**	1.102 1***	0.856 5
	(3.808 0)	(3.459 2)	(1.568 0)	(2.432 3)	(2.930 5)	(0.244 4)
C_Per	0.027 2***	0.028 3***	0.011 8*	0.040 1***	0.040 6***	0.013 4**
	(2.579 5)	(2.759 5)	(1.790 6)	(3.283 1)	(3.317 0)	(2.034 6)
D	−0.075 2**			−0.082 9***		
	(−2.109 3)			(−2.651 9)		
D × C_Per	−0.016 9			−0.033 0**		
	(−1.357 9)			(−2.438 7)		
Disp	0.029 5	0.024 1	−0.074 2	0.003 3	0.000 3	−0.101 0
	(0.737 3)	(0.633 0)	(−1.447 8)	(0.079 1)	(0.007 1)	(−0.733 3)
Disp × C_Per	−0.029 3*	−0.031 1**	−0.010 3	−0.019 9	−0.018 2	−0.022 8***
	(−1.798 4)	(−1.972 2)	(−1.224 6)	(−0.941 7)	(−0.880 8)	(−2.619 4)
D × Disp	−0.095 2			−0.054 6		
	(−1.462 7)			(−0.937 7)		
D × Disp × C_Per	0.022 1			−0.003 0		
	(1.207 2)			(−0.126 6)		
AdjR²	0.029 8	0.032 9	0.023 4	0.046 9	0.045 7	0.002 2
N	4 707	3 082	1 625	4 707	3 082	1 625

Panel B:						
	核心高管与员工间薪酬差距变化率			非核心高管与员工间薪酬差距变化率		
	全样本	业绩上升	业绩下降	全样本	业绩上升	业绩下降
_cons	0.904 6***	1.193 0***	2.022 8	2.976 9	5.688 8*	4.062 9
	(3.205 2)	(3.628 6)	(0.700 6)	(1.105 5)	(1.867 6)	(0.521 5)
C_Per	0.038 5***	0.038 7***	0.014 8**	0.089 5***	0.102 0***	0.003 5
	(3.742 2)	(3.733 2)	(2.306 1)	(3.191 7)	(3.040 1)	(0.300 8)
D	−0.075 0***			−0.049 2		
	(−2.732 6)			(−0.638 3)		
D × C_Per	−0.031 0***			−0.086 6***		
	(−2.685 2)			(−2.871 3)		
Disp	0.027 1	0.028 6	−0.137 4	−0.075 4	−0.179 2	−0.108 0
	(0.750 4)	(0.796 6)	(−1.393 1)	(−0.566 4)	(−1.232 1)	(−0.277 1)
Disp × C_Per	−0.025 1	−0.025 4	−0.017 4**	−0.021 1	0.000 7	−0.040 9**
	(−1.488 0)	(−1.532 3)	(−2.190 3)	(−0.363 6)	(0.010 3)	(−2.114 5)
D × Disp	−0.078 9			−0.084 7		
	(−1.563 2)			(−0.562 5)		
D × Disp × C_Per	0.011 5			−0.025 5		
	(0.626 7)			(−0.394 5)		
AdjR²	0.052 1	0.053 8	0.002 9	0.008 2	0.012 3	0.006 9
N	4 707	3 082	1 625	4 707	3 082	1 625

表 8.15　　　　国有企业中股权分散度对薪酬差距变化的影响

Panel A：

	管理层内部薪酬差距变化率			高管与员工间薪酬差距变化率		
	全样本	业绩上升	业绩下降	全样本	业绩上升	业绩下降
常数项	1.312 5***	2.576 4	1.053 9*	1.336 5***	1.683 5***	−1.103 8
	(3.758 7)	(1.338 0)	(1.840 9)	(3.489 6)	(3.827 0)	(−0.367 6)
C_Per	0.016 2	−0.001 5	0.011 0	0.030 1**	0.029 8**	0.013 3
	(1.170 2)	(−0.080 6)	(1.345 0)	(2.145 2)	(2.104 6)	(1.435 5)
D	−0.122 4***			−0.102 9***		
	(−2.850 0)			(−2.833 1)		
D×C_Per	−0.005 5			−0.024 5		
	(−0.339 1)			(−1.516 1)		
Disp	0.051 8	−0.039 7	−0.023 3	−0.006 0	−0.011 0	0.036 7
	(0.907 2)	(−0.290 1)	(−0.322 0)	(−0.110 4)	(−0.214 1)	(0.215 0)
Disp×C_Per	−0.021 1	0.017 9	−0.004 3	−0.007 8	−0.001 3	−0.018 6
	(−0.891 0)	(0.390 5)	(−0.406 5)	(−0.282 7)	(−0.046 8)	(−1.550 5)
D×Disp	−0.075 6			−0.065 1		
	(−0.816 0)			(−0.855 0)		
D×Disp×C_Per	0.018 3			−0.013 7		
	(0.709 3)			(−0.433 9)		
AdjR²	0.023 9	0.001 6	0.020 2	0.038 5	0.036 0	0.001 1
N	2 981	1 966	1 015	2 981	1 966	1 015

Panel B：

	核心高管与员工间薪酬差距变化率			非核心高管与员工间薪酬差距变化率		
	全样本	业绩上升	业绩下降	全样本	业绩上升	业绩下降
常数项	1.360 6***	1.631 1***	1.621 0	2.337 6**	3.372 9***	−6.989 0
	(4.183 7)	(4.079 0)	(0.603 8)	(2.371 4)	(3.115 0)	(−0.918 1)
C_Per	0.026 7**	0.026 4**	0.014 7	0.080 2**	0.078 7**	0.000 2
	(2.116 9)	(2.081 3)	(1.642 6)	(2.409 9)	(2.354 6)	(0.009 6)
D	−0.107 9***			−0.009 0		
	(−3.335 1)			(−0.106 3)		
D×C_Per	−0.019 2			−0.075 6**		
	(−1.350 5)			(−2.089 9)		
Disp	0.035 7	0.036 1	−0.092 2	−0.077 9	−0.138 9	0.645 7
	(0.742 3)	(0.786 5)	(−0.939 7)	(−0.649 4)	(−1.218 9)	(1.034 0)
Disp×C_Per	−0.014 8	−0.013 4	−0.010 4	0.002 8	0.029 6	−0.031 2
	(−0.669 1)	(−0.612 8)	(−0.955 1)	(0.033 9)	(0.381 0)	(−1.181 7)
D×Disp	−0.094 5			−0.011 5		
	(−1.420 7)			(−0.060 0)		
D×Disp×C_Per	0.003 6			−0.053 2		
	(0.150 6)			(−0.589 1)		
AdjR²	0.040 7	0.038 2	0.000 6	0.029 9	0.033 8	0.001 4
N	2 981	1 966	1 015	2 981	1 966	1 015

表 8.15 是国有企业中股权分散度对薪酬差距变化的影响结果。可以看到，股权分散度 Disp 的系数均不显著，Disp × C_Per 的系数也不显著。说明国有企业中，股权分散度对薪酬差距变化没有显著的影响。这可能是因为国有企业中股权分散是政府主导下的股权分散，各个股东的利益没有本质的不同（朱红军、汪辉，2004），因此高管的权力可能与股权集中时并没有显著的不同，无法对薪酬差距变化产生显著的影响。

表 8.16 是非国有企业中股权分散度对薪酬差距变化的影响结果。从中可以看到，股权分散度 Disp 仅在业绩下降时对业绩变化与管理层内部薪酬差距变化的相关性具有显著的负向影响（ -0.143 7 ）， 其余情况下均不显著，假设 3a 不成立。

表 8.16　　　非国有企业中股权分散度对薪酬差距变化的影响

Panel A:						
	管理层内部薪酬差距变化率			高管与员工间薪酬差距变化率		
	全样本	业绩上升	业绩下降	全样本	业绩上升	业绩下降
常数项	0.200 6	1.114 2 *	-1.085 3	-0.391 8	0.103 6	-5.354 4
	(0.406 6)	(1.900 9)	(-1.238 0)	(-0.612 0)	(0.129 5)	(-0.909 4)
C_Per	0.036 5 **	0.037 7 **	0.015 9 *	0.050 1 **	0.052 8 **	0.021 5
	(2.345 6)	(2.381 1)	(1.669 3)	(2.427 2)	(2.503 2)	(1.550 8)
D	-0.008 7			-0.049 2		
	(-0.137 4)			(-0.842 2)		
D × C_Per	-0.028 8			-0.040 0 *		
	(-1.534 6)			(-1.840 8)		
Disp	0.033 7	0.022 1	-0.143 7 *	0.044 6	0.023 5	-0.133 4
	(0.581 4)	(0.367 0)	(-1.827 6)	(0.681 3)	(0.345 4)	(-0.751 8)
Disp × C_Per	-0.036 6 *	-0.037 4 *	-0.025 7 *	-0.029 9	-0.030 2	-0.030 2 **
	(-1.730 6)	(-1.748 6)	(-1.804 4)	(-0.934 7)	(-0.951 6)	(-1.979 2)
D × Disp	-0.130 6			-0.040 7		
	(-1.368 4)			(-0.436 4)		
D × Disp × C_Per	0.022 9			0.003 3		
	(0.921 7)			(0.094 6)		
AdjR²	0.083 5	0.076 3	0.145 1	0.095 3	0.078 9	0.004 8
N	1 726	1 116	610	1 726	1 116	610

表8.16(续)

Panel B:	核心高管与员工间薪酬差距变化率			非核心高管与员工间薪酬差距变化率		
	全样本	业绩上升	业绩下降	全样本	业绩上升	业绩下降
常数项	−0.267 8	0.371 4	−0.791 3	−0.182 1	2.457 1	−4.646 1
	(−0.488 1)	(0.564 8)	(−0.946 0)	(−0.123 5)	(0.455 5)	(−0.509 5)
C_Per	0.050 1 ***	0.051 9 ***	0.013 0	0.112 7 **	0.157 2 **	0.018 5
	(3.067 7)	(3.084 4)	(1.639 4)	(2.335 1)	(2.559 0)	(1.096 1)
D	−0.022 4			−0.007 8		
	(−0.446 3)			(−0.060 6)		
D × C_Per	−0.043 4 **			−0.099 1 **		
	(−2.361 1)			(−2.002 5)		
Disp	0.047 9	0.029 7	−0.060 4	0.176 9	−0.126 1	−0.190 2
	(0.858 5)	(0.506 6)	(−0.916 7)	(1.170 6)	(−0.544 3)	(−0.758 7)
Disp × C_Per	−0.034 6	−0.034 2	−0.026 1 ***	−0.066 1	−0.049 2	−0.030 9
	(−1.389 0)	(−1.370 2)	(−2.629 1)	(−0.854 9)	(−0.444 4)	(−1.335 8)
D × Disp	−0.069 2			−0.191 4		
	(−0.861 5)			(−1.025 8)		
D × Disp × C_Per	0.016 4			0.012 9		
	(0.609 5)			(0.152 6)		
AdjR ^{2}	0.108 9	0.101 1	0.157 0	0.068 4	0.015 8	0.014 8
N	1 726	1 116	610	1 726	1 116	610

在股权分散度对管理层内部薪酬差距变化的回归结果中，Disp × C_Per 的系数显著为负（−0.036 6[*]）；D × Disp × C_Per 的系数不显著。区分业绩上升和业绩下降的样本分别回归时，Disp × C_Per 的系数均显著小于 0。说明股权分散度对管理层内部薪酬差距变化与业绩变化的相关性具有显著的负向作用，假设 3b 不成立。这可能是因为即使在股权相对分散的情况下，上市公司仍然会被某个控制性股东完全控制（朱红军、汪辉，2004），此时公司的核心高管可能是控股性股东，也可能与控股性股东有千丝万缕的关系，因此会加大对非核心高管的奖罚。

在股权分散度对高管与员工间薪酬差距变化的回归结果中。Disp × C_Per 的系数仅在业绩下降时显著为负（−0.030 2[**]），其他情况下虽然为负但并不显著，因此假设 3b 不成立。

从 Panel B 中可以看到，股权分散度在业绩下降时会对核心高管与员工间薪酬差距变化与业绩变化的相关性产生显著的负向影响（Disp×C_Per 的系数为 -0.026 1***），对非核心高管与员工间薪酬差距变化与业绩变化的相关性没有显著影响，假设 3b 同样不成立。

五、研究结论

本篇选取 2006—2011 年 A 股上市公司 4 707 个样本为对象，研究了业绩变化对薪酬变化和薪酬差距变化的影响，以及管理层权力对薪酬差距变化的影响。主要得到如下三个结论：

（1）上市公司中业绩变化对高管薪酬变化具有显著的正向影响，且业绩变化对高管薪酬变化的正向影响在业绩上升时要大于业绩下降时，高管薪酬具有粘性特征。业绩变化对员工薪酬变化没有显著性影响，员工薪酬具有向上和向下的刚性特征。将高管细分为核心高管和非核心高管时，国有企业中核心高管薪酬的变化在业绩上升时与业绩变化不相关，在业绩下降时与业绩变化显著正相关，具有向上的刚性特征。

（2）业绩变化对公司内部薪酬差距变化具有显著的正向影响。国有企业中，业绩变化在业绩上升时对管理层内部薪酬差距变化无显著影响，在业绩下降时有显著的正向影响；业绩变化在业绩上升时对高管和员工间薪酬差距变化有显著的正向影响，在业绩下降时无显著影响。非国有企业中，综合回归时业绩变化对薪酬差距变化有显著正向影响，且这正向影响在业绩下降时会减弱；分样本回归时业绩变化在业绩上升时对薪酬差距变化有显著的正向影响，在业绩下降时无显著影响。可见国有企业和非国有企业中的高管的薪酬都具有弱尺蠖效应的特征。

（3）管理层权力没有显著的增大企业内部的薪酬差距的变化，但是能影响业绩变化与薪酬差距变化的相关性。使用董事长和总经理两职合一及股权分散度作为管理层权力的替代变量，发现两者与薪酬差距的变化率都没有显著的关系，说明管理层权力的高低对薪酬差距的变化率没有直接的影响。国有企业中，在使用董事长和总经理两职合一作为管理层权力的替代变量时，管理层权力变量使得业绩上升时薪酬差距变化与业绩变化的相关性上升，业绩下降时则没有显著影响。非国有企业中，管理层权力能降低薪酬差距变化与业绩变化的相关性。

本篇的研究存在多方面的不足。未来的研究可以在以下几个方面展开：

（1）增加薪酬的考察范围；

（2）结合我国的实际情况设计更合理的管理层权力指标；

（3）考虑高管的个人特征，如之前的从业经历、政治背景等对问题进行研究。

第九篇　控制权转移对高管更换的影响分析

一、引言

　　优秀的企业家能够站在战略高度为企业创造大量的利润并且谋求广阔的发展空间，而处于公司管理决策层关键地位的董事长和总经理在企业的发展中就发挥着这样举足轻重的作用。如果他们发生了离职会给公司带来很大的影响：从小的方面来看，会降低公司的士气、影响公司的正常经营过程；从大的方面来看，可能会引起股价的大幅下跌，使公司陷入困境。而越来越频繁的高级管理人员更换逐渐引起了市场的广泛关注。根据证券时报网络数据部统计，截至2011年12月31日，全年国内资本市场上市公司共出现高管离职3 642人次（不包含整体换届情况），涉及上市公司1 478家，而仅2011年12月就出现了416次；2010年全年因为辞职、退休、离职、调任或其他原因离职的高管共有2 718人次，涉及上市公司1 211家。相比之下，2012年高管离职的次数比2011年的上涨了34%。另外，有些公司的高管变动更为频繁，一年内会发生两次或两次以上的高管更换，如露天煤业2011年半年内就更换了3任董事长。

　　高管的更换对于公司而言无疑是一种人才流失，然而究竟是什么原因导致了高管的更换呢？根据我国上市公司公开披露的信息来看，原因可分为12类，包括工作调动、任期届满、辞职、退休、控制权变更、完善公司治理结构、个人、健康、解聘、涉案、结束代理及其他，其中辞职、工作调动和任期届满是主要原因，占据高管更换原因总分类的比例超过了50%，而由于控制权转移和完善公司治理结构所占比例很小，而业绩原因更是没有提及。但是这些是否是高管更换的真正原因，仅仅从上市公司公告的信息来看，没有一个明确的答案。如果高管的更换是由较差的经营业绩导致的，那么上市公司会如实对外披露吗，恐怕会得到否定的答案。因为通常情况下高管是由控股股东任命的，具有一定的政治背景，或者为了维持良好的公众形象，上市公司很可能会以工作调动等理由予以掩饰。

与此同时，现实中高管频繁的更换引起了学术界的兴趣和关注，而且随着证券市场的蓬勃发展，高管更换已经成为许多学者研究的一项重要课题。通过多年不懈的努力付出，学者们已经形成了较为成熟的理论成果，并积累了丰富的经验证据，这其中西方的研究成果尤为丰厚。我国的证券市场历经 20 多年的发展也取得了较大的进步，为了解释不断涌现的高管人员更换现象，我国也有不少学者试图沿袭西方学术界的理论模型和统计分析方法，根据中西方市场发展和制度背景的差异并结合国内高管更换的具体情形展开了大量的研究，这一方面为我国公司治理机制的现状分析提供了有力的经验证据，另一方面为公司治理状况进一步的改善提供了一些参考建议。

基于委托代理理论，股东通常会通过监控高管的经营业绩来衡量高管的能力和努力程度，可以说公司的业绩直接说明了高管的管理效率。而外部控制权市场作为公司的外部治理机制，会以惩罚性约束和矫正性约束的方式对高管进行监督，这对高管构成一种被更换的威胁。然而当高管的经营管理行为是效率低下的或是无效率的，公司的业绩就会出现严重下滑甚至亏损，在资本市场有效的理论下，公司的股价会出现下跌，公司很容易成为接管的目标，从而导致控制权发生转移，进而高管被更换的可能性也会上升。由此，高管的更换是由低劣的经营业绩引起的，控制权发生变更的公司更容易发生高管的更换。但是，这与根据上市公司公开披露的信息得出的结论是不符的。

高管更换作为公司治理结构作出的重大决策之一，对公司的经营管理有着重要的影响，涉及公司的经营决策和财务决策等方面。所以，对高管更换的原因进行研究以完善公司治理机制、实现股东和高管利益的双赢是有必要的。从上市公司对外公告的内容得知，工作调动、任期届满和辞职是高管更换的主要原因，而根据理论分析结果发现，高管更换与公司的经营业绩、控制权变更等因素相关。两者得出的结论并不一致，那么，高管更换的原因究竟是什么？本篇在中外学术界丰富的理论成果和研究贡献的基础上，利用中国上市公司的数据资料从公司的经营业绩和控制权转移方面进行检验分析，以探索中国上市公司高管更换的原因。

二、理论分析与研究假设

公司控制权市场是一个不同管理团队在其中互相争夺公司资源管理权的市场，是企业的外部治理手段（Manne，1965）。控制权市场可以通过惩罚性约束和矫正性约束对管理层起到监督的作用（Peter，1977）。而根据李善民和曾昭灶（2003）的管理无效率假设可知，公司的业绩直接反映了管理者的效率，如果一个公司的管理是没有效率的或者效率低下，没有充分利用公司的资源，业绩就会比较差、偏离正常水平，很容易成为接管的目标。所以，公司控制权市场的存在使得现有的管理者面临被更换的威胁，这种威胁会促使其改善公司经营，努力提高公司业绩。还有学者（Hirshleifer、Thakor，1994）认为，经营业绩不良引起的公司可能被接管的威胁抑制了管理者的偷懒行为。但是如果管理者无视这种威胁的存在，那么当公司由于管理者经营能力低下出现业绩下滑时，基于资本市场有效理论，股价会下跌，一部分潜在的投资者就会借此机会以要约收购的方式用较小的成本购买公司的股权，另一部分会通过协议收购的方式获取公司的股权，从而实现对公司的控制。基于此，提出如下假设：

假设1：低劣的经营业绩对公司控制权转移有正向影响。

我国上市公司大多由国有企业改制而来，因为上市指标是有限的，具体分配到每个企业的指标就比较小，企业无法做到整体上市，所以在上市前企业需要通过改制措施，以资产剥离的方式对资源进行整合以便满足上市的条件，国家股或法人股便形成了，但是没有流通权。然后在这个基础上发行流通股，相比之下，这部分股权的比例通常很小，如此一来国家股或法人股在上市公司就占据了很高的比例，从而保证了国家股或法人股大股东控股地位的实现。而且，基于我国的政治体制和经济体制，大量的法规都体现出政府想要拥有国有企业控制权的意愿，如配股政策的一条规定就体现了这一点：如系国家有控股要求的上市公司，转让国家股配股权造成的股权变化应以不影响国家控股地位为限。这就以法规的形式保证了大股东控股权的实现。

大股东实现控制权的方式之一就是进行人事安排，大股东的这种"一股独大"的控股地位造成了董事会或股东大会中决策程序的"一言堂"现象，从而由大股东向上市公司委派高管或由大股东的高管兼任上市公司的高管就成为必然结果。当通过政府或市场更换大股东后，公司的控制权会随之发生转移。新的大股东为了保障自己控制权的实现，会继续采用和原来大股东相似的方式重新进行人事任命、选拔高管，而且不同的大股东代表的是不同的利益团体，追求的目标也会不一样，因此，当公司的控制权发生转移后，新的大股东会聘用代表自己利益的高管。李增泉和杨春燕（2003）的研究就发现控制权发生变更的公司和控制权没有发生变更的公司相比，前者高管发生更换的频率显著高于后者。基于此，提出如下假设：

假设2：控制权转移会引起高管更换。

现代企业理论认为，所有权和经营权分离后，股东和高管之间会建立一种委托代理关系（Jensen、Fama，1983）。由于信息不对称的存在，高管掌握了较多关于公司经营的信息，而股东掌握的相关信息就比较少，从而产生了委托代理问题。而高管的行为可能会有道德风险和逆向选择，高管很有可能为了实现自身利益的最大化而作出有损股东利益的决策，因为股东无法完全掌控高管的经营管理过程，通常会根据高管的经营管理成果即公司的经营业绩来评判高管的能力和努力程度，所以，如果公司的经营业绩表现较差，基于有效市场理论，公司的股价就会下跌，那么在外部控制权市场的作用下，外在的投资者就会借此契机取得公司的控制权。当公司的控制权发生转移后，作为对原高管非价值最大化行为的一种惩罚，新的控制股东更换高管的可能性就会加大。此外，当公司控制权在不同主体之间转移时，因为各自代表的利益团体不一致，导致高管发生更换的可能性也会增加。有研究（Martin、McConnell，1991）表明，在公司控制权发生转移后，业绩低劣的公司的高管更容易发生更换。有学者（Kennedy、Limmack，1996）在对英国上市公司股票收益考察时发现，控制权转移会引起业绩比较差的公司的高管发生更换。另外，还有学者（Dahya、Powell，1998）的研究也证明了控制权转移后高管更换的可能性与转移前的公司经营业绩有显著的相关关系。基于此，提出如下假设：

假设3：控制权发生转移的公司中低劣的业绩更容易引起高管更换。

三、研究设计

（一）变量定义

根据中国上市公司治理结构研究数据库—股权转让文件提供的资料，按照每年发生股权转让次数进行数据整理后发现上市公司在2009年发生股权转让的次数最多，为669次，而且2009年正值金融危机爆发之际，更加能够体现高管的管理效率，如果管理是无效的，业绩低下，公司的控制权就很容易发生转移，高管也会被更换。为了能够充分的验证假设，本篇以 2009 年作为解释变量的筛选基础，选择 2010 年作为被解释变量的筛选基础。因为 2010 年高管是否发生更换依据的是公司 2009 年的经营状况，所以经营业绩变量及控制变量选自 2009 年公司年报。本篇从沪深 A 股上市公司中按照以下方法选择样本：

（1）剔除金融保险业；

（2）剔除数据不完整的样本；

（3）对主要解释变量进行缩尾处理。

表 9.1　　　　　　　　　　　　　变量名称及定义

变量名称	变量符号	变量说明
高管更换	Turnover	如果高管发生更换，取值为 1，否则为 0
控制权转移	Control	如果第一大股东发生变更，取值为 1，否则为 0
资产收益率	Roa	用净利润/总资产计算，并且用行业中位数进行调整
净资产收益率	Roe	用净利润/净资产计算，并且用行业中位数进行调整
资产负债率	Lev	用负债/总资产计算
第一大股东持股比例	First	用第一大股东的持股数/总股数计算
实际控制人性质	Soe	如果实际控制人为国有性质，取值为 1，否则为 0
公司规模	Size	年末总资产的对数

（二）模型设定

在进行回归分析之前，本篇需要对模型中的控制变量作一个简单的梳理。根据现有的文献，在研究高管更换与控制权转移时通常会考虑的因素有公司规模、资产负债率、行业、第一大股东的持股比例、实际控制人性质等。

首先是公司规模。一般情况下，公司的规模不同，投资者取得公司控制权时发生的成本会有差异，从而使得投资者获取股权的难易程度也会有不同。此外，如果公司的规模比较大，属于政府垄断性行业的概率就会比较高，那么在大股东变更时就要经过政府部门层层把关，这就很可能导致难以实现控制权的转移。所以预计公司规模会对控制权转移的可能性产生影响。另外，公司规模的大小反映了高管能够管理的资源的多少，会在一定程度上影响股东对高管的监管难易程度和高管的决策权，进而影响高管更换的可能性。

其次是资产负债率。一定比例的资产负债率会给公司带来税收方面的收益，保持适当比例的资产负债率是很有必要的。过高的资产负债率会产生较大的财务风险，容易使公司陷入财务困境，这就给潜在的投资者制造了发动并购的机会，而且债权人的起诉也会促使大股东发生变更，高管很可能也会因此被更换。所以，公司资产负债率的高低会对控制权的转移以及高管的更换产生影响。

再次是行业。不同行业的经营模式和发展状况是不同的，政府对各个行业的监管措施也会有所区别，从而导致控制权转移的难易程度不同，高管更换的可能性也会有差异。

最后是第一大股东的持股比例。我国的上市公司大多是经过国企改制形成的，所以，国有股"一股独大"现象较为普遍，而且国家有关法律法规对国有股权的转让限制比较严格，这在一定程度上增加了股权转让的难度。而且，第一大股东持股比例的高低代表了其在董事会等治理机构中表决权的大小，对高管的更换决策有很大的影响。

本篇在研究时以资产收益率和净资产收益率作为公司经营业绩的度量指标。考虑到不同行业在经营业务上的差异以及受宏观经济环境影响的程度的不同，本篇对两个业绩指标进行了行业中位数调整。即按照中国证监会的行业分类，用公司的业绩指标扣除该指标行业中位数后的数值作为回归分析的基础。

考虑到我国上市公司的经济体制背景，我国是以公有制经济为主体，多种所有制经济共同发展，使得上市公司有国有和非国有之分，其中国有公司所占比重较大。为了防止国有资产的流失，政府对国有公司的监管相对严格，对国有股权的转让限制较多，而且和西方发达的资本市场相比，我国资本市场的发展较为缓慢。因此，加入实际控制人变量分别对国有公司和非国有公司进行研究。

基于以上分析，在设定模型进行实证检验时，将引入以下控制变量：公司规模 Size、资产负债率 Lev 和第一大股东的持股比例 First，实际控制人 Soe，得到如下三个模型：

模型（1）：

$$Control = b_0 + b_1 \times Roa + b_2 \times Size + b_3 \times Lev + b_4 \times First + b_5 \times Soe + \varepsilon$$

模型（2）：

$$Turmorer = b_0 + b_1 \times Control + b_2 \times Size + b_3 \times Lev + b_4 \times First + b_5 \times Soe + \varepsilon$$

模型（3）：

$$Turmorer = b_0 + b_1 \times Control + b_2 \times Roa + b_3 \times Control \times Roa + b_4 \times Size + b_5 \times Lev + b_6 \times First + b_7 \times Soe + \varepsilon$$

四、实证结果与分析

（一）我国上市公司高管更换现状分析

从公司治理—高管动态数据库下载沪深 A 股数据，通过 STATA11.0 软件进行简单处理，得到 2005—2011 年共 7 206 个样本。如果公司当年既有董事长更换又有总经理更换，作为两个样本处理。

根据国泰君安数据库资料显示，对离职原因的解释如下：工作变动指的是离任者是因为工作发生变动而不再担任该职务；辞职是离任者主动辞去该职务，但辞职原因不明；任期届满是指离任者因为换届不再担任该职务；退休指的是离任者由于退休不再担任该职务，因为年龄而不再担任该职务也归入此类；解聘是指上市公司解除离任者该职务，解除原因不明；健康原因是指离任者由于健康原因不再担任该职务；个人是指离任者因为个人原因不再担任该职务；完善公司法人治理结构是指因为完善公司法人治理结构而导致离任者不再担任该职务，控股权变动是指由于控股股东发生变化离任者不再担任该职务；涉案是离任者因为离任者牵涉到案件而被解除该职务；结束代理制离任者只是代理该职务，现代理结束，不再行使该职权。

表9.2　　　　　　　　**2005—2011 年高管离职原因汇总表**

离职原因	样本量	比例
工作调动	1 417	38.82%
辞职	806	22.08%
任期届满	677	18.55%
退休	119	3.26%
解聘	41	1.12%
健康原因	91	2.49%
个人	164	4.49%
完善公司法人治理结构	52	1.42%
控制权变动	30	0.82%
涉案	13	0.36%
结束代理	181	4.96%
其他	59	1.62%
合计	3 650	100%

由表 9.2 看出，2005—2011 年发生高管更换的样本有 3 650 个，根据对高管离职原因的分类，共有 12 类原因，其中工作调动导致高管更换所占比例最高，为 38.82%，其次是辞职引起高管更换的占 22.08%，然后是任期届满导致的高管更换，该比例为 18.55%。而由于完善公司法人治理结构和控制权变动，高管更换的比例分别为 1.42% 和 0.82%。这都是从公司公开披露的原因进行汇总的结果，但是否是高管离职的真正原因，不得而知。如果高管的离职是由于较差的经营业绩导致的，公司通常为了顾及高管的形象而寻找一些体面的理由进行掩饰。如 2008 年春兰股份发布公告称公司董事长因个人原因辞去了公司职务，而该公司从 2005—2007 年已经连续三年亏损而面临退市危机。由于信息披露缺乏透明性，难以判断个人原因背后的真实情况，所以需要通过上市公司的财务数据等其他资料进行进一步的分析。

表 9.3　　　　　　　2005—2011 年高管离职年龄分布表

年龄	样本数量	比率
35 岁以下	96	2.25%
[36，40]	396	9.27%
[41，45]	1 034	24.19%
[46，50]	995	23.28%
[51，55]	823	19.26%
[56，60]	585	13.69%
[61，65]	291	6.81%
66 岁以上	54	1.26%
合计	4 274	100.00%

在不区分董事长和总经理的情形下，根据 2005—2011 年高管离职时的年龄分布表可以发现，41～45 岁离职的高管最多，占到了离职高管总人数的 24.19%，其次是 46～50 岁的高管，在离职高管总人数中占到了 23.28%，然后是 51～55 岁的高管，虽然和前两者相比所占比重较低，但是和其他阶段的高管相比，仍然占比较高，达到了 19.26%，由此看出，发生离职的高管大部分在 41～55 岁。

表 9.4   2005—2011 年高管任职期限分布表

任职年限	样本数量	比率
低于 1 年	820	18.98%
1～2 年	807	18.68%
2～3 年	766	17.73%
3～4 年	550	12.73%
4～5 年	361	8.36%
5～6 年	311	7.20%
6～7 年	229	5.30%
7～8 年	149	3.45%
8～9 年	118	2.73%
9～10 年	93	2.15%
10 年以上	116	2.69%
合计	4 320	100.00%

从任职期限来看，长期任职的高管较少，5 年以上的仅占到了 20% 左右，而低于 3 年的高管总人数却超过了 50%，结合高管离职时的年龄分布和离职原因进行分析，我国上市公司高管的任期期限普遍较短，因此造成了由任期届满、工作调动、辞职带来的高管频繁更换的现象。

表 9.5   2005—2011 年高管继任来源汇总表

继任来源	数目	比例
内部	2 143	60.26%
外部	1 413	39.74%
合计	3 556	100%

继任来源划分为内部和外部，指的是继任者在继任该职务之前是否在上市公司任职，若是则为内部，否则为外部。根据表 9.5 可以看出，2005—2011 年高管更换后有新高管继任的样本有 3 556 个，低于离职的高管数目。继任高管来自内部的比例达到了 60.26%，说明超过一半的新任高管来自企业内部。如 2010 年哈药股份原董事长和总经理离职后，继任董事长和总经理就来自于公

司内部，主要原因是我国上市公司大多由国企改制而来，大股东为了实现自己的控制权地位，往往会通过人事任命的方式安排上市公司的高管，所以许多高管都是由政府部门或控股股东单位直接任命或委派。

表9.6　　　　　　2005—2011年高管离职行业分布表

行业	年度							
	2005	2006	2007	2008	2009	2010	2011	全行业
农、林、牧、渔业	0.444 4	0.241 4	0.428 6	0.275 9	0.225 8	0.333 3	0.381 0	0.333 3
采掘业	0.333 3	0.375 0	0.224 5	0.300 0	0.288 5	0.245 6	0.322 0	0.294 8
制造业	0.344 8	0.289 2	0.273 3	0.271 7	0.245 4	0.195 1	0.200 9	0.249 6
电力、煤气及水的生产和供应	0.268 7	0.397 1	0.250 0	0.304 3	0.267 6	0.315 1	0.337 8	0.306 1
建筑业	0.478 3	0.222 2	0.218 8	0.218 8	0.270 3	0.261 9	0.163 3	0.247 9
交通运输仓储业	0.267 9	0.311 5	0.265 6	0.328 1	0.238 8	0.277 8	0.270 3	0.279 5
信息技术业	0.373 1	0.240 0	0.209 9	0.206 9	0.217 4	0.189 9	0.102 7	0.197 9
批发和零售贸易	0.270 8	0.206 2	0.252 5	0.213 6	0.213 0	0.222 2	0.300 8	0.240 9
金融保险业	0.411 8	0.272 7	0.333 3	0.100 0	0.125 0	0.135 1	0.250 0	0.216 3
房地产业	0.360 7	0.443 5	0.354 2	0.289 1	0.325 6	0.271 3	0.302 3	0.334 5
社会服务业	0.261 9	0.333 3	0.235 3	0.134 6	0.258 6	0.246 4	0.160 0	0.227 0
传播与文化产业	0.166 7	0.333 3	0.300 0	0.381 0	0.125 0	0.344 8	0.257 1	0.272 7
综合类	0.280 0	0.254 9	0.274 5	0.333 3	0.260 0	0.288 5	0.269 2	0.280 1
全年度	0.332 8	0.301 0	0.274 4	0.265 1	0.246 6	0.218 3	0.217 9	0.258 2

表9.6中的数值是根据每年每个行业发生高管更换的公司数目除以每年每个行业公司的总数计算得到的。从表中可以看出，整个市场高管变更的比率在逐年下降，但每年高管发生更换的公司占到了全年上市公司总数的20%以上。另外，房地产业以及农、林、牧、渔业和电力、煤气及水的生产和供应业发生高管更换的可能性最大，而信息技术业、金融保险业、社会服务业发生高管变更的概率相对较低。结合发生并购的公司所属行业来看，房地产业最容易发生并购和高管更换，但其他行业发生并购的情况和高管更换的情况有所差异。

（二）描述性统计

在全样本公司中，根据各变量的描述性统计可以看出，2010年高管发生更换的概率为25.64%；2009年控制权发生转移的上市公司的比例平均为3.94%；2009年公司经过行业调整后的资产收益率平均为0.11%，净资产收益率平均为-0.61%；资产负债率平均为48.25%；国有公司占56.72%，第一大股东的持股比例平均为36.73%。综合来看，我国上市公司中过半数都是国有性质，而且第一大股东的持股比例较高，反映了我国上市公司中国有股一股独大的特性。

表9.7　　　　　　　　　　　全样本各变量描述性统计表

变量	样本量	平均值	标准差	最小值	中位数	最大值
Turnover	1 599	0.256 4	0.436 8	0	0	1
Control	1 599	0.039 4	0.194 6	0	0	1
Roa	1 599	0.001 1	0.045 7	− 0.107 6	− 0.001 0	0.090 1
Roe	1 599	− 0.006 1	0.089 2	− 0.248 2	− 0.002 5	0.147 2
Size	1 599	21.641 8	1.311 8	15.468 0	21.479 4	28.003 3
Lev	1 599	0.482 5	0.205 9	0.001 7	0.495 9	0.997 0
First	1 599	0.367 3	0.157 5	0.044 9	0.348 8	1
Soe	1 599	0.567 2	0.495 6	0	1	1

对上市公司按照实际控制人性质进行分类后发现，国有公司中高管更换的可能性、控制权发生转移的可能性、公司规模、资产负债率以及第一大股东的持股比例均比非国有公司中的大。一般来说，公司的规模越大，属于政府垄断性行业的可能性越大，这在一定程度上解释了国有公司规模较大的原因。此外，由于有政府部门作担保、信用良好，国有公司在取得借款时相对容易，从而出现了国有公司中资产负债率较高的现象。但是对于经过行业调整后的资产收益率以及净资产收益率而言，国有公司中的比非国有公司的要小，而且都为负值，低于行业中位数水平，这是因为国有上市公司不仅仅要实现业绩方面的目标，还要承担一定的社会责任。

表9.8　　　　　　　　　　　国有公司各变量描述性统计表

变量	样本量	平均值	标准差	最小值	中位数	最大值
Turnover	907	0.284 5	0.451 4	0	0	1
Control	907	0.046 3	0.210 3	0	0	1
Roa	907	− 0.004 8	0.043 9	− 0.107 6	− 0.005 9	0.090 1
Roe	907	− 0.012 8	0.089 9	− 0.248 3	− 0.008 5	0.147 2
Size	907	22.042 6	1.366 9	15.468 0	21.819 5	28.003 3
Lev	907	0.521 8	0.196 8	0.001 7	0.544 0	0.994 3
First	907	0.395 3	0.159 4	0.062 9	0.389 2	1
Soe	907	1	0	1	1	1

表 9.9 非国有公司各变量描述性统计表

变量	样本量	平均值	标准差	最小值	中位数	最大值
Turnover	692	0.219 7	0.414 3	0	0	1
Control	692	0.030 3	0.171 7	0	0	1
Roa	692	0.008 9	0.046 8	−0.107 6	0.009 8	0.090 1
Roe	692	0.002 7	0.087 7	−0.248 3	0.005 2	0.147 2
Size	692	21.116 6	1.021 0	16.988 9	21.049 0	24.947 8
Lev	692	0.431 1	0.206 4	0.014 5	0.437 9	0.997 0
First	692	0.330 5	0.147 2	0.044 9	0.300 6	0.852 3
Soe	692	0	0	0	0	0

表 9.7、表 9.8、表 9.9 中 Turnover 表示高管是否发生更换，若发生更换取值为 1，否则为 0；Control 表示公司是否发生控制权转移，若第一大股东发生变更取值为 1，否则为 0；Roa 表示公司的资产收益率，用净利润除以总资产计算，已经用行业中位数进行调整；Roe 表示公司的净资产收益率，用净利润除以净资产计算，已经用行业中位数进行调整；Soe 表示公司的实际控制人，若是国有性质为 1，否则为 0；Size 表示公司的规模，用总资产的自然对数表示；Lev 表示公司的资产负债率，用负债除以总资产计算；First 表示第一大股东的持股比例，用第一大股东的持股数除以总股数计算。

（三）相关性分析

表 9.10 中 Turnover 表示高管是否发生更换，若发生为 1，否则为 0；Control 表示公司是否发生控制权转移，若第一大股东发生变更取值为 1，否则为 0；Roa 表示公司的资产收益率，用净利润除以总资产计算，已经用行业中位数进行调整；Roe 表示公司的净资产收益率，用净利润除以净资产计算，已经用行业中位数进行调整；Soe 表示公司的实际控制人，若是国有性质为 1，否则为 0；Size 表示公司的规模，用总资产的自然对数表示；Lev 表示资产负债率，用负债除以总资产计算；First 表示第一大股东的持股比例，用第一大股东的持股数除以总股数计算。

表 9.10   相关性分析表

	Turnover	Control	Roa	Roe	Size	Lev	First	Soe
Turnover	1							
Control	0.057 8**	1						
Roa	− 0.097 3***	− 0.072 0***	1					
Roe	− 0.112 3***	− 0.072 7***	0.905 8***	1				
Size	− 0.004 6	− 0.073 0***	0.058 6**	0.173 8***	1			
Lev	0.040 5	0.023 1	− 0.370 7***	− 0.109 4***	0.360 5***	1		
First	0.041 0	− 0.108 9***	0.097 4***	0.116 0***	0.308 8***	0.053 7**	1	
Soe	0.073 5***	0.040 6	− 0.149 5***	− 0.086 3***	0.349 9***	0.218 3***	0.204 0***	1

注：*** 表示在 1% 水平上显著，** 表示在 5% 水平上显著，* 表示在 10% 水平上显著。

根据相关性分析可以看出，控制权转移与经过行业调整的资产收益率和净资产收益率有显著性负相关关系，说明经营业绩较差时，公司控制权易发生转移；高管变更与公司控制权转移有正相关关系，通过了显著性检验，说明控制权转移会引起高管发生更换，与假设 2 相符；而且高管变更率与经过行业调整后的资产收益率和净资产收益率均有显著的负相关关系，说明经营业绩越差的公司越容易发生高管更换；公司规模与高管更换有负向关系，但是没有通过显著性检验；资产负债率和第一大股东的持股比例与高管更换均有正向关系，即为资产负债率越高，第一大股东的持股比例越高，高管越容易发生更换，但不能通过统计学显著性检验。另外，由各变量之间的相关系数可知，除了 Roa 和 Roe 的相关系数大于 0.8 之外，其他的数值均小于 0.8，可判断各解释变量间不存在严重的多重共线性问题。

（四）回归结果及分析

表 9.11   模型（1）：Roa 回归结果

Control	全样本	国有	非国有
	回归系数	回归系数	回归系数
Roa	− 3.939 3	0.015 5	− 9.377 8*
	（− 1.33）	（0.00）	（− 1.81）
Size	− 0.306 5***	− 0.265 4*	− 0.327 7
	（− 2.59）	（− 1.93）	（− 1.48）

表9. 11(续)

Control	全样本	国有	非国有
	回归系数	回归系数	回归系数
Lev	0. 540 0	− 0. 419 5	2. 147 2 *
	(0. 77)	(− 0. 49)	(1. 80)
First	− 4. 187 6***	− 3. 288 0***	− 7. 247 2***
	(− 3. 96)	(− 2. 80)	(− 2. 90)
Soe	0. 839 4***		
	(2. 86)		
Constant	3. 914 5 *	4. 125 5	4. 173
	(1. 65)	(1. 46)	(4. 532)
LR chi2	39. 30	17. 09	31. 10
Pseudo R2	0. 074 0	0. 050 3	0. 165 3
Observations	1, 599	907	692

注: *** 表示在1%水平上显著, ** 表示在5%水平上显著, * 表示在10%水平上显著。

表9. 12　　　　　　　模型 (1): Roe 回归结果

Control	全样本	国有	非国有
	回归系数	回归系数	回归系数
Roe	− 1. 875 4	0. 234 2	− 4. 488 3**
	(− 1. 38)	(0. 13)	(− 1. 99)
Size	− 0. 305 2***	− 0. 268 8 *	− 0. 334 3
	(− 2. 58)	(− 1. 96)	(− 1. 50)
Lev	0. 696 2	− 0. 406 8	2. 424 7**
	(1. 04)	(− 0. 50)	(2. 11)
First	− 4. 202 3***	− 3. 287 5***	− 7. 169 7***
	(1. 04)	(− 2. 80)	(− 2. 85)
Soe	0. 847 2***		
	(2. 89)		
Constant	3. 795 5	4. 197 4	4. 111 0
	(1. 59)	(1. 48)	(0. 90)

表9.12(续)

Control	全样本	国有	非国有
	回归系数	回归系数	回归系数
LR chi2	39.42	17.11	31.78
Pseudo R2	0.074 2	0.050 3	0.168 9
Observations	1 599	907	692

注:*** 表示在1%水平上显著,** 表示在5%水平上显著,* 表示在10%水平上显著。

该表显示了模型（1）的回归结果。其中，Control 表示公司是否发生控制权转移，若第一大股东发生变更取值为1，否则为0；Roa 表示公司的资产收益率，用净利润除以总资产计算，已经用行业中位数进行调整；Roe 表示公司的净资产收益率，用净利润除以净资产计算，已经用行业中位数进行调整；Soe 表示公司的实际控制人，若是国有性质为1，否则为0；Size 表示公司的规模，用总资产的自然对数表示；Lev 表示资产负债率，用负债除以总资产计算；First 表示第一大股东的持股比例，用第一大股东的持股数除以总股数计算。

根据回归结果可以看出，当用 Roa 对公司的经营业绩进行度量时，从全样本来看，较差的经营业绩对控制权转移有正向影响，但是这种作用不显著，说明经营业绩在一定程度上影响了控制权发生转移的可能性，但是低劣的经营业绩并不绝对导致公司的控制权发生转移。区分国有和非国有后发现，国有公司中资产收益率与控制权转移有正向关系，统计结果不显著，而非国有公司中资产收益率与控制权转移的关系与全样本的相似，而且统计结果显示在10%水平上显著。我国上市公司中大多是国有性质，国有股权的比例较高，政府对国有股权的监管力度大，而且对国有股权转让的限制严格，使得股权转让难度加大，所以国有公司中控制权转移与经营业绩的关系就出现了非负的结果。另外，由于协同效应的存在，并不是只有公司的经营业绩表现不好时才会引起控制权的转移，当公司发展良好，出于战略规划的目的会进行强强联合，也会带来控制权的转移。

同时，回归结果显示，无论是否区分国有公司和非国有公司，控制权转移与公司规模均有负相关关系，说明公司的规模越大，控制权越不容易发生转移。而且控制权转移与第一大股东的持股比例呈现显著的负相关关系，即第一大股东的持股比例越高，公司发生控制权转移的可能性越小。另外，从资产负债率对控制权转移的作用看出，在全样本和非国有公司中，两者有正向关系，但是在国有公司中，两者却表现出负向关系。我国是以公有制经济为主体，国有公司的资产负债率过高时，政府对国有股权的转让会更加谨慎，以防止国有资产的流失。

当公司的经营业绩用 Roe 进行衡量时，回归结果和 Roa 的基本一致。

表 9.13   模型（2）：回归结果

Turnover	全样本	国有	非国有
	回归系数	回归系数	回归系数
Control	0.580 4**	0.527 6	0.403 9
	（2.14）	（1.59）	（0.83）
Size	−0.095 6*	−0.047 9	−0.229 5**
	（−1.87）	（−0.80）	（−2.33）
Lev	0.456 8	−0.563 3	1.984 0***
	（1.51）	（−1.43）	（4.10）
First	0.689 3*	1.323 0***	−0.544 0
	（1.78）	（2.70）	（−0.81）
Soe	0.339 2***		
	（2.67）		
Constant	0.300 5	−0.133 6	2.841 9
	（0.29）	（−0.11）	（1.43）
LR chi2	19.39	12.26	22.83
Pseudo R2	0.010 7	0.011 3	0.031 3
Observations	1 599	907	692

注：*** 表示在 1% 水平上显著，** 表示在 5% 水平上显著，* 表示在 10% 水平上显著。

该表显示了模型（2）的回归结果。其中 Turnover 表示高管是否发生更换，若发生取值为 1，否则为 0；Control 表示公司是否发生控制权转移，若第一大股东发生变更取值为 1，否则为 0；Soe 表示公司的实际控制人，若是国有性质为 1，否则为 0；Size 表示公司的规模，用总资产的自然对数表示；Lev 表示资产负债率，用负债除以总资产计算；First 表示第一大股东的持股比例，用第一大股东的持股数除以总股数计算。

从回归结果可以看出，就全样本而言，控制权转移对高管更换有正向作用，并且在5%水平上显著。区分国有公司和非国有公司后发现，控制权转移同样会对高管更换产生正向影响，但是并不能通过显著性检验，说明控制权转移在一定程度上会影响高管的更换。无论是否区分国有公司和非国有公司，公司规模对高管更换的影响均是负向的，即是公司规模越大，高管发生更换的可能性越小，这与本篇在前面的分析是一致的。然而，资产负债率对高管更换的作用在不同的公司中表现有差异，从全样本和非国有公司来看，这种作用是正向的，在国有公司中，这种作用是负向的。在全样本和国有公司中，第一大股东的持股比例与高管更换有正相关关系，在非国有公司中，这种相关关系是负向的。根据前文高管更换的现状分析得知，任期届满、工作调动和辞职是高管发生更换的主要原因，而且国有公司在上市公司中占据的比例较高，高管的任命具有行政色彩。

表9.14　　　　　　　　模型（3）：Roa 回归结果

Turnover	全样本	国有	非国有
	回归系数	回归系数	回归系数
Control	0.499 2 *	0.504 0	0.094 4
	（1.71）	（1.48）	（0.15）
Roa	−4.108 7***	−2.967 5	−4.298 1 *
	（−2.81）	（−1.57）	（−1.82）
Control × Roa	−3.038 3	−2.098 4	−6.920 3
	（−0.58）	（−0.34）	（−0.63）
Size	−0.061 3	−0.029 3	−0.168 5
	（−1.17）	（−0.48）	（−1.63）
Lev	0.067 2	−0.815 0 *	1.511 4***
	（0.20）	（−1.92）	（2.78）
First	0.780 2**	1.351 3***	−0.342 0
	（1.99）	（2.74）	（−0.50）
Soe	0.287 4**		
	（2.22）		
Constant	−0.258 4	−0.442 1	1.722 5
	（−0.25）	（−0.36）	（0.83）
LR chi2	29.33	15.46	27.21
Pseudo R2	0.016 1	0.014 3	0.037 3
Observations	1 599	907	692

注：*** 表示在1%水平上显著，** 表示在5%水平上显著，* 表示在10%水平上显著。

模型（3）的回归结果显示，用行业中位数调整后的资产收益率作为公司经营业绩的衡量指标时，低劣的业绩对高管更换有正向影响，即是公司的业绩越差越容易引起高管的更换，但在国有公司中这种影响不显著。而且控制权转移对高管更换的作用和模型（2）的回归结果是一样的。从交叉项 Control × Roa 的回归系数来看，虽然没有通过显著性检验，但是与 Roa 系数的符号是一致的，都是负值，说明发生控制权转移的公司中，业绩表现越差越容易导致高管的变更，即说明了控制权对高管更换的正向作用最终是由低劣的业绩引起的。此外，公司规模、资产负债率和第一大股东的持股比例对高管更换的影响与模型（2）中的表现基本相同。用经过行业中位数调整后的净资产收益率进行回归分析后发现，结果基本保持不变。

表9.15   模型（3）：Roe 回归结果

Turnover	全样本	国有	非国有
	回归系数	回归系数	回归系数
Control	0.442 7	0.485 7	− 0.061 8
	（1.47）	（1.39）	（− 0.10）
Roe	− 2.384 5***	− 1.970 0**	− 2.486 5**
	（− 3.45）	（− 2.25）	（− 2.14）
Control × Roe	− 2.317 5	− 1.760 5	− 4.257 6
	（− 0.92）	（− 0.55）	（− 0.93）
Size	− 0.052 8	− 0.020 7	− 0.158 4
	（− 1.00）	（− 0.34）	（− 1.51）
Lev	0.253 3	− 0.709 5*	1.750 0***
	（0.82）	（− 1.77）	（3.49）
First	0.797 7**	1.358 8***	− 0.287 5
	（2.03）	（2.75）	（− 0.42）
Soe	0.283 8**		
	（2.19）		
Constant	− 0.559 6	− 0.703 0	1.356 0
	（− 0.53）	（− 0.56）	（0.64）
LR chi2	35.31	18.81	30.04
Pseudo R2	0.019 4	0.017 4	0.041 2
Observations	1,599	907	692

注：*** 表示在1%水平上显著，** 表示在5%水平上显著，* 表示在10%水平上显著。

表中 Turnover 表示高管是否发生更换，若发生为 1，否则为 0；Control 表示公司是否发生控制权转移，若第一大股东发生变更取值为 1，否则为 0；Roa 表示公司的资产收益率，用净利润除以总资产计算，已经用行业中位数进行调整；Roe 表示公司的净资产收益率，用净利润除以净资产计算，已经用行业中位数进行调整；Soe 表示公司的实际控制人，若是国有性质为 1，否则为 0；Size 表示公司的规模，用总资产的自然对数表示；Lev 表示资产负债率，用负债除以总资产计算；First 表示第一大股东的持股比例，用第一大股东的持股数除以总股数计算。

五、研究结论

本篇根据我国上市公司高管更换的现状及其相关的实证分析得出以下结论：首先，从我国上市公司年报披露的信息来看，辞职、工作调动和任期届满是高管发生更换的主要原因，而且高管的任期低于 3 年的占到了 50% 以上，离职高管的年龄大都分布在 41~55 岁，继任者主要来自公司内部。其次，根据模型（1）的回归结果可知，公司的控制权是否发生转移与经营业绩有关，但在国有公司中的表现与在非国有企业以及全样本中的表现有所不同，这是因为政府对国有股权的转让监管严格、限制较多。但是，结果在一定程度上体现了控制权市场的作用机制，即通过控制权的交易能够使得管理效率低下或是无效率的高管发生更换，以维护股东的利益，说明控制权转移更多的发生在业绩表现差的公司中。再次，模型（2）的检验结果表明，控制权的转移会引起高管发生更换。本篇以第一大股东是否发生变更作为控制权转移的度量指标，基于我国上市公司的股东背景，国有股一股独大现象比较普遍，大股东通常以人事任命的方式实现对公司的控制权，由于不同的大股东代表的利益团体不同，如果公司的控制权发生了转移，新的股东会采用和原来股东同样的方法任命高管以保证自己的利益。最后，发生控制权转移的公司中，业绩越差，高管越容易发生更换。控制权市场的存在对高管的管理行为形成了一种激励和约束，以促使高管努力工作、提升公司业绩。如果高管的管理行为没有效率，产生了较差的经营成果，公司的股价下跌，投资者就会借此契机购买股权取得控制权，进行资源整合，替换原来的高管。这也表明了控制权转移引起高管的更换最终是由较差的经营业绩造成的。

参考文献

[1] 步丹璐, 蔡春, 叶建明. 高管薪酬公平性问题研究——基于综合理论分析的量化方法思考 [J]. 会计研究, 2010 (5): 40 - 46.

[2] 步丹璐, 郁智. 政府补助给了谁?——基于2007—2010年中国上市公司的实证分析 [J]. 财政研究, 2012 (8): 59 - 63.

[3] 步丹璐, 张晨宇. 产权性质、风险业绩和薪酬粘性 [J]. 中国会计评论, 2012 (3): 325 - 343.

[4] 蔡吉甫. 上市公司过度投资与负债控制效应研究 [J]. 软科学, 2009 (4): 36 - 42.

[5] 蔡吉甫. 自由现金流量、过度投资与公司业绩 [J]. 当代财经, 2009 (6): 119 - 123.

[6] 蔡明剑. 高管报酬业绩敏感性与业绩风险关系的研究 [J]. 现代管理科学, 2010 (11): 116 - 119.

[7] 陈丁, 张顺. 薪酬差距与企业绩效的倒 U 型关系研究——理论模型与实证探索 [J]. 南开经济研究, 2010 (5): 36 - 45.

[8] 陈冬华, 陈信元, 万华林. 国有企业中的薪酬管制与在职消费 [J]. 经济研究, 2005 (2): 92 - 101.

[9] 陈冬华. 地方政府、公司治理与补贴收入——来自我国证券市场的经验证据 [J]. 财经研究, 2003 (9): 16 - 22.

[10] 陈庆勇, 韩立岩. 上市公司对外并购中高管薪酬变动实证研究[J]. 北京航空航天大学学报: 社会科学版, 2008 (1): 12 - 16.

[11] 陈信元, 陈冬华, 万华林, 等. 地区差异、薪酬管制与高管腐败 [J]. 管理世界, 2009 (11): 67 - 81.

[12] 陈震, 丁忠明. 基于管理层权力理论的垄断企业高管薪酬研究[J]. 中国工业经济, 2011 (9): 119 - 129.

[13] 陈震, 张鸣. 业绩指标、业绩风险与高管薪酬敏感性 [J]. 会计研

究, 2008 (3): 47 - 54.

[14] 陈志广. 高级管理人员薪酬的实证研究 [J]. 当代经济科学, 2002 (5): 58 - 70.

[15] 丁启军. 行政垄断行业的判定及改革 [J]. 财贸研究, 2010 (5): 71 - 83.

[16] 丁守海. 托宾Q值影响投资了吗? ——对我国投资理性的另一种检验 [J]. 数量经济技术经济研究, 2006 (12): 146 - 155.

[17] 杜胜利, 翟艳玲. 总经理年度报酬决定因素的实证分析 [J]. 管理世界, 2005 (8): 114 - 120.

[18] 杜兴强, 郭剑花, 雷宇. 政治联系方式与民营上市公司业绩: "政府干预" 抑或 "关系"? [J]. 金融研究, 2009 (11): 158 - 173.

[19] 杜兴强, 王丽华. 高层管理当局薪酬与上市公司业绩的相关性实证研究 [J]. 会计研究, 2007 (1): 58 - 65.

[20] 方军雄. 政府干预、所有权性质与企业并购 [J]. 管理世界, 2008 (9): 118 - 124.

[21] 方军雄. 我国上市公司高管的薪酬存在粘性吗? [J]. 经济研究, 2009 (3): 110 - 124.

[22] 方军雄. 高管权利与企业薪酬变动的非对称性 [J]. 经济研究, 2011 (4): 107 - 120.

[23] 冯巍. 内部现金流和企业投资: 来自我国股票市场上市公司财务报告的证据 [J]. 经济科学, 1999 (1): 51 - 57.

[24] 傅强, 李雯雯. 高管内部薪酬差距的影响因素分析——基于重庆市上市公司面板数据研究 [J]. 技术经济与管理研究, 2012 (4): 66 - 70.

[25] 高文亮, 罗宏, 程培先. 管理层权力与高管薪酬粘性 [J]. 经济经纬, 2011 (6): 82 - 86.

[26] 郭建强, 何青松. 投资—现金流敏感性能反映融资约束吗——基于中国背景的实证研究 [J]. 产业经济评论, 2011 (4): 124 - 137.

[27] 郭庆旺, 贾俊雪. 地方政府行为、投资冲动与宏观经济稳定 [J]. 管理世界, 2006 (5): 17 - 32.

[28] 何金耿, 丁加华. 上市公司投资决策行为的实证分析 [J]. 证券市场导报, 2001 (9): 44 - 47.

[29] 贺振华. 寻租、过度投资与地方保护 [J]. 南开经济研究, 2006

（4）：39-51.

［30］洪峰. 管理层权力、治理结构与薪酬业绩敏感性［J］. 云南财经大学学报，2010（5）：97-104.

［31］黄志忠，郗群. 薪酬制度考虑外部监管了吗——来自中国上市公司的证据［J］. 南开管理评论，2009（1）：49-56.

［32］姜付秀，伊志宏，苏飞，等. 管理者背景特征与企业过度投资行为［J］. 管理世界，2009（1）：91-102.

［33］姜国华，岳衡. 大股东占用上市公司资金与上市公司股票回报率关系的研究［J］. 管理世界，2005（9）：87-98.

［34］简建辉，余忠福，何平林. 经理人激励与公司过度投资——来自中国A股的经验证据［J］. 经济管理，2011（4）：53-61.

［35］李建伟. 高管薪酬规范与法律的有限干预［J］. 政法论坛，2008（5）：43-48.

［36］李培功，肖珉. CEO任期与企业资本投资［J］. 金融研究，2012（2）：87-96.

［37］李善民，曾昭灶. 控制权转移的背景与控制权转移公司的特征研究［J］. 经济研究，2003（11）：54-64.

［38］李维安. 中国上市公司治理评价研究［M］. 北京：商务印书局，2003.

［39］李维安，姜涛. 公司治理与企业过度投资行为研究——来自中国上市公司的证据［J］. 财贸经济，2007（12）：73-79.

［40］李艳辉，陈震. 市场化进程、企业特征与高管薪酬—业绩敏感性［J］. 财贸研究，2011（6）：133-143.

［41］李增泉. 激励机制与企业绩效：一项基于上市公司的实证研究［J］. 会计研究，2000（1）：24-30.

［42］李增泉，杨春燕. 企业绩效、控制权转移与经理人员更换——一项基于我国证券市场的实证研究［J］. 中国会计与财务研究，2003（4）：51-108.

［43］李增泉，余谦，王晓坤. 掏空、支持与并购重组［J］. 经济研究，2005（1）：95-106.

［44］连玉君，程建. 投资—现金流敏感性：融资约束还是代理成本［J］. 财经研究，2007（2）：37-46.

[45] 林浚清, 黄祖辉, 林永祥. 高管团队内薪酬差距、公司业绩和治理结构 [J]. 经济研究, 2003 (4): 31-40.

[46] 林毅夫, 蔡昉, 李周. 充分信息与国有企业改革 [M]. 上海: 上海人民出版社, 1997.

[47] 林毅夫, 李志赟. 政策性负担、道德风险与预算软约束 [J]. 经济研究, 2004 (2): 17-27.

[48] 刘斌, 刘星, 李世新, 等. CEO 薪酬与企业业绩互动效应的实证检验 [J]. 会计研究, 2003 (3): 35-39.

[49] 刘昌国. 公司治理机制、自由现金流量与上市公司过度投资行为研究 [J]. 经济科学, 2006 (4): 50-58.

[50] 刘春, 孙亮. 薪酬差距与企业绩效: 来自国企上市公司的经验证据 [J]. 南开管理评论, 2010 (2): 30-39.

[51] 刘浩. 政府补助的会计制度变迁路径研究 [J]. 当代经济科学, 2002 (2): 80-84.

[52] 刘启亮, 罗乐, 何威风, 等. 产权性质、制度环境与内部控制 [J]. 会计研究, 2012 (3): 52-61.

[53] 刘星, 徐光伟. 政府管制、管理层权力与国企高管薪酬刚性 [J]. 经济科学, 2012 (1): 86-102.

[54] 刘志远, 黄宏斌. 投资者情绪、预算软约束与投资—现金流敏感性 [C]. 中国会计学会 2011 年学术年会论文集, 2011.

[55] 刘志远, 张西征. 投资—现金流敏感性能反映公司融资约束吗?——基于外部融资环境的研究 [J]. 经济管理, 2010 (5): 105-112.

[56] 陆正飞, 王雄元, 张鹏. 国有企业支付了更高的职工工资吗 [J]. 经济研究, 2012 (3): 28-39.

[57] 罗富碧, 冉茂盛, 杜家廷. 高管人员股权激励与投资决策关系的实证研究 [J]. 会计研究, 2008 (8): 53-61.

[58] 罗琦, 肖文翀, 夏新平. 融资约束抑或过度投资——中国上市企业投资—现金流敏感度的经验证据 [J]. 中国工业经济, 2007 (12): 58-69.

[59] 卢锐, 魏明海. 管理层权利、在职消费与产权效率——来自中国上市公司的证据 [J]. 南开管理评论, 2008 (11): 85-92.

[60] 吕长江, 赵宇恒. 国有企业管理者激励效应研究——基于管理者权力的解释 [J]. 管理世界, 2008 (11): 99-109.

［61］马润平，李悦，杨英，等. 公司管理者过度自信、过度投资行为与治理机制——来自中国上市公司的证据［J］. 证券市场导报，2012（6）：52－59.

［62］潘红波，夏新平，余明桂. 政府干预、政治关联与地方国有企业并购［J］. 经济研究，2008（4）：41－52.

［63］潘敏，金岩. 信息不对称、股权制度安排与上市企业过度投资［J］. 金融研究，2003（1）：52－64.

［64］潘越，戴亦一，李财喜. 政治关系与财务困境公司的政府补助——来自中国 ST 公司的经验证据［J］. 南开管理评论，2009（5）：6－17.

［65］钱颖一. 激励与约束［J］. 经济社会体制比较，1999（5）：7－12.

［66］强国令. 管理层股权激励是否降低了公司过度投资——来自股权分置改革的经验证据［J］. 投资研究，2012（2）：44－51.

［67］权小锋，吴世农，文芳. 管理层权力、私有收益与薪酬操纵［J］. 经济研究，2010（11）：73－86.

［68］饶茜，廖芳丽，刘斌. 政治关联、会计信息透明度与企业投资效率［C］. 中国会计学会 2012 年学术年会论文集，2012.

［69］沈红波，寇宏，张川. 金融发展、融资约束与企业投资的实证研究［J］. 中国工业经济，2010（6）：55－64.

［70］谌新民，刘善敏. 上市公司经营者报酬结构性差异的实证研究［J］. 经济研究，2003（8）：55－63.

［71］宋建波，沈浩. 管理者代理动机与扩张式并购绩效的实证研究——来自沪深 A 股市场的经验证据［J］. 财经问题研究，2007（2）：67－74.

［72］宋增基，张宗益. 上市公司经营者薪酬与公司绩效实证研究［J］. 重庆大学学报，2002（11）：90－93.

［73］苏方国. 人力资本、组织因素与高管薪酬：跨层次模型［J］. 南开管理评论，2011（3）：122－131.

［74］孙铮，刘浩. 中国会计改革新形势下的准则理论实证研究及其展望［J］. 会计研究，2006（9）：15－22.

［75］孙铮，刘浩. 中国上市公司费用"粘性"行为研究［J］. 经济研究，2004（12）：39－48.

［76］唐清泉，罗党论. 政府补助动机及其效果的实证研究［J］. 金融研究，2007（6）：149－163.

[77] 唐雪松，周晓苏，马如静. 政府干预、GDP 增长与地方国企过度投资 [J]. 金融研究，2010 (8)：33 - 48.

[78] 唐雪松，周晓苏，马如静. 上市公司过度投资行为及其制约机制的实证研究 [J]. 会计研究，2007 (7)：44 - 53.

[79] 童盼，陆正飞. 负债融资对企业投资行为影响研究：述评与展望 [J]. 会计研究，2005 (12)：71 - 76.

[80] 童盼. 负债融资、负债来源与企业投资行为——来自中国上市公司的经验证据 [J]. 经济研究，2005 (5)：75 - 85.

[81] 汪德华，周晓艳. 管理者过度自信与企业投资扭曲 [J]. 山西财经大学学报，2007 (4)：56 - 61.

[82] 王凤翔，陈柳钦. 地方政府为本地竞争性企业提供财政补贴的理性思考 [J]. 经济研究参考，2006 (33)：18 - 44.

[83] 王怀明，史晓明. 高管—员工薪酬差距对企业绩效影响的实证分析 [J]. 经济与管理研究，2009 (8)：23 - 27.

[84] 王克敏，王志超. 高管控制权、报酬与盈余管理——基于中国上市公司的实证研究 [J]. 管理世界，2007 (7)：111 - 119.

[85] 王彦超. 融资约束、现金持有与过度投资 [J]. 金融研究，2009 (7)：121 - 133.

[86] 王治. 现金流、资本结构与企业投资行为—理论分析与经验证据 [C]. 中国管理现代化研究会第三届中国管理学年会论文集，2008.

[87] 王志强，张玮婷，顾劲尔. 资本结构、管理层防御与上市公司高管薪酬水平 [J]. 会计研究，2011 (2)：72 - 78.

[88] 魏刚. 高级管理层激励与上市公司经营绩效 [J]. 经济研究，2000 (3)：32 - 39.

[89] 魏明海，陈建斌. 战略性激励及其约束机制的效应 [J]. 管理学报，2004 (3)：273 - 276.

[90] 魏明海，柳建华. 国企分红、治理因素与过度投资 [J]. 管理世界，2007 (4)：78 - 91.

[91] 魏明海，卢锐. 管理层风险报酬的有效性 [J]. 当代财经，2004 (3)：98 - 101.

[92] 伍利娜，陆正飞. 企业投资行为与融资结构的关系——基于一项实验研究的发现 [J]. 管理世界，2005 (4)：99 - 105.

[93] 吴淑琨. 股权结构与公司绩效的 U 形关系研究 [J]. 中国工业经济, 2002 (1)：80 - 87.

[94] 吴文锋, 吴冲锋, 芮萌. 中国上市公司高管的政府背景与税收优惠 [J]. 管理世界, 2009 (3)：134 - 142.

[95] 吴育辉, 吴世农. 高管薪酬：激励还是自利？——来自中国上市公司的证据 [J]. 会计研究, 2010 (11) 40 - 48.

[96] 吴宗法, 张英丽. 所有权性质、融资约束与企业投资——基于投资—现金流敏感性的经验证据 [J]. 经济与管理研究, 2011 (5)：72 - 77.

[97] 夏纪军, 张晏. 控制权与激励的冲突——兼对股权激励有效性的实证分析 [J]. 经济研究, 2008 (3)：87 - 98.

[98] 夏立军, 方轶强. 政府控制、治理环境与公司价值——来自中国证券市场的经验证据 [J]. 经济研究, 2005 (5)：40 - 51.

[99] 肖继辉. 基于不同股权特征的上市公司经理报酬业绩敏感性 [J]. 南开管理评论, 2005 (6)：18 - 24.

[100] 肖继辉, 彭文平. 上市公司总经理薪酬业绩敏感性研究 [J]. 财经研究, 2004 (12)：43 - 52.

[101] 辛清泉, 林斌, 王彦超. 政府控制、经理薪酬与资本投资 [J]. 经济研究, 2007 (8)：110 - 122.

[102] 辛清泉, 谭伟强. 市场化改革、企业业绩与国有企业经理薪酬 [J]. 经济研究, 2009 (11)：68 - 81.

[103] 辛清泉, 郑国坚, 杨德明. 企业集团、政府控制与投资效率 [J]. 金融研究, 2007 (10)：123 - 142.

[104] 熊风华, 彭钰. 高管权力对高管薪酬的影响研究 [J]. 财经问题研究, 2012 (10)：123 - 128.

[105] 徐经长, 曾雪云. 公允价值计量与管理层薪酬契约 [J]. 会计研究, 2010 (3)：12 - 19.

[106] 薛云奎, 白云霞. 国有所有权、冗余雇员与公司业绩 [J]. 管理世界, 2008 (10)：96 - 105.

[107] 姚洋, 章奇. 中国工业企业技术效率分析 [J]. 经济研究, 2001 (10)：13 - 19.

[108] 杨灿明. 地方政府行为与区域市场结构 [J]. 经济研究, 2000 (11)：47 - 61.

[109] 杨华军，胡奕明．制度环境与自由现金流的过度投资 [J]．管理世界，2007 (9)：99-106．

[110] 杨继伟．股价信息含量与资本投资效率——基于投资现金流敏感度的视角 [J]．战略管理，2011 (14)：99-108．

[111] 油晓峰．我国上市公司负债融资与过度投资治理 [J]．财贸经济，2006 (6)：65-73．

[112] 俞红海，徐龙炳，陈百助．终极控股股东控制权与自由现金流过度投资 [J]．经济研究，2010 (8)：103-114．

[113] 余明桂，回雅甫，潘红波．政治联系、寻租与地方财政补贴有效性 [J]．经济研究，2010 (3)：65-77．

[114] 余波．自由现金流、负债约束与过度投资 [D]．重庆：重庆大学，2009．

[115] 曾爱民．融资约束、财务柔性与企业投资—现金流敏感性——理论分析及来自中国上市公司的经验证据 [C]．中国会计学会 2011 年学术年会论文集，2011．

[116] 张必武，石金涛．董事会特征、高管薪酬与薪绩敏感性——中国上市公司的经验分析 [J]．管理科学，2005 (10)：32-39．

[117] 张功富，宋献中．我国上市公司投资：过度还是不足？——基于沪深工业类上市公司非效率投资的实证度量 [J]．会计研究，2009 (5)：69-77．

[118] 张会丽，陆正飞．现金分布、公司治理与过度投资 [J]．管理世界，2012 (3)：102-114．

[119] 张俊瑞，赵进文，张建．高级管理层激励与上市公司经营业绩相关性的实证分析 [J]．会计研究，2003 (9)：29-34．

[120] 张鸣，郭思永．高管薪酬利益驱动下的企业并购——来自中国上市公司的经验证据 [J]．财经研究，2007 (12)：103-113．

[121] 张维迎．企业理论与中国改革 [M]．北京：北京大学出版社，1999．

[122] 张小宁．人力资源资本化的若干问题 [J]．中国工业经济，2001 (5)：63-69．

[123] 张正堂．高层管理团队协作需要、薪酬差距和企业绩效：竞赛理论的视角 [J]．南开管理评论，2007 (10)：4-11．

［124］赵卿，刘少波．制度环境、终极控制人两权分离与上市公司过度投资［J］．投资研究，2012（5）：34-42．

［125］支晓强，孙茂竹．企业特征、现金流与投资行为［J］．会计之友，2009（11）：9-13．

［126］支晓强，童盼．管理层业绩报酬敏感度、内部现金流与企业投资行为——对自由现金流和信息不对称理论的一个检验［J］．会计研究，2007（10）：73-81．

［127］钟海燕，冉茂盛，文守逊．政府干预、内部人控制与公司投资［J］．管理世界，2010（7）：98-108．

［128］周佰成，王北星．中国上市公司治理、绩效与高管薪酬相关性研究［J］．数理统计与管理，2007（4）：669-675．

［129］周宏，张巍．中国上市公司经理人薪酬的比较效应——基于相对业绩评价的实证研究［J］．会计研究，2010（7）：50-56．

［130］周嘉南，张希，黄登仕．过度自信、风险厌恶与我国上市公司经理薪酬激励［J］．财经理论与实践，2011（174）：81-86．

［131］周嘉南，黄登仕．上市公司高级管理层薪酬业绩敏感性与风险之间关系的实证检验［J］．会计研究，2006（4）：44-50．

［132］周黎安．晋升博弈中政府官员的激励与合作——兼论我国地方保护主义和重复建设问题长期存在的原因［J］．经济研究，2004（6）：79-91．

［133］周黎安．中国地方官员的晋升锦标赛模式研究［J］．经济研究，2007（7）：24-37．

［134］周仁俊，杨战兵，李礼．管理层激励与企业经营业绩的相关性——国有与非国有控股上市公司的比较［J］．会计研究，2010（12）：69-75．

［135］周业安．地方政府竞争与经济增长［J］．中国人民大学学报，2003（1）：34-40．

［136］周中胜．管理层薪酬、现金流与代理成本［J］．上海经济研究，2008（4）：73-83．

［137］朱红军，何贤杰，陈信元．金融发展、预算软约束与企业投资［J］．会计研究，2006（10）：64-66．

［138］Adut D，W H Cready，T J Lopez. Restructuring Charges and CEO Cash Compensation：a Reexamination［J］. The Accounting Review，2003，78：169-192．

[139] Aggarwal K, A Samwick. The Other Side of the Trade – off: the Impact of Risk on Executive Compensation [J]. Journal of Political Economy, 1999, 107: 65 – 105.

[140] Ang J, R Cole , J Lin. Agency Cost and Ownership Structure [J]. Journal of Finance, 2000, 55 (1): 81 – 106.

[141] Bai C, L Xu. Incentives for CEOs with Multitasks: Evidence from Chinese State – owned Enterprises [J]. Journal of Comparative Economics, 2005 (33): 517 – 539.

[142] Banker R D, M N Darrough, Huang R, et al. The Relation between CEO Compensation and Past Performance [J]. The Accounting Review, 2013 (1).

[143] Bebchuk L A, J M Fried. Pay Without Performance: Overview of the Issues [J]. Journal of Applied Corporate Finance, 2005, 17 (4): 647 – 673.

[144] Becker B, J Sivadasan. The Effect of Financial Development on the Investment – Cash Flow Relationship: Cross – Country Evidence from Europe [M]. The B. E. Journal of Economic Analysis & Policy, Berkeley Electronic Press, 2010, 10 (1): 43 – 76.

[145] Broussard J P, S A Buchenroth , A P Eugene. CEO Incentives, Cash Flow, and Investment [J]. Financial Management, 2004 (33): 51 – 70.

[146] Canyon S, Murphy K. The Price and the Pauper? CEO Pay in the US and UK [J]. The Economic Journal, 2000 (110): 640 – 672.

[147] Cleary S. The Relationship between Firm Investment and Financial Status [J]. Journal of Finance, 1999 (54): 673 – 691.

[148] Degryse H A, D A Jong. Investment and Internal Finance: Asymmetric Information or Managerial Discretion? [J]. International Journal of Industrial Organization, 2001 (1): 125 – 147.

[149] Driscoll J C, A C Kraay. Consistent Covariance Matrix Estimation with Spatially Dependent Panel Data [J]. Review of Economics and Statistics, 1998 (80): 549 – 560.

[150] Fazzari S M, R G Hubbard, B C Petersen. Financing Constraints and Corporate Investment [J]. Brookings Papers on Economic Activity, 1988 (1): 141 – 195.

[151] Fazzari S M, R G Hubbard, B C Petersen. Investment – Cash Flow Sen-

sitivities are Useful: A Comment on Kaplan and Zingales [J]. The Quarterly Journal of Economics, 2000 (2): 695 – 705.

[152] Firth M P, M Y Fung, O M Rui. Corporate Performance and CEO Compensation in China [J]. Journal of Corporate Finance, 1998, 12 (4): 693 – 714.

[153] Garen E. Executive Compensation and Principal – Agent Theory [J]. Journal of Political Economy, 1994 (102): 1175 – 1199.

[154] Gaver J, K Gaver. The Relation between Nonrecurring Accounting Transactions and CEO Cash Conpensation [J]. Accounting Review, 1998, 73 (2): 235 – 253.

[155] Gomez Mejia L R, R M Wiseman. Reframing Executive Compensations: an Assessment and Outlook [J]. Journal of Management, 1997, 23 (3): 291 – 374.

[156] Hadlock C J. Ownership, Liquidity and Investment [J]. Journal of Economics, 1998 (29): 487 – 508.

[157] Heaton J B. Managerial Optimism and Corporate Finance [J]. Financial Management, 2002, 31 (2): 304 – 341.

[158] Holmstrom B, L Weiss. Managerial Incentives, Investment and Aggregate Implication [J]. Review of Economic Studies, 1985 (52): 403 – 425.

[159] Huang W, F X Jiang, Z B Liu, et al. Agency Cost, Top Executives over Confidence and Investment – Cash Flow Sensitivity: Evidence from Listed Companies in China [J]. Pacific Basin Finance Journal, 2011, 19 (3): 261 – 277.

[160] Holmstrom B, P Milgrom. Aggregation and Linearity in the Provision of Intertemporal Incentives [J]. Journal of Political Economy, 1987 (5): 303 – 328.

[161] Jackson S B, T J Lopez, A L Reitenga. Accounting Fundamental and CEO Bonus Compensation [J]. Journal of Accounting and Public Policy, 2008, 27 (5): 374 – 393.

[162] Jensen M C. Agency Costs of Free Cash Flow, Corporate Finance, and Takeovers [J]. The American Economic Review, 1986 (76): 323 – 329.

[163] Jensen M C. The Modern Industrial Revolution, Exit, and the Failure of Internal Control Systems [J]. Journal of Finance, 1993 (48): 831 – 880.

[164] Jensen M, K Murphy. Performance Pay and Top Management Incentives

[J]. Journal of Political Economy, 1990 (98): 225 -264.

[165] Jensen M C, W H Meckling. Managerial Behavior, Agency Costs and Ownership Structure [J]. Journal of Financial Economics, 1976 (4): 305 -360.

[166] Kaplan S, P Stromberg. Characteristics, Contracts, and Actions: Evidence From Venture Cap Italist Analyses [J]. Journal of Finance, 2005, 59 (5): 2177 -2210.

[167] Kaplan S N, L Zingales. Do Investment - Cash Flow Sensitivities Provide Useful Measures of Financing Constraints? [J]. Quarterly Journal of Economics, 1997 (20): 169 -215.

[168] Kaplan S N, L Zingales. Investment - Cash Flow Sensitivities are not Valid Measures of Financing Constraints [J]. The Quarterly Journal of Economics, 2000 (2): 707 -712.

[169] Lambert R A, D F Lareker, K Weigelt. The Structure of Organizational Incentives [J]. Administrative Science Quarterly, 2000 (38): 438 -461.

[170] Landsman W R. Is Fair Value Accounting Information Relevant and Reliable? Evidence from Capital Market Research [J]. Accounting and Business Research, 2007, 37 (3): 19 -30.

[171] Leone A J, S J Wu, J L Zimmerman. Asymmetric Sensitivity of CEO Cash Compensation to Stock Returns [J]. Journal of Accounting and Economics, 2006, 42 (1 -2): 167 -192.

[172] Li H B, L A Zhou. Political Turnover and Economic Performance: The Incentive Role of Personnel Control in China [J]. Journal of Public Economics, 2005, 89 (9 -10): 1743 -1762.

[173] Machin M S. Executive Compensation: Evidence from the United Kingdom [J]. Journal of Accounting and Economics, 2003 (7): 43 -66.

[174] Manne H. Mergers and the Market for Corporate Control [J]. Journal of Political Economy, 1965, (73): 110 -120.

[175] Martin K J, J Mc Connell. Corporate Performance, Corporate Takeovers, and Management Turnover [J]. The Journal of Finance, 1993 (2): 671 -687.

[176] Mengistae T, Xu L. Agency Theory and Executive Compensation: the Case of Chinese SOE - Owned Enter Prices [J]. Journal of Labor Economics, 2004

(22): 315 – 337.

[177] Modigliani F, M H Miller. The Cost of Capital, Corporate Finance, and the Theory of Investment [J]. American Economic Review, 1958, 6 (3): 261 – 280.

[178] Moyen N. Investment – Cash Flow Sensitivities: Constrained versus Unconstrained Firms [J]. The Journal of Finance, 2004 (5): 2061 – 2092.

[179] Murphy. Corporate Performance and Managerial Remuneration: An Empirical Analysis [J]. Journal of Accounting and Economics, 2002 (7): 156 – 178.

[180] Myers S C, N S Majluf. Corporate Financing and Investment Decisions When Firms Have Information That Investors Do Not Have [J]. Journal of Financial Economics, 1984 (13): 187 – 221.

[181] Nissim D, S H Penman. Ratio Analysis and Equity Valuation: From Research to Practice [J]. Review of Accounting Studies, 2001, 6 (1): 109 – 154.

[182] Nissim D, S H Penman. Financial Statement Analysis of Leverage and How It Informs about Profitability and Price – to – book Rations [J]. Review of Accounting Studies, 2003, 8 (4): 531 – 560.

[183] Poncet S. A Fragmented China: Measure and Determinants of China's Domestic Market Disintegration [J]. Review of International Economics, 2005, 13 (3): 409 – 430.

[184] Rauh J D. Investment and Financing Constraints: Evidence from the Funding of Corporate Pension Plans [J]. The Journal of Finance, 2006 (1): 33 – 71.

[185] Richardson S. Over – investment of Free Cash Flow [J]. Review of Accounting Studies, 2006 (11): 159 – 189.

[186] Roll R. The Hubris Hypothesis Corporate Takeovers [J]. Journal of Business, 1986, 59 (2): 197 – 216.

[187] Rosen R J, T B Richard. CEO Compensation and Bank Merger [J]. Journal of Financial Economics, 2003 (61): 108 – 136.

[188] Shleifer A, R W Vishny. Stock Market Driven Acquisitions [J]. Journal of Financial Economics, 2004, 70 (3): 295 – 311.

[189] Schalle H. Asymmetric Information, Liquidity Constraints, and Canadian Investment [J]. The Canadian Journal of Economics, 1993 (3): 552 – 574.

[190] Takeo H, A Kashyap , D Scharfstein. Corporate Structure, Liquidity, and Investment: Evidence from Japanese Industrial Groups [J]. Quarterly Journal of Economics , 1991 (1): 33 -60.

[191] Tosi H, Werner S. How Much does Performance Matter? A Meta Analysis of Executive Compensation Studies [J]. Journal of Management, 1993 (2): 301 -339.

[192] Vogt S. The Cash Flow/Investment Relationship: Evidence from US Manufacturing Firms [J]. Financial Management, 1994 (23): 3 -20.

[193] Wei J , Y Zhang. Ownership Structure, Cash Flow, And Capital Investment: Evidence From East Asian Economies Before the Financial Crisis [J]. Journal of Corporate Finance, 2008 (2): 118 -132.

[194] Wren C, M Waterson. The Direct Employment Effects of Financial Assistance to Industry [J]. Oxford Economic Papers, 1991 (43): 116 -138.

[195] Wu X P, Z Wang. Equity Financing in a Myers - Majluf Framework with Private Benefits of Control [J]. Journal of Corporate Finance, 2005, 11 (5): 915 -945.

[196] Zenner L A, J M Fried. Executive Compensation as an Agency Problem [J]. Journal of Economic Perspectives, 1998 (17): 71 -92.